DELETE

Enrique de Vicente es periodista especializado en temas paracientíficos desde 1968. Dirige la revista internacional *Año Cero*, que fundó en 1990. Ha sido director, redactor-jefe, corresponsal y colaborador de otro medio centenar de publicaciones españolas y extranjeras y de una veintena de programas de radio y televisión. Autor de varios libros, ha presidido ocho congresos sobre estos temas. Conoce personalmente todos los lugares y algunos de los personajes relacionados con este libro.

ENRIQUE DE VICENTE

Claves ocultas del código da Vinci

Con la colaboración de
Luis García La Cruz
Gloria Garrido
Josep Guijarro

DeBOLS!LLO

Diseño de la portada: Departamento de diseño de Random
    House Mondadori
Ilustración de la portada: *La Gioconda*, de Leonardo da Vinci

Segunda edición en U.S.A.: octubre, 2005

© 2004, Enrique de Vicente
© 2004, Javier Sierra, por el prólogo
© 2004, Random House Mondadori, S. A.
    Travessera de Gràcia, 47-49. 08021 Barcelona

Printed in Spain – Impreso en España

ISBN: 0-30727-426-8

Distributed by Random House, Inc.

*Para Arantxa, compañera excepcional
en la búsqueda de la Diosa y en todos
los aspectos de la vida, que ha sabido incorporar
en sí misma el arquetipo del Grial.
Con todo mi amor y gratitud*

Índice

Agradecimientos

Desde un primer momento, cuando concebí este libro como un amplio glosario para orientar a los lectores de *El código da Vinci* en sus ansias de saber más sobre los temas tratados en dicha novela, Luis García La Cruz me apoyó incondicionalmente con su sabiduría y buen hacer. Lo mismo hicieron luego Gloria Garrido y Josep Guijarro. Sin ellos, este libro no habría sido posible, aunque las limitaciones de espacio impidan reflejar en él todos los resultados de su excelente trabajo sobre una temática que resulta prácticamente inagotable.

Con sus certeros consejos y su paciencia, también han contribuido excepcionalmente al mismo mis editoras, Deborah Blackman y Ángela Milá, así como mis agentes literarios, Pau Centellas y Silvia Bastos, que desde comienzos de 2004 apostaron por este proyecto, cuya versión final es muy distinta y más eficaz que aquel en el que trabajamos inicialmente.

Mi gratitud se hace extensiva a tantos compañeros y directivos de América Ibérica, que me han dado su apoyo y confianza, tanto durante la elaboración de esta obra como a lo largo de los últimos trece años de trabajo gratamente compartido con ellos. También a otros muchos amigos y colegas, a quienes prefiero no enumerar por temor a olvidar a algunos, que me han ayudado de muchas maneras a lo largo de toda mi trayectoria y que han sabido entender mis ausencias durante la realización de este libro. Pero sería injusto no mencionar a Javier Sierra, mi novelista favorito y amigo entrañable, que lo apoyó desde el comienzo, y a Vicente Cassanya, que se puso a mi disposición con sus innumerables recursos.

Prólogo

Leer en clave

Al viejo Leonardo le hubieran fascinado aquellas medidas de seguridad. Un número de seis dígitos precedido de tres oscuras iniciales; una tarjeta con un código de barras impreso en él, un lector óptico y una puerta de cristal blindado que se abre gracias a una secuencia minuciosamente controlada por ordenador, son los requisitos que hay que vencer antes de penetrar en el refectorio del convento de Santa Maria delle Grazie. Una vez dentro, flanqueado por vigilantes vestidos de paisano y cámaras infrarrojas, las esperas, los códigos, incluso los registros de bolsos y abrigos, pasan a un segundo plano.

Allí, frente al corso Magenta de Milán, vive el milagro.

Tardé varios minutos en asimilar lo que estaban viendo mis ojos. Desplegada sobre un muro de casi nueve metros de largo por cinco de alto, en aquella pared se exhibe la mayor y más desconcertante obra creada por Leonardo da Vinci: *La Última Cena*. A punto estuvo de ser destruida por los bombarderos aliados en agosto de 1943, sobrevivió al maltrato de las tropas napoleónicas que hicieron de aquella sala su establo e incluso aguantó las sucesivas y poco rigurosas restauraciones que deformaron rostros y gestos de los discípulos. Pero pese al empeño de la historia, el mural de Leonardo ha seguido conservando esa aura de enigma que lleva cinco siglos hechizando a generaciones enteras de apasionados del arte.

A principios de 2004, poco antes de que se publicara *El código da Vinci* en Italia, las visitas a *La Última Cena* rondaban las trescientas diarias. Hoy esa cifra casi se ha triplicado y amenaza con aumentar aún más. La razón es sólo una: muchos turistas acuden a los pies de ese mural con la secreta esperanza de descubrir el *mensaje* que el viejo Leonardo escondió tras sus magistrales trazos. Un misterio que, a decir de Brown y muchos otros autores, tiene que ver con el verdadero legado de Cristo.

La primera vez que lo vi, tuve sólo quince minutos para contemplarlo antes de que me invitaran a abandonar el recinto. Pero regresé. Lo hice tres veces más, con tres códigos alfanuméricos nuevos. Y al fin, sentado en el suelo, en el centro del *Cenacolo* —que es como conocen en Italia a esa maravilla—, acerté a arañar su verdadero misterio: Leonardo no retrató a un Jesús divinizado instituyendo la eucaristía y anunciando su próximo sacrificio. No. A diferencia de cuantos artistas le precedieron, pintó a un hombre normal, desprovisto de halo de santidad, que anunciaba a los Doce que uno de ellos estaba a punto de traicionarle.

¿Por qué evitó nimbar a los apóstoles? ¿A qué se debe esa temeridad leonardiana de retratar a Jesús sin aureola, tal y como hizo años antes en su primera versión de *La Virgen de las rocas*? ¿Es que acaso quería hacer ver que Jesús fue un hombre... y nada más que un hombre?

Me rasqué la barbilla perplejo.

Como los turistas que hoy hacen cola frente al *Cenacolo*, también yo había leído *El código da Vinci* de Dan Brown tiempo atrás. Lo hice en pleno proceso de investigación sobre la vida de Leonardo, y recordé en qué detalles se fijó este autor para asegurar que estábamos ante una obra que encerraba un mensaje oculto: el aspecto femenino de Juan, el discípulo amado; la disposición en «M» que le separa del Mesías; los colores... Todo aquello era estimulante, cierto. Pero se quedaba corto ante la evidencia de su verdadero misterio. Cortísimo.

En el *Cenacolo* había más que indagar. Y se necesitaba una formación sólida en cuestiones como la astrología, el simbolismo o la alquimia, de las que Brown carecía.

Por suerte, otros no. Enrique de Vicente lleva años recogiendo esa clase de informaciones y estudiándolas. Por eso, cuando *El código da Vinci* escaló a los primeros puestos de venta mundiales, él estaba mejor preparado que nadie para entender las razones de su éxito y poder ofrecernos una explicación minuciosa de aspectos leonardianos sobre los que Brown pasa de puntillas.

Enrique es una suerte de profesor Teabing. Erudito. Apasionado. Curioso hasta la médula. Inquisitivo y minucioso. Cualidades que han hecho de este libro una herramienta imprescindible para bucear en las claves ocultas de la novela de intriga esotérica más célebre de todos los tiempos. Una obra, sin embargo, que es sólo la punta del iceberg de una tendencia literaria que ha pasado inadvertida a los críticos y que estoy seguro se revelará fundamental en este alborear del siglo XXI. Libros como *El Ocho, El último catón* o *El club Dumas* están ayudando a los lectores hispanos de la era de internet a recuperar el lenguaje perdido de los símbolos. A leer en clave las metáforas de los grandes pensadores del pasado. Y a descubrir que estamos rodeados de mensajes secretos y trascendentes, redactados en tiempos en los que la libertad de expresión era un lujo inalcanzable, cuya comprensión hoy puede ayudarnos a cambiar este mundo tan necesitado de espíritu.

Si usted quiere unirse a esa legión de iniciados que disfruta ya de la capacidad de leer los símbolos antiguos, pase página inmediatamente. Le aguarda un ensayo que le sorprenderá.

JAVIER SIERRA

Introducción

¿Por qué nos fascina tanto El código da Vinci?

El código da Vinci está llamada a ser una novela que deje huella, al menos, en la pequeña historia.

En este sentido, poco importan sus virtudes literarias, denostadas por algunos críticos, ni la discutida precisión de sus contenidos históricos e ideológicos, que despiertan las iras de quienes se sienten ofendidos en sus creencias más arraigadas o de aquellos que quieren ver la historia como una ciencia exacta. Tampoco resulta decisivo que, para el gran público, resulte un entretenimiento que le atrapa desde la primera a la última página, al tiempo que le aporta torrentes de información tan discutible como enciclopédica; ni que para muchos sus contenidos supongan una visión de las cosas más «razonable» que la comúnmente aceptada, o incluso una revancha tras siglos durante los cuales se reprimieron tanto las opiniones heterodoxas como lo Femenino.

Creo que lo que más pesa en el impacto profundo de esta novela es que evoca arquetipos muy diversos y poderosos; y que lo hace de una forma eficaz, precisa, original y revolucionaria.

En el contexto de una novela policíaca y repleta de acción, nos habla de multitud de temas fascinantes aunque no originales. Otros autores intentaron hacerlo antes, con éxito desigual. Pero Dan Brown ha conseguido realizar en este libro una mezcla verdaderamente explosiva, manejando los finos resortes del inconsciente colectivo con la habilidad de un arquitecto psíquico o con la involuntaria precisión de un clarividente. Tan excelente trabajo le ha permitido permanecer, desde la primera semana de su aparición, durante más de un año seguido ocupando los primeros puestos de las listas de ventas norteamericanas. Un fenómeno que se está repitiendo en la inmensa mayoría de los países donde esta obra es editada, produciendo ventas millonarias y un fenómeno social y literario sin parangón, que provoca el desconcierto de los críticos.

Una búsqueda caballeresca

Se han realizado algunos lúcidos análisis que permitirían entender las razones lógicas de este fenómeno. Pero, en nuestra opinión, buena parte de su éxito internacional se debe a que, bajo la apariencia de un *thriller*, Brown construye una moderna novela de caballería, repleta de arquetipos y procesos de transformación psíquica que resuenan con fuerza en nuestro inconsciente. Algo que la inmensa mayoría de sus críticos no han sido capaces de entender, lo cual les ha impedido interpretarla desde la perspectiva adecuada y ha hecho que algunos incluso la descalifiquen como literatura de mala calidad.

En *El código*, la dama y el caballero —tras el disfraz de una criptóloga, Sophie, y de un experto en simbolismo, Langdon— parten en busca del Santo Grial, sin ser conscientes de ello, con los malos y la policía pisándoles los talones. A lo largo de la trama, el profesor va despertando a la princesa dormida, en medio de sorprendentes descubrimientos y de cientos de breves disertaciones sobre temas muy diversos que, sin embargo, guardan una asombrosa unidad. Emergen así en la mente del lector numerosos arquetipos adormecidos, a los que les ha llegado ya el momento de reaparecer con toda su pujanza, aunque también en ocasiones siembren la confusión…

Dan Brown nos comunica un importante mensaje: la búsqueda del Grial y su significado son atemporales y esa aventura trascendente se manifiesta en todas las épocas.

Los críticos que han descalificado esta obra no supieron ver esta dimensión de la misma, algo en nuestra opinión esencial para comprender su impacto profundo. Por el contrario, tanto esto como los polémicos y diversos temas, símbolos y arquetipos hábilmente

engarzados por Brown, fue lo que sedujo al gran público. Guiado
por el sentido mucho más fiable de su intuición, éste convirtió a *El
código* en un superventas.

Insistimos en que *El código* reelabora un mito universal que se
transmite o se reinventa espontáneamente, pero que encontramos
en la mayoría de las civilizaciones, porque tiene un carácter arque-
típico y responde a las demandas más profundas del psiquismo
humano: la búsqueda del Santo Grial.

El Grial es el prototipo del misterio y un símbolo supremo de
ese otro mundo paralelo que a veces se manifiesta en el nuestro.
Este mito nos aporta el esquema de la novela de aventuras, en la
cual se narra la búsqueda de un tesoro o de cualquier otro objeto
oculto de valor especial. Nos encontramos siempre con el mismo
modelo: hay alguien que asume su búsqueda y recorre un itinera-
rio en el cual debe vencer una serie de obstáculos y peligros; ese
objeto misterioso se halla en un lugar secreto y protegido; existen
fuerzas empeñadas en que el héroe no lo encuentre; finalmente,
cuando éste lo rescata, se restituye la justicia y se restablece el equilibrio.

La búsqueda del Grial pertenece a ese tipo de historias inmortales, como las modernas epopeyas de *La guerra de las galaxias*,
Harry Potter o *El señor de los anillos*, repletas de simbolismo esotérico y mitológico. Cada vez que alguien consigue un objetivo noble después de vencer obstáculos y peligros, encarna la misma
aventura heroica.

Detrás de muchos grandes hitos cinematográficos o literarios
siempre hallamos el mito. El público lo reconoce de forma intui-
tiva, aunque no lo sepa. A ello se debe que estas historias arquetí-
picas se repitan incesantemente y, sin embargo, nunca nos de-
frauden.

Además, en su novela Dan Brown abre las ventanas de nuestra
mente, para que nos interesemos por hechos, teorías y creencias en
las que se basa la obra. Por ello, *El código* es una puerta mágica a
realidades alternativas. Cada uno de los elementos importantes que
aparecen en ella contiene suficiente fuerza y misterio para resultar
fascinante.

En este libro nos adentramos a través de esa puerta y desarrollamos las ideas fundamentales que se apuntan en *El código,* permitiendo así al lector explorar nuevas realidades alternativas.

Mientras los lectores y muchos críticos norteamericanos alaban el buen hacer de Dan Brown, las publicaciones católicas y los eruditos buscan con lupa cuantos posibles errores contiene esta novela e intentan convertirlos en un todo capaz de anular su interés y su impacto multitudinario.

Pero meses después de publicar *El código,* Dan Brown ha firmado un contrato sin precedentes en la historia del cine: Columbia Pictures transformará en tres películas no sólo ésta sino la anterior novela de Brown protagonizada por Robert Langdon (que emerge así como un Indiana Jones del simbolismo esotérico), *Ángeles y demonios* (cuya lectura a algunos devoradores de novelas le resultará aún más fascinante que ésta), y otra que versará sobre la masonería.

Muchos lectores, tras haber leído la novela, quieren saber qué hay de cierto y de ficticio en los diversos temas que se tratan a lo largo de la misma.

A dicha inquietud intenta responder este libro, que no está pensado para especialistas. Simplemente pretende brindar al lector interesado una serie de informaciones y opiniones que le permitan conocer y evaluar los hechos, ideas, teorías y creencias en que se fundamenta *El código.*

El código aborda de forma escueta muchas otras materias y símbolos que exceden las limitaciones materiales de esta obra. Pero decidimos centrarnos en el tema central en torno al que gira esta novela y en sus derivaciones más importantes. Lo hicimos con el propósito de ofrecer a la mayoría de lectores una visión de conjunto. Una visión incompleta y que no pretende ser objetiva ni históricamente correcta, porque subjetivo es siempre cada punto de vista sobre la realidad y a medida que retrocedemos en el tiempo la llamada ciencia histórica pierde la mayoría de sus certezas.

Quien desee profundizar en la abundante simbología y mitología que Brown incluye en su novela, puede hacerlo consultando los diccionarios especializados que apuntamos en la bibliografía.

En *El código* podemos encontrar muchos otros elementos fascinantes cuya complejidad lamentablemente escapa al objetivo y limitaciones de este libro. Algunos de ellos invisibles, como las claves numéricas que interrelacionan algunos capítulos con el contenido de los mismos. Los internautas que quieran penetrar en esa estructura oculta que hemos creído descubrir en esta novela, hallarán elementos inspiradores de su búsqueda en el análisis preliminar de la misma que hemos incluido en la página web akasico.com.

También podrán encontrar allí un análisis más amplio de los significados que se ocultan tras los nombres de los personajes de esta novela. En mi opinión, aunque sus cuatro novelas publicadas en inglés tienen como denominador común el desciframiento de criptogramas y juegos lógicos o simbólicos, Brown podría haberse inspirado para ello en la técnica seguida por Julio Verne, el gran maestro de la novela de aventuras, sobre cuyo profundo conocimiento de la simbología ocultista y de misterios como el de los merovingios y Rennes-le-Château también hablamos en la citada página.

De hecho creo que es Verne quien le inspira el nombre de André Vernet, el banquero suizo que guarda el *codex* del Priorato en su cámara de seguridad y que es un verdadero *dueño* de los códigos cifrados, como también lo es Verne, cuyas novelas están repletas de criptogramas y de saberes codificados, al igual que las del propio Brown.

Como el novelista francés, Brown construye los nombres de los personajes de *El código* como verdaderos logogramas o inspirándose en personajes reales. Es el caso del gran maestre Jacques Saunière, del que hablaremos en el primer capítulo, o el de la monja que custodia Saint-Sulpice, que lo haremos en el correspondiente. El protagonista Langdon es —entre otros significados posibles— un apreciado conferenciante que tiene el don de la lengua (*langue* en francés), y a lo largo de la novela nos da cientos de pequeñas disertaciones sobre los temas más diversos. Su editor neoyorquino Faukman, obviamente nos remite al editor de Brown, Kaufman. El nombre de su singular amigo, sir Leigh Teabing, corresponde a los apellidos de Leigh y Baigent (con sus siete letras transpuestas), dos de los autores de *El enigma sagrado*, el libro fundamental consultado por Brown para construir esta novela. Sophie Neveu, significaría la Sabiduría (en griego, *Sophia*) de Eva al desnudo (*Eve nu*, en

1

Otra versión de la historia

El código da Vinci comienza explicando que el Priorato de Sión es una sociedad secreta fundada en 1099 a la que han pertenecido conocidos personajes históricos.

En el capítulo 22 de la novela —número de notable importancia simbólica— descubrimos que éste es el nombre de la organización a la que pertenecía el abuelo de Sophie, que se convierte en el protagonista invisible de la trama.

A partir de ese momento, se van desgranando en esa obra multitud de detalles sobre una versión de la Historia y de las creencias muy diferentes a las que nos han enseñado, y que son las que han atraído muchísimas críticas y airados ataques sobre este libro.

Se trata de una forma de ver las cosas que está fundamentada, precisamente, en los conceptos difundidos durante el último cuarto de siglo por el Priorato y por diversos autores que han amplificado sus ideas heterodoxas. Las más importantes son que Jesús era un legítimo aspirante al trono mesiánico de Israel, que se casó con María Magdalena, tuvieron dos hijos y sus descendientes entroncaron con los reyes merovingios y otras importantes casas reales y nobiliarias europeas.

Jacques Saunière, un nombre cargado de profundas resonancias simbólicas

Las primeras manifestaciones de quienes se presentan como dirigentes contemporáneos del Priorato tienen mucho que ver con ciertos enclaves templarios de los que hablàremos en este libro, como Gisors, y con el misterioso tesoro encontrado a finales del siglo XIX por Berenguer Saunière, párroco de un pueblecito situado al nordeste de los Pirineos: Rennes-le-Château.

Aunque Brown no cita este lugar en su novela, lo descubierto allí tiene una tremenda importancia en toda su trama. De hecho, el autor de El código hace coincidir el apellido de este párroco con el del personaje que presenta como conservador del Louvre, abuelo de Sophie y Gran Maestre del Priorato: Jacques Saunière, cuyo nombre de pila ha sido elegido intencionadamente, al igual que el de los restantes personajes de su novela.

Saint Jacques es la traducción francesa del nombre que reciben los dos apóstoles conocidos en castellano como sant Yago, san Jaime o san Jacobo; a uno de ellos el Nuevo Testamento lo presenta como hermano de Jesús y jefe de la Iglesia madre de Jerusalén, tras la muerte del Mesías.

Éste es también el nombre del apóstol que la tradición asegura combatió con los moros en España y del cual insinúan ser descendientes reyes peninsulares como Alfonso X el Sabio; y es en quien se inspira el camino de Santiago que conduce a Compostela, ciudad que durante el Medievo compitió con Roma como centro de la Cristiandad y hacia la cual peregrinaban los iniciados.

En inglés se le conoce como James, nombre que adoptaron buena parte de los reyes escoceses Estuardo, cuya causa jacobita —cuando fueron expulsados del trono británico— defendieron la masonería escocesa y otras órdenes secretas.

Para los esoteristas franceses, Jacques es un nombre cargado de resonancias simbólicas, que reciben muchos iniciados y corresponde al último gran maestre templario: Jacques de Molay, cuya ejecución, ordenada por el rey de Francia y el Papa, fue supuestamente vengada por las sociedades secretas que promovieron la revolución francesa, cuyo núcleo de agitación más famoso era el de los *jaco-binos*.

A todo ello debemos añadir que Jacques, James, sant Yago o Jacobo son simples traducciones de un nombre bíblico cuyo origen es ese Jacob que fue nieto de Abraham y fundador del pueblo de Israel. Según el Génesis, este último nombre le fue dado por Dios tras su visión onírica de una escalera que conducía a los cielos y su lucha con un ángel; algo que ocurrió mientras dormía sobre una piedra que la tradición asegura que es la misma sobre la cual han sido coronados los reyes escoceses y británicos, tras haber sido trasladada por un grupo de nobles judíos que emigraron a Galicia (tierra que tiene a Santiago como capital) y finalmente se establecieron en Escocia.

Éstas y otras muchas pistas apuntan en una misma dirección: Jacques-Jacobo-Santiago es el nombre que mejor refleja la idea de una dinastía oculta, de origen celeste, que se remonta a los orígenes del pueblo elegido. ¿Acaso podría haber elegido Brown otro mejor para denominar al ficticio guardián de esta tradición oculta y penúltimo heredero de una dinastía de origen celestial?

El código es un árbol cuyas ramas principales están cuidadosamente diseñadas y sus críticos se pierden entre las hojas.

EL MISTERIOSO TESORO DE RENNES-LE-CHÂTEAU

Pero volvamos a los orígenes contemporáneos de la trama de esta novela.

En el cap. 61 de *El código*, Langdon explica a Sophie que los apellidos Plantard y Saint-Clair identifican a las dos últimas líneas directas descendientes de los reyes merovingios. Éstos serían, según él, los depositarios de una sangre muy especial, ligada al mito del Santo Grial, algo que —como veremos— no se ajusta ni a los hechos ni siquiera a las propias pretensiones del Priorato. Y, más adelante (cap. 105), Langdon descubre que ésos son precisamente los auténticos apellidos de Sophie, que su familia había cambiado para proteger a su descendencia.

Resulta que tanto el ya citado misterio de Gisors como el de

Rennes-le-Château fueron objeto de dos libros publicados hace cuatro décadas por el periodista Gérard de Séde, con los cuales se inicia para el público la historia que les estamos explicando. Y, para escribirlos, el autor habría contado con la colaboración de dos personajes que más tarde se presentarán como sucesivos grandes maestres del moderno Priorato: Philippe de Chérisey y Pierre *Plantard de Saint-Clair*. Descubrimos así que los apellidos de este último, que se presenta como descendiente de los merovingios, se corresponden con los de la familia de Sophie y de su abuelo, Jacques Saunière.

El libro de Gérard de Sède *El oro de Rennes* cumple eficazmente su función de llamar la atención sobre los misteriosos descubrimientos del cura Berenguer Saunière en el cementerio local, en algunos lugares cercanos y en la iglesia del pueblo, tradicionalmente dedicada a santa María Magdalena.

Limitémonos ahora a señalar que, sin saberse cómo, este humilde párroco comienza a disponer de enormes sumas de dinero, que le permiten viajar, entablar relaciones que exceden a su categoría y comprar terrenos en los que construye una lujosa villa y una torre que bautiza con nombres directamente relacionados con la Magdalena.

Se ha discutido mucho sobre las misteriosas fuentes de su repentina riqueza. Mientras que algunos la atribuyen al hallazgo de un tesoro material y otros sostienen que se debe a los beneficios obtenidos por la venta de misas, algunos pretenden que el origen de la misma está en la recompensa que obtuvo por la entrega de algunos de los manuscritos que había encontrado. Se trataría de antiguas genealogías que resultarían fundamentales para que una familia real —seguramente los Habsburgo— pudiese demostrar unos derechos dinásticos que teóricamente les ayudarían a convertirse de nuevo en emperadores de buena parte de Europa.

LOS *DOSSIERES SECRETOS* Y *EL ENIGMA SAGRADO*

Sea cual fuere la naturaleza del tesoro hallado en Rennes-le-Château por el padre Saunière, lo cierto es que permaneció durante seis décadas sumido en el olvido. Pero a partir de los años sesenta comienzan a aparecer en Francia una larga serie de artículos, libros y documentos diversos relacionados con este enigma, aparentemente promovidos por el misterioso Priorato de Sión.

Entre ellos destacan por la relevancia que su contenido tendrá en toda esta historia *Les dossiers secrets*, que incluyen una lista histórica de los supuestos grandes maestres del Priorato. Langdon explica en el prefacio de *El código* que son unos pergaminos encontrados en 1975 en la Biblioteca Nacional de París. En realidad se trata de un carpeta que contiene una serie de fotocopias de árboles genealógicos, recortes de prensa y otras piezas, algunas de las cuales eran reemplazadas por otras, antes de que todas ellas pudiesen ser sólo consultadas en microfilm. Sin duda habían sido depositados en dicha institución por los mismos individuos que se encargan de propagar las ideas mencionadas.

El hecho es que la difusión del enigma de Rennes y del propio Priorato pronto se convirtieron en una verdadera industria, tanto por la cantidad como por el esfuerzo y recursos dedicados a producirlos y difundirlos. Los documentos iniciales han dado origen a sucesivos títulos que han seguido apareciendo continuamente y se han extendido por otros países.

En 1982 un polémico y fascinante best-seller da a conocer esta fantástica historia en los principales países occidentales. Se trata de *El enigma sagrado*, que Dan Brown reconoce como la fuente bibliográfica principal de *El código;* su título (cap. 60) destaca en la biblioteca de sir Leigh Teabing, cuyo nombre ha compuesto uniendo el apellido de uno de los autores de esta obra junto a la transposición de las letras de otro (Teabing = Baigent). Esta obra sintetiza una larga investigación realizada, con la colaboración de Michael Baigent y Richard Leigh, por el productor de TV Henry Lincoln, que diez años antes había dado a conocer en Inglaterra el misterio de Rennes-le-Château a través de unos documentales realizados para la BBC.

Poco después, gracias al buen hacer de mi amigo Colin Bloy —industrial y sanador excepcionalmente relacionado en los círculos esotéricos europeos— y al hecho de convertirme en agente de prensa de estos tres autores en España, tuve la oportunidad excepcional de conocer de primera mano los entresijos de este complejo misterio, visitando Rennes y los principales escenarios de esta extraña historia.

La extensa investigación realizada por Baigent, Leigh y Lincoln les obliga a pensar que todo el material inicial, que da lugar a aquélla, ha salido de una sola fuente, concreta y privilegiada.

Para ellos, «es obvio que alguien tiene interés en promocionar Rennes-le-Château, en llamar la atención del público sobre esta historia, en generar publicidad y nuevas investigaciones». Y este interés no es económico. Se trata de difundir una propaganda que dé credibilidad a una idea, mientras que los responsables de la misma se mantienen en la sombra.

Según estos tres autores, cada nuevo fragmento de información ha contribuido a intensificar el misterio y parece ser una pieza más de un extraño rompecabezas. Tras los mismos se insinúa continuamente la existencia de un secreto de proporciones tan monumentales como explosivas.

Los citados documentos están firmados mediante crípticos seudónimos o bien con nombres de personajes fallecidos, y conducen a los tres autores a una enrevesada investigación periodística, de dimensiones tan insospechadas como aparentemente amedrentadoras. Según ellos, de este denso y complejo cúmulo de informaciones emergen una serie de puntos claves que el Priorato pretende presentar como hechos históricos y cuyo posible fundamento es cuidadosamente estudiado por los tres autores.

Baigent, Leigh y Lincoln aseguran haber sido los primeros en asombrarse ante la amplitud insospechada de su estudio y por las insólitas perspectivas a las que ésta les conduce.

NUEVOS LIBROS VIENEN A ENRIQUECER UNA LEYENDA

Partiendo de los descubrimientos realizados por el cura Saunière y siguiendo una multitud de pistas sembradas por esta organización, los tres investigadores citados reconstruyen la historia del cristianismo y de la propia civilización europea, una versión que ha sido enriquecida posteriormente por otros muchos autores. Sólo vamos a citar a algunos cuyas principales obras, además de alcanzar una gran difusión, han sido traducidas al castellano y/o sido utilizadas como fuentes informativas en las que se basan los diálogos de *El código*.

Siguiendo las ideas del Priorato, el británico Ian Begg demuestra en su interesante libro sobre *Las vírgenes negras* que la adoración medieval de estas tallas supone un resurgimiento de las antiguas diosas paganas. Y también nos ilustra sobre algunos santos que el Priorato reivindica como propios, incluida María Magdalena.

La idea de que esta última fue esposa de Jesús y luego rechazada por la Iglesia se ha convertido en una verdadera obsesión para Margaret Starbird. Esta teóloga cristiana estadounidense ha publicado cuatro libros que giran en torno a este tema, en los cuales se mezclan notables descubrimientos con despropósitos bienintencionados. Los títulos originales de dos de ellos aparecen en la mencionada biblioteca de Teabing: *La diosa en los evangelios* y *La mujer de la vasija de alabastro* (traducido en España como *María Magdalena, ¿esposa de Jesús?*).

Las heréticas creencias acerca de Magdalena, su presunta conexión con los templarios, con san Juan Bautista y con el antiguo Egipto constituyen el punto de partida de una de las obras escritas por Picknett y Prince, que también es citada en *El código* (cap. 60): *La revelación de los templarios*. Estos dos prolíficos autores ingleses han dedicado otro libro a sostener la hipótesis que la Sábana Santa no sería sino ¡un autorretrato de Leonardo da Vinci!

Por el contrario, para los masones americanos Knight y Lomas, el crucificado que aparece reflejado en la Sindone venerada en Turín sería el último gran maestre de la Orden del Temple, ejecutado en París, a quien en uno de sus libros presentan como «*El segundo mesías*». Éstos conceden una importancia excepcional a la capilla escocesa de Rosslyn, que se ha convertido en un centro de peregrinaje para masones y templarios. Sobre esta misteriosa capilla y sus propietarios nos ilustra también el brillante libro *La espada y el Grial* de Andrew Sinclair, uno de los nobles descendientes del constructor de la misma, a la apasionante historia de cuya familia —que vincula a los primeros masones con los últimos templarios— han dedicado otra obra dos de los autores de *El enigma sagrado*.

REX DEUS, LOS ESTUARDO Y OTROS DESCENDIENTES DE LA CASA REAL DE DAVID

Knight y Lomas confiesan que una de las pistas que les orientaron en su investigación fueron las conversaciones mantenidas con un anónimo personaje británico que se presentó ante ellos como miembro de una de las familias que se reconocen entre sí bajo la denominación de *Rex Deus*. Éstas aseguran ser descendientes de las mismas dinastías reales judías con las que entroncaría Jesús, integradas por la Casa de David, los asmoneos y los 24 últimos sumos pontífices del templo de Jerusalén. Tras la destrucción de este último, los supervivientes de dichas familias mantuvieron viva su tradición, transmitiéndola a aquellos de sus sucesores que juzgaban más idóneos. Éstos se comprometían a guardar el secreto, bajo terribles juramentos que coinciden con los correspondientes a la iniciación en algunos grados masónicos.

Al parecer, este mismo individuo se acercó al investigador Wallace-Murphy durante una conferencia que éste daba sobre la capilla de Rosslyn, en la Sociedad Saunière británica. A lo largo de diversas entrevistas le proporcionó información suficiente para que escribiese —en colaboración con Hopkins y Simmans— un libro acerca de las tradiciones *Rex Deus*, su perpetuación, la forma en que estas familias habían dado lugar a importantes casas reales y nobiliarias europeas, así como la influencia que éstas habían ejercido en la historia de la cristiandad y en la fundación de templarios y masones, dando interesantes pistas acerca de las pretensiones actuales de dichas dinastías.

Un tercer frente divulgador de estas mismas ideas ha sido encabezado por sir Laurence Gardner, autor de varias obras de gran éxito, repletas de información tan fascinante y sospechosa como la proporcionada por los autores ya citados. No sólo sostiene que Jesús tuvo descendencia, sino que desgrana los nombres de algunas conocidas dinastías que supuestamente entroncarían con su familia, basándose en muchos años de investigaciones realizadas en los archivos de algunas casas reales europeas. Es más, sostiene que esta línea de sangre real procede de seres bajados de las estrellas. Esta insólita idea no es ajena a las creencias que intenta difundir el Priorato, como lo demuestra el subtítulo de un libro poco conocido que un anónimo marqués inspiró al ya citado Gérard de Sède: *La raza fabulosa. Extraterrestres y mitología merovingia.*

Gardner, que sostiene tales teorías, y otras aún más explosivas, no es un loco indocumentado, sino el agregado presidencial del Consejo Europeo de Príncipes e Historiador Real Jacobita. Es decir, el cronista oficial del conde de Albany, príncipe Michael Stewart, legítimo aspirante al trono de Inglaterra, puesto que sus antepasados —los Estuardo escoceses— fueron reemplazados en el mismo por la dinastía germánica de los Hannover en circunstancias mucho más que polémicas, y desde entonces sus derechos sucesorios han sido apoyados veladamente por la Masonería Escocesa.

Lo más increíble del caso es que el propio príncipe Estuardo ha publicado un libro, *La monarquía olvidada de Escocia*, en el cual pretende ¡ser descendiente directo de Jesús!

JESÚS, LOS MEROVINGIOS Y EL CULTO A LA DIOSA

Pero, a fin de no perdernos en toda una selva de nombres y datos históricos, intentaremos hacer una breve síntesis de las ideas difundidas por el Priorato y por algunas de estas familias, sobre las cuales fundamenta su trama *El código* y que serán tratadas en este libro.

Según la versión paralela de la historia desarrollada en *El enigma sagrado* y por otros de los autores mencionados:

- Gardner sostiene que Adán y Eva no habrían sido los primeros habitantes de la Tierra, sino el fruto de un cruce genético por medio del cual los anunnaki —divinidades celestes que, según las leyendas sumerias, trajeron la civilización a este planeta y establecieron la monarquía en la noche de los tiempos— mezclaron su ADN con el de algunos terrestres. Dicha línea genética se habría perpetuado hasta Jesús, a través de los patriarcas bíblicos.
- Jesucristo habría sido un noble heredero de la casa real de David, que como tal aspiraría a convertirse en mesías-rey de Israel, por lo que fue considerado un rebelde por los romanos.

- Con la ayuda de sus más cercanos seguidores habría logrado escapar a la muerte en la cruz, lo cual echaría por tierra la creencia fundamental de la fe cristiana.

- Su presunta esposa, María Magdalena, habría abandonado Jerusalén para refugiarse en el sur de Francia, donde existía desde hacía mucho una prominente comunidad judía. Así lo relatan las leyendas de aquella zona y reputadas tradiciones cristianas, sólo que éstas no dicen nada acerca de su matrimonio con el Mesías ni de que viajase hasta allí con sus supuestos hijos.

- Los descendientes de éstos habrían perpetuado su sangre mediante enlaces con diferentes familias nobles europeas. Posteriormente, serían conocidos como «la estirpe del Santo Grial», cuyo nombre francés *Sant Graal* derivaría de la antigua expresión *sang réal* (sangre real).

- El Priorato asegura que, en el siglo v, uno de sus descendientes se unió a una princesa heredera de los francos, dando origen a la dinastía merovingia. Y también que los sicambrios, antepasados de estos monarcas, eran descendientes de la tribu judía de Benjamín que aún veneraban a la Gran Diosa Madre como la Diana de los Nueve Fuegos o como Arduina, de la que tomaron su nombre las Ardenas. Es más, según el estudioso judío Raphael Patai, las cuatro consonantes de la raíz hebrea YHVH, por la que luego se conoció al Dios único, designaban a los cuatro miembros de la Familia Divina: Padre, Madre, Hijo e Hija. La Madre era Asthoreth o la canaanita Asherah, a la cual nos dice la Biblia que adoraba Salomón, con lo que el *sancta sanctorum* del Templo de Jerusalén sería una supuesta representación de su útero materno.

- El recuerdo de la antigua Diosa Madre, finalmente barrido por los cultos patriarcales, aún perduraría de forma prominente entre las tradiciones mantenidas por el Priorato.

- En el año 496 los merovingios sellaron un pacto con la Iglesia de Roma, que entonces se encontraba amenazada por la fuerza con que se extendía la fe arriana, que no veía a Jesús como el hijo único de Dios. El Papa se comprometía a permanecer fiel a éstos, cuyo origen posiblemente conocía. Ofreció al rey Clodoveo los títulos de Santo Emperador Romano y de *Nuevo Constantino*, al tiempo que éste y muchos de sus guerreros se convertían al catolicismo. Dicho pacto trascendental supuso el nacimiento de un nuevo Imperio romano, fundamentado en la Iglesia católica y administrado por los merovingios, estableciéndose así un vínculo indisoluble entre Iglesia y Estado.

LOS DEFENSORES DE LA DINASTÍA TRAICIONADA

- Pero el último monarca de esta estirpe, Dagoberto II, fue asesinado en Stenay (en las Ardenas) por orden de su mayordomo real, cuyos descendientes darán lugar a la dinastía carolingia. Con su velada complicidad en este magnicidio, el papado habría traicionado su pacto con los merovingios, haciendo todo lo posible por suprimir esta línea real indeseable, cuyo secreto familiar comprometería peligrosamente su poder.

- Pese a ello, esta dinastía davídica sobrevivió, gracias a que los carolingios se casaron con princesas merovingias para legitimar su poder. Pero sobre todo a través de Sigisberto, un hijo del rey asesinado que habría logrado sobrevivir; entre sus sucesores estaría el héroe Guillem de Gellone, que fue regente del principado judío de Septimania (donde está situado Rennes-le-Château) y conde de Barcelona, así como a los reyes cristianos de Jerusalén. Su sangre también se perpetuó en algunas viejas familias que mantuvieron vivo el secreto recuerdo de sus orígenes. Mediante matrimonios con casas reales, estarían en el origen de dinastías como los Habsburgo-Lorena o los escoceses Estuardo, que reinaron en Inglaterra hasta ser destronados por los Hannover y los Windsor.

- El Priorato de Sión se presenta como una poderosa sociedad secreta que ha conspirado a través de los siglos para restituirles su derecho al trono de Francia. Y lo habrían hecho contando con la colaboración de los templarios, los masones o los rosacruces, además de otras organizaciones y conocidos personajes históricos.

- Su fundación, directamente ligada a la primera tentativa de recuperar el poder, habría tenido lugar en un momento histórico excepcional: los comienzos del siglo XII, época en la que Europa asistió a un despertar espiritual y cultural sin precedentes. Entonces abrieron paralelamente una serie de frentes que, estratégicamente utilizados por un puñado de miembros de algunas familias pertenecientes a la citada línea real davídico-merovingia, les habrían permitido vencer la resistencia que los papas y los reyes de Francia opondrían a sus secretos proyectos.

- Uno de sus aliados naturales habría sido el movimiento cátaro, una corriente herética de raíces gnósticas que no consideraba a Jesucristo el hijo de Dios sino un elevadísimo ser que aceptó descender a este mundo impuro para enseñarnos el camino hacia la luz. Veían en la cruz y en la opulenta Iglesia de Roma instrumentos del Mal.

LA LEYENDA DEL SANTO GRIAL Y EL CULTO A *NUESTRA SEÑORA*

- En la fortaleza de Montségur —muy cercana a Rennes-le-Château— un puñado de cátaros logró resistir a los asaltos del abrumador ejército enviado por el rey de Francia y por el Papa. Antes de rendirse, tres de sus *perfectos* escaparon, descolgándose por un verdadero abismo y llevando con ellos su más preciado tesoro que consistía en algo más importante que bienes materiales. Podía tratarse de unos manuscritos o de un objeto sagrado que no podía caer en manos de la Iglesia. Muchos piensan que se trataba del Santo Grial, cantado por relatos trovadorescos, que surgieron precisamente en estas tierras poco después de que los cátaros sucumbieran, aunque el Priorato sugiere que se trataba de un heredero de la dinastía sagrada.

- Según éste, el término original *Sant Graal* sería una deformación intencionada de las palabras *sang réal*. El mito del Grial aludiría por tanto a la sangre de Jesús, llevada a Francia en el vientre de María Magdalena y concretada en sus presuntos descendientes: los herederos de la *Sangre Real*.

- Tanto el catarismo como las leyendas europeas sobre el Grial y otras corrientes subterráneas que apoyaban la citada estrategia habían nacido y prosperado en el Languedoc, zona situada en los Pirineos occidentales franceses donde existía una gran veneración popular hacia María Magdalena. Esa pequeña región se había convertido en un próspero oasis cultural, económico, político y social, cuyo esplendor y tolerancia contrastaban brutalmente con el oscurantismo que se había adueñado de Europa tras la caída del Imperio romano. En ella, las mujeres obtuvieron una posición social y un poder sutil que les era negado en el resto del mundo. Y, a partir de allí, trovadores y juglares abrieron la mente medieval a nuevas formas de pensamiento, mientras difundían por Europa el ideal libertador del *amor cortés* y hacían de la Dama un objeto de veneración.

- Estos ideales, curiosamente, convergen en el espacio y en el tiempo con la eclosión de un nuevo culto, desconocido hasta ese momento, dedicado a *Nuestra Señora*, que le otorga la dimensión de una verdadera Diosa, concepto que encaja difícilmente con un catolicismo que sólo admite la veneración monoteísta de la Santísima Trinidad. Un culto que es impulsado por san Bernardo, propulsor de la reforma cisterciense y sobrino de uno de los fundadores de la Orden del Temple, cuya Regla creó personalmente, dedicándola a esta misteriosa divinidad femenina.

- Aunque siempre se ha supuesto que el término *Nuestra Señora* designaba a la Virgen María, el Priorato sostiene que se trata de María Magdalena. Sea como fuere, a Ella también están dedicadas las impresionantes catedrales góticas, en las que plasman sus asombrosos conocimientos herméticos los *jacques* y otras cofradías francmasonas constituidas por quienes se reclaman simbólicos herederos de los sabios artesanos que construyeron el Templo de Salomón. Y todo ello ocurre en un momento en el que comienzan a aparecer por doquier misteriosas tallas de Vírgenes Negras que recuerdan a Isis, y cuando el Camino de Santiago (de *Saint-Jacques* para los seguidores de la ruta francesa) alcanza una dimensión internacional y se plasman a lo largo del mismo saberes paralelos a los que rigen las catedrales.

A LA CONQUISTA DE JERUSALÉN

- Pero el frente más importante de esta estrategia estaría formado por la Orden del Temple, fundada por miembros de las citadas familias y por sus colaboradores, tras la conquista de Jerusalén. El nombre de la misma se debe a su instalación en el recinto del famoso Templo de esta ciudad santa, bajo cuyas ruinas habrían encontrado un misterioso tesoro que tal vez incluiría genealogías capaces de demostrar la regia ascendencia davídica de dichas familias.

- En las filas templarias ingresaron numerosos cátaros, que lograron escapar así a la implacable persecución que Roma desató contra ellos, y con los que muchos de aquellos monjes soldados mantenían relaciones familiares. De hecho, buena parte de las encomiendas templarias estaban situadas en la herética tierra del Languedoc.

- Tras los caballeros templarios, habría una Orden secreta, que creó el Temple como brazo militar y administrativo, y cortó sus lazos con él en 1188. Desde entonces habría funcionado con diversos nombres. Hoy es conocida como el Priorato de Sión y es la responsable de los *documentos* citados anteriormente.

- A la Orden de Nuestra Señora del Monte Sión habría pertenecido Pedro el Ermitaño, que predicó la necesidad de una Cruzada para recuperar los Santos Lugares, ocupados por los musulmanes.

- Este monje fue preceptor de Godofredo de Bouillon, a quien en 1099 una misteriosa asamblea de nobles y eclesiásticos quiso nombrar rey de Jerusalén tras su conquista. Pero —probablemente por la terrible masacre que costó aquélla— él no aceptó otro título que el de *Protector de los Santos Lugares*.

- El actual Priorato sostiene que tal decisión fue obra de los fundadores de su organización y se debía a que Godofredo y los posteriores reyes de Jerusalén eran descendientes directos del merovingio Dagoberto II. De hecho, el verdadero objetivo de la Primera Cruzada, en la que participaron diversos miembros de las familias *Rex Deus*, no sería otro que poner el trono de la Ciudad Santa en manos de sus legítimos herederos, más de un milenio después de que les fuese arrebatado por los invasores romanos y sus aliados.

- Si los sucesores de Godofredo hubiesen logrado mantener su presencia en Palestina, los *Rex Deus* supuestamente habrían divulgado sus orígenes. Se situarían así por encima de todos los demás monarcas europeos, y el patriarca de Jerusalén nombrado por ellos recobraría una posición preeminente sobre la del Papa, similar a la que tuvieron los primeros jefes de la Iglesia de Jerusalén. Esta ciudad tres veces santa se habría convertido en la capital de una cristiandad reconciliada con el judaísmo y el islam, realizando así el sueño perseguido por los templarios.

- Cuando Jerusalén se perdió definitivamente y sus planes probablemente fueron descubiertos, el Papa y el rey francés decidieron disolver el Temple. Ignoraban que la Orden que inspiró su creación seguía indemne.

LOS SUPUESTOS DIRIGENTES DEL PRIORATO

- Baigent, Leigh y Lincoln encontraron una serie de documentos en la Biblioteca Nacional de París, donde habían sido depositados poco antes por miembros del moderno Priorato de Sión y que cita Dan Brown al comienzo de *El código*. Según los mismos, éste habría sido dirigido por una sucesión ininterrumpida de grandes maestres. Sus primeros nombres corresponden a varios nobles entroncados familiarmente con Godofredo y supuestas familias merovingias. Comienza por el jefe que encabezó la ruptura con los templarios, Jean, señor de la fortaleza de Gisors, en la cual se reunían tradicionalmente los monarcas ingleses con los franceses. Le habrían sucedido su esposa Marie de Saint-Clair, descendiente del primer barón de Rosslyn, su nieto Guillaume de Gisors y miembros de otras familias *Rex Deus*, que incluyen a un notable antepasado del monarca Fernando el Católico: Renato de Anjou, quien, además de otros muchos títulos nobiliarios, fue rey de Aragón, Valencia, Mallorca, Nápoles, Sicilia y Cerdeña. Siguen luego en esta lista algunos ilustres personajes de la cultura europea, que incluyen a alquimistas y predecesores de la ciencia, conocidos artistas y escritores.

- Según *El enigma sagrado*, esta relación de maestres es un tanto creíble, teniendo en cuenta que entre ellos había, junto a grandes genios, un puñado de notables, unos cuantos «ejemplares corrientes», algunos seres vulgares e incluso un grupito de imbéciles, por lo que constituye una muestra representativa de la humanidad.

- Tras estudiar detalladamente sus biografías y actividades, los tres autores comprobaron: que pudo haber conexiones entre cada uno de ellos y su predecesor y sucesor inmediato; que todos tuvieron alguna relación con las familias a las que se supone sucesoras de los merovingios y/o con la casa ducal de Lorena, a la que sitúan en el centro de esta trama; y que todos ellos mostraron interés por el pensamiento hermético, por la relación con sociedades secretas y con Rennes-le-Château u otros lugares estrechamente relacionados con la Orden de Sión.

UN GRAN MONARCA EUROPEO

- Además de los supuestos grandes maestres del Priorato, que incluirían a prominentes personajes históricos, en esta trama —tan novelesca como de apariencia coherente— se verían entremezclados otros notables. Entre ellos podemos destacar a Juana de Arco, Nostradamus, el pintor Poussin o políticos franceses como Mitterrand o De Gaulle, un eso-

térico general que eligió como estandarte de las Fuerzas
Francesas Libres durante la Segunda Guerra Mundial la
cruz de Lorena, símbolo de Renato de Anjou: una decisión
difícilmente explicable, puesto que Lorena fue un ducado
independiente antes de discutirse su posesión entre Francia y Alemania…

- En los siglos sucesivos, y con ayuda de esta organización
  secreta, los descendientes merovingios intentaron retomar su
  herencia en muchas ocasiones, pero sólo en Europa y siguiendo tres estrategias distintas: 1) mediante alianzas dinásticas con otras casas reales, 2) a través de intrigas políticas
  que podrían conducirles a tomar el poder, 3) valiéndose de
  la tradición hermética y de las sociedades secretas, crearon
  un clima psicológico que les permitiese erosionar la hegemonía espiritual de Roma…

- Dichas estrategias obedecían a que, aunque hubiesen logrado probar el origen de su estirpe públicamente, las reacciones que esto habría provocado resultaban imprevisibles. Por
  lo cual habrían considerado más sensato hacerlo sólo cuando hubiesen conquistado una auténtica posición de fuerza en
  la escena internacional. Los autores de *El enigma sagrado*
  sostienen que, al menos en cuatro ocasiones, estuvieron a
  punto de conseguirlo, pero sus tentativas fracasaron finalmente por razones ajenas a la actuación del Priorato.

- Tras orquestar en la sombra ciertos acontecimientos críticos
  de la historia de Occidente, aún hoy seguirían influyendo y
  participando en los asuntos internacionales de alto nivel, así
  como en la política interna de algunos países.

- Durante el último siglo habrían perseguido restaurar a los
  herederos de la Casa de David, no sólo en el trono de Francia, sino en el de otras naciones europeas, reivindicando un
  derecho dinástico que les correspondería. Con este fin habrían trabajado por la creación de unos Estados Unidos de
  Europa, que podrían ser gobernados por un monarquía constitucional ¡encabezada nada menos que por un supuesto
  descendiente del propio Jesucristo!

Por increíble que parezca ésta es la versión paralela de la historia difundida por el Priorato y por las familias *Rex Deus*, en la que hunde sus raíces la trama presentada en *El código*.

A lo largo de este libro intentaremos explorar algunas de sus ramificaciones más notorias y relacionadas con la trama desarrollada por Brown, para intentar comprender qué puede haber de cierto y de fantasía en la historia que recrea esta fascinante novela y en sus detalles más sorprendentes.

2

El antiguo culto a la Diosa

En *El código da Vinci*, la imagen de la Diosa aparece como una clave esencial de la intriga ya al comienzo de la novela. Dan Brown aprovecha el interrogatorio de Robert Langdon por parte del capitán Fache en el Louvre para situarnos ante la religión más antigua de la Humanidad, que veneraba el principio femenino personificado en una Diosa Madre.

En el principio de los tiempos, los seres humanos rendían culto a la regeneración periódica de la vida a través de una deidad femenina y materna. La mujer era la protagonista del mayor misterio, porque su cuerpo era el receptáculo evidente en el que tenía lugar la gestación de un nuevo ser.

Las representaciones más primitivas de esta Diosa Madre, aparecen hace 20.000 o 30.000 años y son conocidas como «Venus del Paleolítico». Se trata de figuras toscas, en las que destacan notablemente los caracteres sexuales femeninos: sexo, vientre, pechos y caderas.

Un mensaje hermético

Desde el comienzo mismo de *El código* surge como una presencia velada la imagen femenina sacralizada.

Está sugerida simbólicamente en el círculo trazado por Saunière en torno a su cuerpo desnudo, antes de morir. Luego, se coloca en su interior, adoptando una posición que evoca la figura del *hom-*

bre de Vitrubio. Por este nombre se conoce al famoso dibujo de Leonardo da Vinci, en el cual la imagen masculina aparece con las piernas separadas y los brazos extendidos, dispuesta como un pentáculo o estrella de cinco puntas, que está inscrito dentro de un círculo.

Para hacer aún más evidente su intención de transmitir un mensaje codificado a través de símbolos, el conservador del Louvre dibuja un pentáculo sobre su estómago y añade dos frases misteriosas: «Diavole in Dracon» y «Límala asno».

Qué quiso comunicar Saunière al emplear sus últimas fuerzas en disponer así la escena, es el primer enigma que plantea esta novela.

Langdon no tarda en advertir que la figura inscrita en el círculo, acompañada por las dos frases mencionadas, está indicándole el ámbito esotérico en el cual debe buscar la respuesta a este misterio.

La primera idea que le sugiere esta disposición del cadáver es que el agonizante Saunière intentó comunicarle que la clave de su asesinato tiene que ver con el antiguo culto a la Diosa. Ello se debe a que la geometría sagrada de la antigüedad concibe el círculo como un emblema del mundo creado y del principio femenino, considerando el punto central del mismo como una representación del principio masculino y fecundador.

Esta idea está reforzada por la figura del pentáculo que Saunière dibuja sobre su propio estómago, porque esta figura geométrica era el símbolo de la unión entre los principios femenino y masculino de la Creación.

EL LINAJE DIVINO

La codificación de este significado se remonta al antiguo Egipto y tiene enorme interés para el argumento de la novela.

Los egipcios veían el 5 (número correspondiente al pentáculo) como símbolo de la unión entre el 3, considerado por ellos una cifra solar y masculina, y el 2, al que asignaban un significado lunar y femenino.

Por eso identificaban al dios Horus, hijo de Osiris y de Isis, con el 5. Este número representaba su herencia paterna (3) y materna (2). Y, para que no nos quede duda alguna respecto a esta doble herencia divina, los dos ojos de Horus se identifican con el Sol y la Luna.

Además, Horus era el legítimo heredero del trono de su padre y la deidad suprema del estado teocrático. Los faraones egipcios eran considerados como «Horus vivientes».

De modo que, al recrear el simbolismo del círculo y el pentagrama, Saunière está dando a un experto en simbología como Langdon una serie de pistas fundamentales para entender los motivos de su asesinato.

La clave del enigma es la existencia de un linaje sagrado de origen divino que concedería el supremo derecho a reinar, del que hemos hablado en el capítulo anterior. Finalmente, descubriremos que tanto Saunière como su nieta Sophie pertenecen al mismo.

En el mito egipcio este linaje se expresa a través de Horus. Engendrado por un dios resucitado y por una madre divina, éste debe a su madre Isis su legitimidad para reinar. Ella es quien convence al tribunal de los dioses de que el derecho a ser consagrado como monarca pertenece a Horus. Y también es quien le enseña el nombre secreto del Dios supremo Ra, la mágica palabra de poder que le reviste de un conocimiento superior.

El simbolismo elaborado por Saunière ofrece a Langdon una serie de pistas muy importantes, entre las cuales destacan las siguientes:

- Los estudiosos de las religiones sostienen que Osiris, Isis y Horus constituyen el modelo iconográfico de la Sagrada Familia cristiana. Y que las imágenes egipcias de Isis sosteniendo en su regazo al niño Horus inspiraron las posteriores representaciones de la Virgen con Jesús niño.

- Tanto en el mito egipcio como en el cristiano, el nacimiento del Dios Hijo se atribuye a una concepción milagrosa, sin intervención del sexo masculino. En Egipto, para crear al niño divino, Isis añade mágicamente un falo al cadáver reconstruido de Osiris, que ha sido despedazado por Seth (Satán) y dispersados sus miembros, habiéndose tragado un pez su pene. Y en el Nuevo Testamento se describe la concepción virginal que ya conocemos.

- Osiris, patriarca de un linaje celeste que tendrá continuidad en su hijo Horus, ha sido desposeído del poder por Seth, quien ocupa ilegítimamente su trono, tras asesinarle. Éste es el antecedente mítico de la reivindicación que plantea el Priorato de Sión, el cual —como ya hemos apuntado— sostiene que, contando con la complicidad de la Iglesia, los carolingios usurparon el trono de Francia, tras deshacerse de los merovingios, legítimos herederos del mismo y supuestos descendientes de Jesús.

LA CONEXIÓN ESOTÉRICA

La intención de Saunière es dejar un mensaje que no pueda ser entendido más que por un experto en simbolismo como Langdon. Por ello, no hace referencia directa a Egipto en el mismo. Se limita a orientar a aquél hacia un ámbito esotérico, en el cual puede descifrar el significado del mismo, sin excesiva dificultad, al remontarse a los orígenes egipcios del simbolismo que deja plasmado en torno a su cuerpo.

Y es que no estamos ante símbolos exclusivamente egipcios. La religión del Nilo es su fuente. Pero este mismo legado será recogido por las religiones mistéricas griegas y romanas. Luego impregnará profundamente las tradiciones iniciáticas pitagóricas, neoplatónicas y gnósticas. Finalmente se transmitirá al continente europeo, a través de las corrientes del cristianismo heterodoxo, del hermetismo y las sociedades secretas.

Por eso, al buscar una respuesta en el simbolismo evocado por Saunière, Langdon encuentra la clave en los mitos egipcios. Éstos, a su vez, lo conducen a Israel y al cristianismo esotérico de los primeros tiempos.

Esta asociación no resulta evidente para quien carece completamente de cultura esotérica como el capitán Fache. Pero puede ser establecida por alguien familiarizado con dicho simbolismo.

Durante sus últimos minutos de vida, Saunière intenta desesperadamente dejar una serie de pistas orientativas. Partiendo del culto a la antigua Diosa, éstas conducen inevitablemente al tema del Santo Grial como recipiente sagrado, que contiene la Sangre Real de una estirpe de origen divino a la que correspondería gobernar el mundo.

Como hemos visto en el capítulo anterior, la conexión egipcia remite al linaje real, que Israel recibe como legado de la civilización del Nilo y que legitima a Jesús como rey mesiánico, por ser un descendiente directo de David.

EL MENSAJE DE LOS ANAGRAMAS

Las expresiones *Diavole in Dracon* y *Límala asno*, que añade Saunière, evocan de inmediato la imagen de las diablesas y del Dragón. Para Fache, católico estricto, tanto las frases como el Pentagrama apuntan a la existencia de un culto diabólico.

Sin duda, el conservador del Louvre las escogió precisamente con la intención de hacer llegar su mensaje tan sólo a Langdon. Éste sabe bien que la Iglesia católica transformó en diablesas a las antiguas diosas de la naturaleza. Al igual que convirtió al Dragón y a la serpiente en figuras maléficas. Pero, anteriormente, éstos eran emblemas de sabiduría e iluminación, que estaban vinculados a la mujer y eran considerados animales benéficos, a cuya sangre se atribuían poderes mágicos.

Langdon deduce la insistencia de Saunière en llamar la atención sobre el principio femenino de sus creencias esotéricas. Pero, en un primer momento, no advierte toda la riqueza de significados contenidos en las dos frases citadas. Además de configurar un anagrama, tras el que se oculta el nombre cifrado «Leonardo da Vinci» y «la Mona Lisa», éstas también comunican un mensaje en el que se aprecian las siguientes alusiones:

- Saunière señala sutilmente dónde debe buscarse a los culpables de su muerte, identificándolos con el cristianismo ortodoxo que transformó a las diosas en diablesas y al Dragón en un animal maléfico.

- Vuelve a apuntar al linaje sagrado judío, puesto que el asno era la cabalgadura real del rey David y de su descendencia.
- Dicho animal se encuentra doblemente asociado a Jesús, como mesías davídico y como heredero del linaje sagrado. Su derecho como legítimo monarca se expresa con su entrada triunfal en Jerusalén el Domingo de Ramos, montado sobre un asno, tal como Isaías profetizó lo haría el Mesías. Su linaje sagrado es evocado también por la presencia de este animal en las representaciones populares de la Natividad, que están inspiradas en los evangelios apócrifos. San Francisco de Asís se basará en esta tradición no autorizada por la Iglesia, para dar forma al primer pesebre o *belén* navideño.
- El vínculo con san Francisco constituye otra pista. Ello se debe a que este santo, humilde y rupturista, recibe las influencias de las corrientes heréticas de su época, aquella en la cual son aniquilados los cátaros, surge el mito del Grial cristiano y alcanza su apogeo el movimiento trovadoresco, con su culto a la mujer.

La veneración cristiana hacia Nuestra Señora

Como luego veremos, la época aludida es la misma en que surge el fervor por el culto mariano y se erigen las catedrales góticas, dedicadas a Notre-Dame, término francés que se puede traducir como «Nuestra Señora» o «Nuestra Dama». ¿Designa esta advocación a la Virgen María, como normalmente se acepta, o bien a santa María Magdalena, cuyo culto por aquella época estaba bien consolidado en Europa occidental, como pretende el Priorato?

Las catedrales se levantan en *lugares de poder* ancestrales, donde generalmente hubo santuarios asociados a las deidades femeninas de las tradiciones paganas autóctonas. Ello da lugar a un sincretismo religioso notable que permite a los fieles seguir venerando en secreto a la antigua Diosa Madre, tras la excusa del culto cristiano oficial.

La Virgen, como «Madre de Dios» a la que la propia Iglesia concede una posición superior a los santos, constituye una imagen divina evidente. El dogma de la Asunción asegura que se la hizo ascender al Cielo, al igual que otros personajes inmortales de diversas tradiciones, como los judíos Enoch y Elías. También se le asignan festividades sagradas, se le consagran multitud de santuarios propios, es aceptado que se le rinda culto y cumple la función de intercesora entre Dios y los hombres.

Pero si la Virgen se aproxima a la función de la Diosa Madre pagana, Magdalena parece expresar la divinización de la imagen femenina en su función de «esposa de Dios». Incluso la Iglesia admite que se la considere como «novia mística», permite que se le rinda culto como santa muy venerada en algunas zonas y cuenta con una festividad y multitud de santuarios propios.

LA MEMORIA DE LA DIOSA MADRE

Desde la noche de los tiempos hasta nuestros días, el proceso evolutivo de esta creencia universal en la Diosa puede resumirse en cuatro grandes fases:

- En la primera, la Diosa procrea sola al Dios Hijo, que aparece junto a ella como figura subordinada. En la mitología de esta época surge la imagen del Dios Hijo sacrificado y la Diosa Madre que lo resucita.
- Este Hijo es promovido a la categoría de hermano y esposo de la Diosa, en la segunda fase. Progresivamente, éste va acaparando la mayor parte de los poderes que correspondían a su antigua Madre. A partir de entonces, ésta comienza a presentarse como una figura subordinada al Dios masculino.
- En la tercera, la Diosa desaparece del todo. Su lugar es ocupado por una madre humana y virgen, que sirve de receptáculo a la fecundación celestial y engendra a un Hijo divino.
- En la última fase de esta evolución religiosa, la Virgen humana fecundada por el Dios recupera su posición como mujer divinizada que alcanza la inmortalidad y asciende al Cielo.

Dicha evolución se corresponde con el proceso histórico y social que va del matriarcado al patriarcado. A través de la misma, la religiosidad progresa desde el culto a una Diosa que procrea sola hasta el concedido a un Dios supremo que también engendra solo, a su imagen y semejanza.

Pero la memoria ancestral de la Diosa Madre original está muy arraigada en nuestro psiquismo. Tanto que persistió durante mucho tiempo, incluso bajo los cultos patriarcales al Dios único, aunque su presencia como tal estuviese muy atenuada.

EL PRINCIPIO FEMENINO EN EL MONOTEÍSMO PATRIARCAL

El esoterismo judío asigna una naturaleza femenina a la *Sekihnah*, la Presencia Divina, también designada Reina o Esposa: representa el Principio Femenino o pasivo en Dios, la Madre Celeste. Y, según el *Zohar,* es la mediadora perfecta entre el Cielo y la Tierra, el mismo título que el cristianismo dará a la Virgen. Pero, además, como recuerdan algunos cabalistas como Grad, el nombre divino más reiterado en la Biblia, Yahvéh (pronunciación del original hebreo YHWH o Tetragramatón), es claramente masculino-femenino, como sostiene *El código*, pues las letras Yod y Waw son masculinas (originalmente, Padre e Hijo) y las dos Hé corresponden al principio femenino (Madre e Hija).

Los gnósticos, considerados herejes por la Iglesia de Roma, incluyeron en su trinidad suprema la figura de Sophia (Sabiduría), asignándole como pareja al Hijo divino (Logos o Verbo).

El Corán (sura 2, 248) se refiere a la *Sakina* como «la Presencia Divina». Y para muchos creyentes del islam la hija de Mahoma, Fátima, aparece como una virgen divinizada. Según el gran islamólogo Corbin, ella es la Sofía de la devoción shíí, «la presencia y la potencia divinas». De hecho, algunos musulmanes acuden a venerarla a ese antiguo *lugar de poder* de los templarios portugueses que hoy se ha convertido en el segundo santuario mariano de la cristiandad, Fátima, bautizado con ese nombre en honor de una legendaria princesa musulmana.

En el cristianismo ortodoxo tenemos el culto a la Virgen María. Y en el heterodoxo, el culto a la Magdalena, cuya importancia —como hemos visto— no tuvo más remedio que asumir la Iglesia de Roma.

Todas éstas y otras muchas fórmulas implican un reconocimiento tácito de algo: la persistencia del arquetipo de la Diosa en el inconsciente colectivo, pese al monoteísmo patriarcal, y la necesidad que los occidentales tenemos del mismo, hoy más intensa que hace siglos. En algunas religiones orientales, por el contrario, se la sigue venerando en condiciones de igualdad, como ocurre con la Shakti o Madre divina del hinduismo.

Pero si la Iglesia asumió esta demanda espiritual fue, ante todo, para evitar que el principio femenino de la Creación se asociara a la imagen de la «esposa divina», incompatible con su radical rechazo de la sexualidad. Como antídoto contra esta idea, que también abría las puertas a la antigua sacralización del sexo, vinculó la imagen de dicho principio femenino exclusivamente a la función materna, asignando a la Virgen el papel de «Madre de Dios».

Sin embargo, incluso este recurso resultó insuficiente para alcanzar el objetivo que se proponía. Así lo observamos en la emergencia herética de esa otra figura femenina que representa a la amada del Dios Hijo: María Magdalena, cuya figura legendaria como principal discípulo de Jesús y depositaria de sus enseñanzas secretas es evocada por varios evangelios apócrifos y tiene una papel fundamental en el legado que reivindica el Priorato de Sión.

La creencia de esta sociedad secreta en que la descendencia carnal de Jesús y Magdalena transmitió el linaje sagrado, es el centro de la intriga de *El código*. Y es también lo que define a la Magdalena como el Santo Grial, en la culminación de la aventura, cuando un Robert Langdon ya iniciado y con los ojos abiertos cae de rodillas ante su imagen de «esposa de Dios», junto a la pirámide de cristal del Louvre que evocaría simbólicamente su figura.

Esta identificación del Santo Grial con el linaje de origen celeste transmitido por la mujer fecundada por los dioses, nos sitúa ante otro de los temas ocultos de *El código*: el *hieros gamos* o matrimonio sagrado, del cual hablaremos en el próximo capítulo.

El hecho de que para algunas tradiciones cristianas la Magdalena se identifique con la pecadora y la prostituta redimida, evoca otra imagen religiosa pagana que se asocia al *hieros gamos*: la prostituta sagrada.

Todos estos no son elementos anecdóticos en la novela de Brown, sino que tienen enorme relevancia para entender la invisible relación afectiva que une a Langdon con su dama e iniciadora Sophie.

De hecho, sin comprender previamente el significado profundo del *hieros gamos,* tampoco es posible entender profundamente los últimos capítulos ni el desenlace de *El código.* Y ello se debe a que la relación afectiva profana que surge entre los dos protagonistas es presentada por Brown como un ejemplo de *amor cortés*, que parece ser la antesala de un rito sublime de matrimonio sagrado, de acuerdo con el modelo de la caballería medieval cuyo espíritu preside toda la novela.

Isis como símbolo

Queda por considerar un aspecto importante de la novela: ¿por qué razón *El código* asocia insistentemente a la Diosa Madre con la imagen de Isis?

En la religión egipcia, Isis es la divinidad de la naturaleza y de la magia, pero no reúne todos los atributos de la Gran Diosa primigenia. Por tanto cualquier especialista en religiones nos diría que no se la puede identificar con ésta, de la que proceden todas las demás diosas.

Sin embargo, Plutarco y Apuleyo —que habían sido iniciados en sus Misterios— sostienen que Isis es el verdadero nombre de la Diosa Madre original y que las otras deidades femeninas del Mediterráneo representan sus diferentes manifestaciones.

Además de esto, la insistencia de Brown se debe a su voluntad de aludir a los orígenes ocultos del cristianismo, cuya esencia se encuentra prefigurada en el mito de Osiris e Isis. Pero también a que el culto y los Misterios iniciáticos de esta diosa no desaparecieron con la llegada del cristianismo, permitiendo así que se perpetuase la veneración a la diosa durante una era fieramente patriarcal.

El culto de Isis como diosa madre trascendió al antiguo Egipto, extendiéndose hasta los mismos límites del Imperio romano. Lo hallamos en la propia Roma, donde era muy popular y contaba con muchos seguidores entre las élites. Pero siempre despertó la hostilidad del patriarcado, como lo prueba el que se prohibiera rendirle culto en el año 19 d.C. La razón que se adujo entonces para iniciar la represión fueron los excesos sexuales asociados al culto de Isis. Esto parece indicar que la iniciación en sus Misterios incluía algunas prácticas de sexo sagrado.

Los Misterios de Isis constituyeron uno de los cultos internacionales más importantes y extendidos. Y oficialmente perduraron en su templo de Filae hasta el siglo IV, cuando sus últimos sacerdotes fueron acuchillados por cristianos egipcios.

Pero su culto mistérico, como el de Osiris, también sobrevivió a la época grecorromana, perpetuándose en secreto bajo los más variados ropajes. Sus santuarios se extendieron a la Europa occidental, donde dejó huellas indelebles, hasta el extremo de que habría dado nombre a la ciudad de París, como afirma *El código*. Y, como veremos mucho más adelante, aún hoy sigue ejerciendo una poderosa y protectora influencia sobre otras ciudades como Madrid, Roma o Nueva York.

3

Hieros gamos: el matrimonio sagrado

Uno de los temas que evoca insistentemente *El código* es el matrimonio sagrado. En el nivel más comprensible surge cuando Langdon explica a Sophie el significado de un episodio que había resultado traumatizante para ella.

Ésta presenció accidentalmente una relación sexual que mantenía su abuelo con una mujer enmascarada, sobre un altar y rodeados por un grupo de iniciados que entonaban cánticos rituales y estaban ataviados ceremonialmente. La escena produjo un rechazo intenso en la joven, que decidió romper todo vínculo con su abuelo.

El extraño rito que tanto marcó a Sophie es del todo extraño a la cultura religiosa cristiana. Sin embargo, como le explica Langdon, se trata de una institución muy extendida en todos los cultos de la antigüedad. Una liturgia sublime, a través de la cual los seres humanos encarnaban el misterio del matrimonio entre el Cielo y la Tierra, percibidos como manifestaciones cósmicas de los dos principios que rigen la creación: el masculino y el femenino.

CLAVES DE LA UNIÓN SACRAMENTAL

Las bases filosóficas del sexo sagrado son simples. Toda relación heterosexual supone una descarga de energía, asociada a un intercambio de fluidos, cuyo efecto natural es la procreación de un nuevo ser que antes no existía.

Por esto, la sexualidad se percibía como la manifestación biológica más próxima a la fuerza utilizada por los dioses para crear el mundo.

Éste era el fundamento de todos los antiguos cultos y ritos de la fertilidad, en los cuales la unión sexual humana evocaba la función procreadora a escala cósmica. En el caso de las orgías rituales, lo que se celebraba era el retorno periódico al Caos primordial, como momento previo al renacimiento o regeneración de la vida.

El Cielo se convirtió en el gran modelo de la unión sexual humana. Esta idea hizo que los términos eyaculación y siguiente erección se asociaran con los conceptos de muerte y renacimiento. Por eso, en dos importantes representaciones pictóricas egipcias de la resurrección de Osiris en el templo iniciático de Abidos, vemos su cadáver tumbado boca arriba con el falo en erección, sobre el cual se cierne Isis en forma de halcón, para engendrar a Horus.

Para la visión de los antiguos, cada elemento de un plano de realidad era una manifestación de otro que se situaba en un nivel superior. Por ejemplo, cada mujer podía ser una diosa (Venus), que personificaba el principio metafísico de la belleza femenina y se reflejaba en otros elementos análogos, como la rosa (su expresión en el plano de la vegetación) o la espuma marina (su reflejo en el plano de la naturaleza terrenal), o la estrella matutina y vespertina (su manifestación en el plano astronómico).

En todos los órdenes de la experiencia humana se manifestaba la polaridad masculino-femenino. En consecuencia, se elaboró un sistema de correspondencias sexuales para todos los niveles de realidad: el Cielo era a la Tierra lo que el hombre a la mujer, y viceversa; el semen masculino actuaba como el Sol y la semilla con respecto al claustro materno, elemento análogo a la tierra húmeda y fértil en la cual fructificaba de nuevo la simiente.

La filosofía de la sexualidad sagrada acabó por atribuir un sexo a todo lo existente.

Al principio femenino correspondían las aguas, la tierra, la Luna, la noche, la humedad, la caverna, etc. Al masculino, la luz, el Sol, el fuego, el aire, lo seco, la protuberancia.

EL SIGNIFICADO DEL RITO

La dualidad masculino-femenino surgía de una unidad original, escindida en este par de opuestos complementarios, cuya esencia estaba presente en toda la variedad del mundo. En consecuencia, la meta de la vida suponía la reintegración en dicha unidad, regresando así al estado original de no dualidad.

Esta meta se expresa en el significado estricto del término religión, que implica «unir lo que ha sido separado». De ahí que la unión sexual se percibiera como una vía de retorno a Dios, o de comunión íntima con éste, realizable a través de la energía humana que parecía corresponderse con aquella por la cual la divinidad creó el mundo.

Al unirse sexualmente, la pareja recreaba esa unidad primordial que correspondía al Dios supremo en estado puro, antes de manifestarse en la creación. Para ello, dicha cópula no podía ser un coito corriente. Era necesario que se cumplieran determinados requisitos. El acto sólo tenía validez cuando para cada miembro de la pareja sólo existía el otro, visto como una encarnación de la deidad. Durante la relación íntima, lo que se invocaba era la creación entera a partir de una voluntad que estaba empeñada en superar la dualidad.

Dicha unión ritual simbolizaba la fusión de los opuestos: Fuego y Agua, Sol y Luna, Cielo y Tierra. Al identificarse con estos pares de opuestos —personificados por las deidades— la pareja que oficiaba el rito buscaba, mediante la encarnación de éstas, acceder al misterio de los dioses y superar la condición humana. Aspiraba a inmortalizarse a través de la fusión perfecta de los dos principios en un solo ser.

La figura del andrógino, un ser mitológico que era mitad varón y mitad mujer, sería un símbolo del estado primordial. Casi todas las deidades creadoras supremas, independientemente de que se presentaran como dioses o diosas, tenían rasgos muy marcados de androginia. Esto indicaba su condición de figuras autosuficientes, que no requerían nada exterior a ellas mismas para disfrutar de la plenitud y la perfección. El andrógino representaba la situación de no dualidad, anterior a la escisión en dos seres separados, que simbolizaba la

Caída y la condición imperfecta y mortal de la humanidad. La pareja unida sacramentalmente era una recreación de dicha androginia.

FUENTES ORIENTALES Y OCCIDENTALES

En el tantrismo y en el taoísmo encontramos las prácticas más conocidas de sexualidad sagrada. Este proceso de unión sexual se puede calificar como alquímico, porque este antiguo arte de la transmutación lo codificaba en términos simbólicos y alegóricos. Prácticas similares se perpetuaron en Europa en el seno de ciertas familias y órdenes muy cerradas. Algunos autores muy cualificados sostienen que términos alquímicos como la Gran Obra y la obtención de la piedra filosofal aluden secretamente a la transformación interna de fluidos corporales, a partir de los cuales sería posible crear un «cuerpo de gloria» o «de resurrección» que permitiría al adepto inmortalizarse.

La alquimia y la magia sexual del antiguo Egipto, recogidas por los cultos mistéricos y gnósticos del mundo mediterráneo y enriquecida por los árabes, dio lugar a los ritos de sexo sagrado occidentales.

Supuestamente, el antiguo legado dentro del cual están incluidas estas prácticas habría llegado a Europa a través de ciertas órdenes herméticas y religioso militares, como los templarios, impregnados de dichas tradiciones a través de su contacto en Tierra Santa con las corrientes esotéricas judías, cristianas e islámicas. Por estas vías, pero también bajo la influencia de la mitología autóctona europea, como la propia de la tradición celta, dicho legado habría inspirado esa eclosión cultural feminista que se produjo en el sur de Francia en torno al siglo XII: el amor cortés, el mito del Santo Grial y el culto a la mujer divinizada.

El amor cortés, que sirve de modelo a Brown para describir la relación de la pareja protagonista de El código, es una forma específica de sexo sagrado occidental, que vemos expresada en las novelas de caballería y en el arte de los trovadores.

Esto es coherente con el hecho de que la novela narre en clave simbólica una iniciación en pareja. Porque la aventura que conduce a Sophie y a Langdon hacia un conocimiento superior que les permitirá transformar su ser íntimo, sólo comienza cuando deciden unir sus destinos, fugándose juntos del Louvre.

Ahora bien, toda liturgia es una representación dramática de un mito que constituye su modelo. La finalidad del rito consiste en encarnar esos mitos. De modo que resulta imprescindible tenerlos presentes para entender la liturgia que los evoca: en este caso los ritos sexuales.

OTROS TIPOS DE UNIONES

Como explicamos en el capítulo anterior, en un primer momento la Diosa Madre procrea sola. Más tarde, los mitos la presentan dando a luz a su hijo amante.

Los vestigios de esta cópula sagrada todavía se aprecian en algunos cultos mistéricos de la antigüedad, como en el de Amón-Min en el antiguo Egipto, dios polígamo calificado como «toro de su madre», que está íntimamente asociado a los ritos de fertilidad y a la magia sexual. Se le representa siempre con el falo erecto.

Amón-Min simbolizó el tipo más arcaico de hierogamia, que implicaba un incesto ritual, a imagen del matrimonio de los dioses primordiales. Precisamente, los mitos que explican los orígenes de la Creación y de la historia aportarán el modelo de los ritos de sexo sagrado. Por eso, observamos siempre las siguientes constantes:

- El *hieros gamos* recrea la unión mítica entre el dios y la diosa.
- De ahí que, en la familia real faraónica, fuese común el matrimonio entre hermanos, entre padre e hija, o entre madre e hijo.
- En otras culturas, como la sumeria, se ritualizaba a veces como una unión entre hermanos que tenía lugar en el séptimo piso de los zigurats o templos escalonados.
- También podía representarse como unión entre una sacerdotisa y un animal sagrado que representaba al dios.

Ello no suponía que el incesto y otras conductas sexuales anómalas no fuesen un tabú fuera del ámbito del *hieros gamos*. Pero es necesario advertir que esta prohibición no se debía a que se lo considerara una depravación, como en nuestros días.

Detrás de esta liturgia hallamos una creencia universal en el origen sobrehumano de la monarquía y de los forjadores de la sangre real. En el marco cultural de las sociedades antiguas, ésta consistía en un mito básico: existe una simiente celeste o divina que se transmite a través de unas madres humanas fecundadas por deidades. De modo que el incesto también tiene la función de preservar ese linaje en el estado de mayor pureza posible, a través de uniones consanguíneas.

Dichas mujeres son las guardianas de ese tesoro: receptáculos de la «sangre real». Como tales, constituyen uno de los primeros modelos históricos del Santo Grial, entendido como «el vaso viviente» (vientre materno) que contiene la sangre escogida de origen divino y transmite dicho linaje. El fruto de dicha unión era el héroe divinizado.

Por ejemplo, en el antiguo Egipto se consideraba que la familia real faraónica era divina. Para engendrar al heredero del trono, se procedía a una unión ritual entre el faraón transfigurado en dios y la reina en su papel de «Esposa del dios». Esto significa que el acto de engendrar al heredero del trono era un *hieros gamos*.

Este matrimonio sagrado presentaba varios modelos. No sólo designaba la cópula entre una pareja de dioses, sino también entre un dios o una diosa y un mortal o una mortal.

BODAS ENTRE EL CIELO Y LA TIERRA

En Grecia, la deidad marina Tetis poseyó al rey Peleo para engendrar a Aquiles. El mismo modelo se repitió con otros héroes, como Eneas, hijo de la diosa Afrodita y del mortal Anquises.

Dichos mitos coexistieron con otros nuevos, de talante más patriarcal, en los cuales los héroes aparecen como el resultado de la unión entre dioses y mujeres humanas.

Durante la fase final de esta evolución, el dios fecundaba a la doncella humana a imagen del Sol que fertiliza la Tierra. Y esa madre virgen se transformaba en el receptáculo de la semilla celeste que engendraba a un hijo sobrehumano.

En los héroes antiguos griegos y romanos que siguen este modelo observamos la misma doble naturaleza que la Iglesia atribuyó a Jesús.

A diferencia de las deidades celestes, dichos semidioses eran mortales, pero estaban dotados de habilidades y poderes sobrenaturales. También disfrutaban de una protección o de favores especiales por parte de su Diosa Madre o de su Dios Padre. Este fenómeno se observa tanto en Oriente como en Occidente.

Pero hay un aspecto en el concepto de *hieros gamos* que explica *El código* y exige una aclaración. Sobre todo porque puede inducir en los lectores una idea equivocada de lo que significa la unión sagrada. Nos referimos a la alusión que Langdon hace a la orgía que aparece en el filme *Eyes wide shut,* de Stanley Kubrick, en la cual se unen prostitutas y poderosos personajes enmascarados.

Lo que Kubrick evoca en su filme no es un *hieros gamos*, sino una ceremonia colectiva de magia sexual maléfica, de signo libertino y orgiástico, característica de grupos satánicos, en los cuales sexo y poder van de la mano, lo que es algo radicalmente distinto.

LA PROSTITUCIÓN SAGRADA

Otra modalidad especialmente importante fue la llamada prostitución sagrada. En este caso, también muy extendido en las culturas antiguas, algunas mujeres se erigían en sacerdotisas de la Diosa, eran debidamente instruidas en el arte del amor y debían entregarse al extranjero que acudía al templo para unirse con ellas y que por este servicio pagaba unas ofrendas al lugar sagrado, no a la mujer.

En ciertas culturas, todas las mujeres de la comunidad debían realizar este servicio antes de casarse. La mujer no elegía. Tampoco existía ninguna tarifa. El pago tenía carácter de ofrenda religiosa. Cuando esta costumbre fue abolida, las mujeres se limitaron a cortar su cabellera y entregarla al templo antes de contraer matrimonio.

Originariamente, el extranjero que representaba al dios obtenía incluso las primicias de la virginidad, entregada como ofrenda por la *hieródula* o prostituta sagrada, en el templo de la diosa del amor. Pero es necesario advertir un matiz importante: si desde la perspectiva de la sacerdotisa el extranjero que la elegía representa al dios, en la vivencia de éste ella representaba también a la diosa.

La idea de una hierogamia se asocia en *El código* con la prostitución sagrada, puesto que la Magdalena se identifica con la pecadora redimida por Jesús en la tradición cristiana. Cuando al final de la novela Langdon cae de rodillas ante el símbolo evocador del Grial, Brown se refiere a la diosa como a «la puta», evocando así los evangelios gnósticos de Nag Hammadi, en los que la propia divinidad femenina se autodefine en esos mismos términos: «Yo soy la puta y la sagrada».

Evocando las novelas de caballería

El código sugiere el proceso que conduce a un *hieros gamos* entre la pareja protagonista. Después del momento mágico en el cual se produce el encuentro y el «flechazo» entre el caballero y su dama, Brown desarrolla paso a paso una fórmula de iniciación propia del amor cortés.

A Guillermo de Aquitania, primer trovador conocido y otro abuelo iniciado (de la poderosa feminista Leonor de Aquitania), se le atribuye una frase que define perfectamente el espíritu del sexo sagrado: «la mujer que inspira amor es una diosa y merece ser adorada como tal». Y un examen del ritual de este amor cortés medieval nos permite reconocer que *El código* lo sigue fielmente a lo largo de toda la narración.

En el rito formal del amor cortés, el caballero pasa por varias etapas que configuran distintos grados de iniciación. El punto de partida corresponde al grado de «aspirante»; luego se alcanzan los de «conocedor», «entendedor» y «amante». Si confrontamos dicho proceso con la novela, no es difícil descubrir este paralelismo:

- El caballero se convierte en «aspirante» desde que reconoce a la dama como figura admirable, deseable y digna de ser venerada. Esto sucede con Langdon cuando conoce a Sophie en el Louvre.

- Un segundo paso implica el reconocimiento del caballero por parte de la dama, que realiza un «gesto» o «señal» con la finalidad de atraerlo a su esfera de influencia, sobre todo con «la mirada». La novela lo evoca cuando Sophie hace llegar a Langdon su mensaje a través del móvil de Fache y, acto seguido, le lanza una intensa mirada de complicidad.

- A continuación, el caballero se compromete a obedecer a la dama, a cumplir sus órdenes y aceptar el desafío de las pruebas que ella le imponga. En *El código* lo vemos cuando Sophie instruye a Langdon sobre su situación y le empuja a huir del Louvre de la forma más audaz.

- Gracias a su esfuerzo el caballero se convierte en «conocedor» y la dama le recompensa con su confianza. Al salir airoso de las pruebas, el caballero accede al grado de «entendedor». *El código* evoca la progresiva capacidad de Langdon para ver más allá de las apariencias.

- Finalmente, el caballero llega a la antesala del grado de «amante» después de salir victorioso de una prueba decisiva, cuando ella recompensa su fidelidad con las primeras «caricias rituales»: un dulce roce en la mejilla y un beso que otorga como prenda de amor al caballero arrodillado ante ella. Brown recrea estos «gestos» medievales de intimidad, cuando Sophie acaricia la mejilla de Langdon y le besa ante la capilla de Rosslyn.

La culminación del proceso imponía la intimidad física de la pareja desnuda en el lecho. Pero en *El código*, después del beso en Rosslyn, Langdon y Sophie se limitan a pactar una cita de amor en Florencia. Si el *hieros gamos* se realizará finalmente o no lo sabremos en la próxima novela.

En cualquier caso, el lugar escogido para consumar este futuro *hieros gamos* se halla cargado de simbolismo. Florencia fue la patria de Dante y de los grandes poetas del *dolce stil nuovo* italiano, casi todos ellos miembros de la cofradía esotérica de los *Fedeli d'Amore* y discípulos de los trovadores provenzales. Como éstos y como los caballeros medievales del sur de Francia, también los *Fedeli* rendían culto a una dama no imaginaria, a una mujer real endiosada a la cual veneraban dándole un nombre secreto. Es el caso de la Beatriz adorada por ese gran iniciado que fue Dante.

4

¿Es la historia de Jesús
como nos la han contado?

El código ha desatado las iras de muchos cristianos, mientras que muchos de sus lectores han acogido las *revelaciones* sobre los orígenes del cristianismo que presenta esta novela como una novedad sorprendente. Tanto unos como otros tienen motivos suficientes para sus respectivas reacciones.

La imagen de Jesús que proyecta la novela de Brown supone la negación de que éste fuese algo más que un aspirante al trono de Israel, como Mesías y heredero de la Casa de David. También sostiene en ella que contrajo matrimonio por motivos dinásticos. Y defiende que la versión difundida por la Iglesia desde el siglo IV d.C. fue una adaptación del mito del dios solar que muere y resucita, a imagen de deidades paganas como Osiris o Dionisos.

La dimensión religiosa de Jesús se asocia estrechamente con el carácter sagrado que tiene la actividad política, y sobre todo la función real, en la teocracia hebrea. Para *El código*, este aspecto de la vida del fundador del cristianismo surge de su condición de *Mesías*, término que en griego se traduce como *Christos* y que en el contexto de la cultura judía designaba textualmente a un *ungido* por voluntad divina, que esperaban les fuese enviado para liberar a Israel del yugo extranjero y fundar una verdadera Edad de Oro.

El código sostiene también que el magisterio original de Jesús tuvo un marcado contenido feminista. Algo demasiado incómodo, que más tarde la Iglesia suprimió y sustituyó por un culto patriarcal ascético y extraño al auténtico mensaje crístico.

Sin embargo, ninguna de estas afirmaciones constituye una

novedad. Con eficacia certera, Brown se limita a poner en boca de sus personajes las ideas difundidas por una corriente de autores y obras que en las últimas décadas han desarrollado un examen crítico de las fuentes originales del cristianismo.

Para difundir esta visión de la historia, convierte a Teabing y Langdon en sus portavoces, haciéndolos afirmar en la novela que la interpretación expuesta se basa en hechos históricos sólidamente establecidos.

En esta argumentación debemos distinguir pues tres cuestiones distintas: ¿existe realmente base para sostener que el Jesús histórico se ajustaba al perfil que nos proponen Teabing y Langdon? ¿Qué papel tuvo en su vida María Magdalena? ¿Es el cristianismo surgido del concilio de Nicea y la tradición de la Iglesia romana una impostura que adulteró las enseñanzas originales de Jesús?

Dada la importancia del tema y la notoria actualidad de esta polémica, conviene hacer una valoración ecuánime para que el lector pueda apreciar la credibilidad de las teorías que el autor de *El código* recoge y divulga entre millones de lectores.

En este capítulo abordaremos la primera. Las otras serán examinadas en los siguientes.

El pueblo judío esperaba un mesías

La esperanza de los judíos en la aparición de un rey mesías que les liberase del yugo opresor surgió durante su cautiverio en Babilonia y se consolidó tras la prédica de grandes profetas, como Isaías y Zacarías. Este término designaba a un libertador o nuevo Moisés, que sería ungido por Dios para fundar un reino de justicia universal, como monarca de la teocracia hebrea. En consecuencia, se anunció que sería un descendiente de la Casa de David, que representaba el linaje sagrado y legítimo de Israel como pueblo elegido por Dios.

En la época de Jesús, la nación de Israel estaba sometida por el Imperio romano y vivía pendiente del advenimiento de este libertador. Era frecuente que surgieran figuras carismáticas, en quienes sus partidarios creían ver al ansiado mesías, un fenómeno que persistió con gran fuerza hasta después de la destrucción del templo de Jerusalén en el año 73 d.C. y se prolongó luego hasta la derrota de la insurrección judía del año 133. En aquella época, algunos de estos *salvadores* fueron incluso ungidos formalmente por los sacerdotes.

Las profecías aportaban una serie de signos que permitirían reconocer al auténtico mesías y que dieron lugar a dos perfiles difícilmente conciliables.

Por un lado, en las profecías de Isaías el mesías aparece como «el siervo que sufre y expía los pecados de Israel»: padece persecución por parte del poder, es situado entre los delincuentes y martirizado. Por otro, Zacarías lo presenta como un caudillo que entra triunfalmente en Jerusalén, como monarca legítimo, a lomos de la cabalgadura real de David.

El punto de encuentro entre estas dos imágenes es que los dos profetas coinciden en presentarlo como un dirigente de los pobres y oprimidos. Esto confiere un indudable carácter subversivo al reino que debe fundar y sugiere que promoverá un nuevo orden social.

La expectativa popular judía en tiempos de Jesús se decantó por el segundo modelo de mesías, que era un libertador mucho más deseable y creíble para que Israel pudiera sacudirse el yugo del ocupante romano. El hecho de que predominase la imagen del caudillo victorioso relegó a un segundo plano al mesías como «siervo que sufre» de Isaías, al menos en la conciencia de la mayoría. Los judíos no esperaban un mesías maestro ni tampoco a un libertador exclusivamente espiritual.

El judaísmo posterior al año 133 d.C. se reformuló sobre bases fariseas tras el fracaso de las revueltas antes mencionadas, pero en los días de Jesús tenía un marcado carácter mesiánico, apocalíptico y milenarista. Toda la vida espiritual giraba en torno a la expectativa de un final de los tiempos y el advenimiento de una edad de oro.

Tampoco existen dudas sobre el hecho de que Jesús fue identificado por sus partidarios como el Ungido anunciado.

Tanto la importancia que los evangelios canónicos dan a su genealogía, como la insistencia de dichos textos en señalar constantemente que con sus actos y palabras Jesús cumplía una profecía concreta, indican algo bien claro: el principal objetivo de estos cuatro libros consistió en convencer a un auditorio judío de que él era el Mesías prometido que habían anunciado los profetas de Israel.

Sobre la naturaleza político religiosa de esta figura tampoco cabe dudar. El Ungido que esperaban los judíos era un caudillo victorioso en el reino de este mundo. Ante todo, concebían su labor de redención como una misión terrena, aunque derivada de la voluntad del Dios nacional de Israel.

También sobre este punto hallamos confirmación en varios episodios evangélicos, como aquel que nos presenta a la multitud buscando a Jesús con la intención de coronarlo rey, o en su entrada triunfal en Jerusalén montado sobre un asno, famoso episodio que los cristianos conmemoran el Domingo de Ramos.

No existe duda razonable sobre el hecho de que esta entrada se planificó y ejecutó siguiendo paso a paso el guión anunciado por los profetas. Según los evangelios, el propio Jesús no hace sino recitar a Zacarías cuando se presenta a sí mismo como el monarca que llega a la capital del reino, manso y pacífico, montado sobre un asno.

El asno era la cabalgadura real de David. Y la entusiasta recepción que le brinda la multitud, tendiendo palmas a su paso y celebrándolo con cánticos de alabanza al Hijo de la Casa de David que viene en nombre del Señor, sólo puede ser entendida de una manera: estamos ante la proclamación de Jesús como legítimo rey de Israel que viene a ocupar su trono.

En el escenario judío, política y religión no constituían dominios separados. Por eso, este hecho no cuestiona en absoluto la profunda dimensión espiritual de la vida de Jesús. Pero sí indica que sus primeros seguidores judíos consideraban su condición de mesías de forma muy diferente al modelo que, después de su muerte, difundieron sus discípulos (la Iglesia apostólica del siglo I y comienzos del siglo II) y luego sus sucesores (la Iglesia episcopal de los siglos II al IV).

El trauma que produjo su crucifixión, descrito claramente en el Nuevo Testamento, provocó sin duda una nueva interpretación. Ésta transformó la derrota político religiosa que implicaba su muerte física en una victoria espiritual y trascendente, determinada por su gloriosa resurrección, que se convertirá en el eje central de la fe cristiana.

A medida que el cristianismo se consolidaba como un nuevo culto internacional, era inevitable que también se elaborara otro modelo de mesías, diferente del original judío. Ello se debía a que había desaparecido la dimensión terrena del Ungido como un monarca triunfante en este mundo, siendo reemplazada por esa dimensión trascendente en la que sus seguidores creyeron de buena fe, siendo además una concepción aceptable entre los pueblos del Mediterráneo. Éstos estaban ya acostumbrados a la creencia en el Dios que muere para luego resucitar triunfalmente, que aparece en las diversas religiones de los Misterios paganos.

RELIGIÓN Y SOCIEDAD HEBREA EN LOS DÍAS DE JESÚS

La religión judía del siglo I parece haber sido mucho más plural de lo que hace suponer el judaísmo posterior, reformulado en el siglo II sobre un esquema fariseo que ha conservado hasta nuestros días.

Veamos sucintamente las principales corrientes conocidas en la época de Jesús:

- *Saduceos*: formaban la casta sacerdotal y ocupaban muchos puestos importantes. Colaboraban con el ocupante romano. No creían en el más allá.
- *Fariseos*: aportaron las grandes figuras del pensamiento judío; eran expertos en la Ley y promovían una religiosidad de la recompensa y el castigo, que incluía la doctrina de la resurrección de los muertos. En los evangelios Jesús los denunció con fuerza por su doble moral y por su apego a la letra de la Ley, olvidando el espíritu de la misma. Pero no hizo lo mismo con sus doctrinas, algunas de las cuales compartió, y mantuvo buenas relaciones con algunos fariseos prominentes.
- *Esenios*: formaban una corriente extremista y mística, de carácter esotérico, con calendario sagrado propio y vida comu-

nitaria en régimen de pobreza. Eran apocalípticos y veían la historia como una lucha entre la Luz y las Tinieblas. Por otro lado, se escindían en distintas comunidades que presentaban distinto talante, como sucedía con los gnósticos judíos. Había desde grupos ascéticos rigurosos que no admitían a la mujer, hasta comunidades abiertas que integraban a ambos sexos. En Egipto eran conocidos como *terapeutas* por sus conocimientos como sanadores.

- También había otras corrientes, como los *zadoquitas*, los *naziritas* o *nazireos* (entre los cuales encontramos a algunos seguidores de Jesús), y sobre todo los *zelotes*, que profesaban un nacionalismo exaltado y eran partidarios de la guerra para liberarse del yugo romano.

Algunos autores han visto en el magisterio de Jesús tesis fariseas, como la doctrina de la resurrección de los muertos. Otros han destacado su proximidad con los esenios y con el partido nazireo. En los propios evangelios hay pasajes en los cuales sus discípulos más próximos aparecen definidos como miembros de grupos extremistas como los *zelotes*, partidarios de la independencia y del alzamiento armado.

¿A QUÉ CORRIENTE RELIGIOSA DE SU TIEMPO PERTENECÍA EL INSPIRADOR DEL CRISTIANISMO?

Sin embargo, ninguna de estas teorías parece encajar con el magisterio de Jesús hasta el extremo de identificarlo con una corriente. Es verdad que éste comparte doctrinas fariseas, pero también denuncia con dureza la hipocresía de éstos; mantiene asimismo ideas esenias, o recurre a instituciones como el ágape o banquete ritual que ellos celebraban, pero se diferencia de éstos y de los zelotes en el hecho decisivo de que no defiende la pureza del culto, ni una legislación, ni una actitud excluyente con los no judíos, ni un apego especial a la Ley de Moisés.

El carácter no excluyente de su magisterio también está bien reflejado en la parábola del buen samaritano, especialmente subversiva, ya que los judíos consideraban que éstos eran renegados de la Ley mosaica.

Todo indica que sostuvo una prédica original e integradora, basada en el crecimiento espiritual. En los evangelios se observa también que impartía enseñanzas secretas a un grupo de discípulos escogidos. Esto sugiere un magisterio esotérico y una iniciación, algo corroborado por el carácter de las primeras comunidades cristianas, sobre todo las que seguían la tradición de san Juan.

La imagen de Jesús que lo reduce a un mesías convencional judío tampoco puede sostenerse.

En su calidad de nuevo Moisés y de libertador de Israel, debería haber hecho hincapié en una reforma político-religiosa. Sin embargo, Jesús no presta la mínima atención a estos aspectos vitales para un aspirante al trono de Israel. Sencillamente, en su magisterio no es posible hallar ninguna propuesta en este sentido.

Su prédica es de signo espiritual y se dirige exclusivamente a la transformación interior de su auditorio. Si es verdad que la multitud quiere coronarlo rey, no es menos cierto que Jesús no lo acepta y que se aparta de ella, trasladándose a la otra orilla del lago.

Ni los evangelios canónicos ni los apócrifos reflejan una preocupación política convencional, aunque resulta evidente que su magisterio implica un componente revolucionario en los aspectos económico y social: instaura en su comunidad de discípulos un sistema comunista puro que responde a la definición «de cada uno según su capacidad y a cada uno según su necesidad»; rechaza la existencia de privilegios en función de una jerarquía; opta preferentemente por los pobres y oprimidos; y sostiene la igualdad de derechos entre mujeres y hombres.

La expectativa mesiánica convencional que alentaban los partidarios de Jesús no implica que éste compartiera ese punto de vista. Un elemento de juicio que cuestiona esta teoría que ve a Jesús como un líder empeñado en acceder al trono es su lenguaje. Estamos ante un mensaje que nunca se permite hacer concesiones, ni gestos destinados a atraer a las masas, sino todo lo contrario. Jesús comunica sus enseñanzas por medio de parábolas, nunca incurre en discursos movilizadores de la opinión pública y, por si esto fuese poco, su prédica resulta a menudo deliberadamente oscura e incomprensible para su auditorio.

Finalmente, existe otro elemento de juicio decisivo que no es coherente con la actitud de un pretendiente al trono judío. Su prédica está abierta a los samaritanos, considerados por los judíos como renegados del judaísmo. Tampoco vemos en ella ninguna exaltación nacional, algo que sería forzoso en un aspirante a ceñir la corona de David.

Las fuentes no autorizan, por tanto, la hipótesis del líder que pretende el trono. Nada hay en los evangelios canónicos ni en los gnósticos que apoye esta idea. Tampoco en el denominado *Documento Q*, que los especialistas han elaborado con lo que consideran el núcleo duro del magisterio de Jesús, a partir de aquellas frases atribuidas a éste que aparecen en Marcos, Lucas y Mateo y que también coinciden con el *Evangelio de Tomás*.

En cualquier caso, importa advertir que esto no supone una reconstrucción de frases literales de Jesús. Ningún experto cree que sea posible afirmar que seguramente pronunció las palabras que le atribuyen los textos ni el *Documento Q*. Mucho menos crédito incluso debe asignarse a la hipótesis de que existe un documento escrito de su puño y letra.

¿Era Jesús feminista?

No cabe dudar de esta afirmación de *El código*. La actitud de promoción de la figura de la mujer es indudable, tanto en los evangelios canónicos como en los apócrifos, mal que les pese a los detractores de la novela. Jesús siempre defiende a la mujer, la pone como ejemplo de las mayores virtudes, se muestra amistoso con todas ellas y especialmente con las samaritanas, que eran despreciadas por los judíos. De una samaritana dirá que no ha visto fe mayor en toda Judea.

Su actitud contrasta con el talante discriminatorio de la mujer en la religión y la sociedad judía. En sus días estaba mal visto hablarle a una mujer en público, incluyendo a la propia esposa. También se les confinaba en un espacio marginal en las sinagogas y se consideraba que no debían salir de su casa si no era para asistir a los oficios. La valoración de la mujer se reflejaba en aforismos populares como el que agradecía a Dios «no haberme hecho perro ni mujer».

En este marco, vemos que Jesús estaba rodeado por un grupo de mujeres que formaba parte de su círculo más íntimo y que siempre sale al paso de las críticas que les hacían los varones. De una figura femenina dirá que lo ha ungido para la sepultura y la convierte en testigo de su resurrección, si aceptamos como altamente probable que «la mujer del vaso de alabastro», María de Betania y María Magdalena son la misma persona, como veremos en el próximo capítulo.

El hecho de que esto se exprese tan inequívocamente en los propios textos adoptados por la Iglesia de Roma, de signo patriarcal y hostil a la mujer, es una prueba sólida de que la prédica original de Jesús incluía un feminismo radical de signo profundamente revolucionario en un escenario como el que hemos descrito.

Los argumentos en este sentido son abrumadores. Pero baste advertir que, a diferencia del cristianismo posterior a su muerte, Jesús nunca identificó el mal ni al Maligno con la mujer ni con la sexualidad. Más aún: no encontramos en los evangelios ninguna frase condenatoria de la mujer y, por si fuese poca evidencia, su condena del divorcio tiene un cariz indudable de defensa de éstas, ya que era una prerrogativa exclusiva del varón e implicaba el repudio de la esposa, que quedaba marginada socialmente y era estigmatizada como adúltera si se unía a otro hombre. Jesús no sólo denuncia la conducta de los varones, sino que hace recaer todo el peso de la culpa sobre el que repudia a su mujer.

Esta actitud se extiende a todas las figuras femeninas que aparecen en los evangelios, incluyendo a las prostitutas. Y de hecho, cuando compara a Dios con una mujer que perdió una moneda y revolvió toda la casa hasta encontrarla, no sólo usó una imagen que debió ser considerada blasfema por los judíos ortodoxos de su tiempo, sino que sugirió que la mujer podía ser la representante de un aspecto de la divinidad en la Tierra. Esta comparación de Dios con una mujer aparece en el evangelio vinculada con la del Buen Pastor, en el cual la tradición de los cristianos siempre vio al propio Jesús.

¿Estuvo casado?

Quienes defienden esta teoría, que hacen suya Teabing y Langdon en El código, se apoyan en dos argumentos:

- El matrimonio era considerado un deber entre los judíos y no es creíble que un rabí no estuviese casado. De haber sido así, los textos mencionarían ese hecho diferencial tan original y no lo hacen.
- En algunos evangelios apócrifos se afirma que la Magdalena era la compañera de Jesús y que éste la besaba con frecuencia en la boca ante los otros discípulos. El término compañera sería equivalente al de esposa.

Sin embargo, cabe hacer algunas objeciones a estos dos argumentos:

- Jesús no puede asimilarse a un judío convencional. Sin duda fue un ser excepcional y la prueba es la dificultad que tienen sus discípulos para entender su conducta y su mensaje. De modo que no cabe deducir que «debía de estar casado» porque eso era preceptivo en el judaísmo de sus días. Los evangelios insisten en que Jesús provocaba permanentemente el escándalo, precisamente porque no se ajustaba al perfil considerado correcto y contradecía a cada paso los usos y costumbres de la religión oficial. Su actitud ante el sábado es un ejemplo, entre otros muchos posibles. Por eso, intentar deducir su vida de un patrón social dominante es del todo absurdo. Tampoco era propio de un rabí judío denunciar la impostura de los sacerdotes del Templo, predicar en la calle, violar la ley que protegía la costumbre de hacer sus negocios ante el Templo a cambistas y mercaderes, o cuestionar la Ley de Moisés.

- No es correcto invertir la carga de la prueba. Si no existen documentos que afirmen que estaba casado, corresponde a quien afirma lo contrario probar su aserto y no es de recibo que sea éste quien pida una prueba. Además, había algunas comunidades esenias ascéticas en cuyo seno los iniciados de mayor rango permanecían célibes, al igual que algunos profetas bíblicos. Tampoco se nos dice en ningún momento, por ejemplo, que Juan el Bautista no se hubiese casado.

- Los apócrifos gnósticos citados que mencionan a María Magdalena como su compañera y sostienen que Jesús la besaba con frecuencia en la boca, tienen un contenido fuertemente simbólico y no pueden servir para deducir lo que se pretende. El beso en la boca tenía un preciso significado como transmisión de dones y conocimientos secretos por parte del maestro. Al hacer una lectura realista y literal se sacan de contexto los pasajes y se distorsiona su significado.

- Los pasajes que se citan sugieren mucho más que el cristianismo original pudo practicar ritos de sexo sagrado de tipo tántrico que un matrimonio procreativo.

- Naturalmente, nada de esto impide que Jesús estuviese casado o tuviese hijos. Lo que se valora son las bases en que se apoya esta afirmación para concluir que se trata de una hipótesis gratuita y sin fundamento, pero ello no implica que sea necesariamente falsa. También debe advertirse que si Jesús se hubiese casado, seguramente este hecho habría sido rechazado por la Iglesia a partir del siglo IV, como veremos en los siguientes capítulos.

¿SE TERGIVERSÓ SU LEGADO?

No cabe duda de que el carácter de acto político indudable del episodio que actualmente conmemora el Domingo de Ramos resultaba muy incómodo, puesto que involucraba a Jesús con una reivindicación del trono de Israel.

Estos pasajes evangélicos ponían acento en un hecho nacional hebreo extraño al nuevo auditorio internacional del cristianismo en expansión durante los siglos II, III y IV d.C. Y como si fuese poco, al vincular a Jesús con un proyecto político-religioso judío se planteaba un conflicto con el poder de Roma que hacía inviable convertir a esta fe en la religión oficial del Imperio, puesto que el emperador tenía rango de deidad y en calidad de tal era objeto de culto.

Por tanto, existían poderosos motivos para que los cristianos redefinieran su tradición original y la desvincularan de sus raíces judías. De modo que puede afirmarse que la nueva formulación del cristianismo que hicieron el concilio de Nicea y posteriores es una realidad histórica bien documentada. De este hecho no cabe dudar, pero lo examinaremos en detalle en el capítulo dedicado expresamente a este tema.

También es necesario hacer aquí algunas matizaciones importantes sobre este punto, dado que *El código* mantiene que esta reformulación del legado original fue radical, que supuso de hecho una nueva religión y que la condición de Jesús como «Hijo de Dios», inconcebible en un judío, fue introducida en Nicea y resultó clave para postular el dogma de la Iglesia.

A este respecto, debemos advertir que:

- La condición de «Hijo de Dios» no fue un invento de Nicea. Está documentada al menos desde el siglo II d.C. Aunque existió un profundo debate y había muchas posiciones al respecto, no estamos ante una idea extraña ni nueva, sino propia del cristianismo original.

- En el Evangelio de san Juan se expresa claramente la visión de Jesús como una encarnación del Logos de la Trinidad, que equivale al Dios Hijo; los adopcionistas, una corriente del siglo II d.C., también defendían que era «Hijo de Dios por adopción», aunque no aceptaran la virginidad de María ni una filiación divina literal derivada de una concepción milagrosa sin intervención del sexo, como sostuvo el catolicismo, siguiendo en esto a una de las variantes del mito de Osiris en lo que atañe a la procreación de su hijo Horus; el arquetipo del Hijo de Dios, o del superhombre divinizado, tampoco era un concepto desconocido en la cultura judía, donde hallamos inmortales como Elías, Moisés y Enoc, así como a unos enigmáticos seres definidos como «hijos de Dios», tanto en el Génesis como en el Libro de Job; los propios gnósticos negaban la humanidad de Jesús y lo percibían como un dios que se habría manifestado bajo apariencia humana. Por todo esto, debemos concluir que la opinión de Teabing, corroborada por Langdon en *El código*, supone un fallo técnico, ya que no es verosímil que unos personajes que se describen como especialistas sostengan una opinión tan absurda a la luz de la base documental disponible. El fallo resulta agravado por el hecho de que Dan Brown se ha empeñado en afirmar que se trata de una verdad histórica sólidamente establecida.

• En conclusión: si bien no puede afirmarse que Jesús se autoproclamara «Hijo de Dios», tampoco puede excluirse que lo hiciese. El argumento de que una afirmación de este tipo era inconcebible en el medio religioso judío es un argumento muy débil.

• Con todo, la tesis de Teabing puede aducir dos motivos de peso para cuestionar la proclamación de una filiación divina que respondiera al concepto católico posterior. Por un lado, el hecho documentado de que aún en el siglo IV d.C. estaba muy arraigada la convicción de que Jesús era sólo un ser humano, defendida por la Iglesia de Jerusalén, que después de su muerte dirigió su hermano Santiago. Por otro, las notorias diferencias que mantienen los evangelios canónicos sobre su nacimiento: Marcos, considerado el más antiguo, elude el tema y no sostiene que fuese el fruto de una concepción milagrosa.

• Esto indica que incluso si Jesús dijo ser Hijo de Dios o ser uno con Dios, lo más probable es que no lo hiciese en el sentido que mucho más tarde le daría la Iglesia, interpretándolo literalmente como una afirmación de su doble naturaleza, sino en el sentido místico e iniciático, en la misma línea que El Hallaj y tantos otros místicos de Oriente y Occidente. La afirmación «Yo soy Dios» puede considerarse una expresión universal por la cual quien la sustenta mantiene que ha conseguido la fusión perfecta entre su conciencia individual y la mente cósmica o Dios.

AFIRMACIONES QUE CARECEN DE BASE DOCUMENTAL

Pero Brown va mucho más lejos. En el preámbulo de su novela afirma categóricamente que los documentos citados en su relato son fidedignos. Y este preámbulo no puede ser considerado como parte de la ficción, sino que se trata de una afirmación que hace el autor sobre el valor histórico de su obra literaria.

En este sentido, cabe hacer otro reproche a Brown, aunque éste no cuestione el valor de su novela. No es posible poner en el mismo nivel de credibilidad las descripciones de los lugares y obras de arte de *El código*, con los supuestos documentos que afirma poseer el Priorato.

De la existencia de Leonardo da Vinci, del museo del Louvre o de la iglesia de Saint-Sulpice, no cabe dudar. Tampoco puede objetarse la realidad de la Línea Rosa de París ni la de cuadros como *La Última Cena*, la *Mona Lisa* o *La Virgen de las rocas*. Pero lo que no se puede pretender es extender la misma credibilidad histórica a las leyendas, los apócrifos, a una reconstrucción histórica basada en especulaciones o a las interpretaciones sobre cuál fue la intención de Leonardo o de otros artistas al pintar los cuadros que se describen en *El código*.

Y el problema es que en el preámbulo Brown pone todo en el mismo saco y al mismo nivel. Pero una cosa son los hechos objetivos y otra distinta las interpretaciones que hagamos de ellos o las especulaciones sobre cómo pueden explicarse algunas contradicciones.

La versión de la historia de Jesús que propone la novela y los autores que ésta cita como apoyo de su tesis carecen de la base documental que les asigna su autor en los siguientes puntos:

- En el arquetipo del mesías judío la misión espiritual y la política resultan inseparables. Interpretar la vida de Jesús en función de un proyecto político en el sentido moderno, reduciéndolo a un pretendiente al trono de Israel, supone un anacronismo.
- El hecho indudable de que el episodio que celebra el Domingo de Ramos tuviese una fuerte carga política no implica que

Jesús aspirara al trono de Israel, dado que tanto el arquetipo del Mesías como el del Hijo del Hombre que él asumió y encarnó parecen mucho más próximos al modelo del siervo que sufre por los pecados del pueblo que profetizó Isaías que a la imagen de un caudillo militar victorioso. Todo indica que Jesús también interpretaba la profecía de Zacarías en clave simbólica y espiritual, aunque no cabe dudar de que sus seguidores sustentaban una expectativa mucho más terrena y material.

- Los documentos recogen que incluso sus discípulos más escogidos no lo entienden, detalle que respalda esta presunción.

- El cristianismo esotérico de los primeros tiempos, de carácter reservado e iniciático, no presenta ningún rasgo que permita atribuirle a Jesús la intención política de aspirar al trono. En él faltan los rasgos característicos en los fundadores de nuevas religiones y naciones, como lo fueron Moisés o Mahoma. No hay ninguna legislación, ni preocupación por formalizar un culto, ni una propuesta de reforma institucional ni de organización del estado.

- No puede mantenerse que la versión alternativa de la vida de Jesús que expone Teabing y que corrobora Langdon en *El código* refleje hechos documentados históricamente como afirma Brown en el preámbulo de la novela.

El carácter especulativo de las hipótesis que cita Brown para dar credibilidad a las reivindicaciones dinásticas resulta especialmente claro en lo que atañe a la figura de María Magdalena y a su supuesto carácter de Grial viviente, en calidad de esposa de Jesús y madre de sus hijos, como veremos en el próximo capítulo.

¿QUIÉN ERA REALMENTE JESÚS?

Las fuentes disponibles sugieren con fuerza que se trató de un alto iniciado: un gran Maestro de sabiduría que encarnó el misterio del dios sacrificado y resucitado, como irrupción en la historia de una esperanza inscrita en los mitos de todas las culturas y, en consecuencia, en lo más profundo del inconsciente colectivo.

En condición de tal, asumió el papel del mesías judío, pero dotándolo de una dimensión espiritual y proyectándolo a un nivel trascendente. No con el propósito de transformarse en un libertador terreno según el modelo de Moisés, sino con el de enseñar a los hombres el camino de una superación de la condición humana para acceder a un nivel de realidad que él mismo identifica como «Reino de los Cielos».

Esto se expresa con claridad en afirmaciones como «Yo soy el camino, la verdad y la vida», o en la invitación a sus discípulos a ser uno con Dios a su imagen, o aprender de él e imitarlo para descubrir la naturaleza divina del espíritu que alienta en el fondo de todo ser humano.

Nada autoriza a pensar que efectivamente tuviera intención de fundar una Iglesia en el sentido que se dio al término en Nicea. La comunidad de sus discípulos no implicaba ninguna fórmula de organización jerárquica y su función como ámbito de solidaridad y crecimiento espiritual responde mucho más al concepto de escuela iniciática que a un culto que se ajustara al modelo de los Misterios o a una religión formal.

La primera comunidad de discípulos fue el resultado de una voluntad de apartarse del mundo para alcanzar el desarrollo pleno del espíritu, desde la convicción claramente expresada de que todo lo que pertenece a la carne y a la materia debe morir y de que sólo se salva lo que pertenece al espíritu.

5

¿Fue la Magdalena esposa de Jesús?

María Magdalena es una clave fundamental en la aventura que narra Dan Brown. Como lo es en las reivindicaciones del Priorato de Sión.

Por ello, resulta vital examinar con detalle la versión de los hechos que recoge *El código* y cotejarla con lo que sabemos sobre la Magdalena.

¿Quién era realmente? ¿Y por qué aparece tan estrechamente unida a Jesús?

En cuanto nos acercamos a su figura, se hace evidente que la rodea un misterio tan real como fascinante.

En los cuatro evangelios canónicos, que el concilio de Nicea aceptó como inspirados por Dios, la Magdalena tiene una presencia inocultable, pero al mismo tiempo enigmática. Sin embargo, éstos nos brindan una información demasiado vaga y escasa como para lograr explicarnos por qué razón disfrutaba de tanta intimidad con el Maestro.

Descubrimos en ellos que Jesús expulsó siete demonios de una mujer pecadora, a la que la tradición cristiana inmediatamente posterior identifica con la Magdalena. Otros pasajes posteriores la sitúan, significativamente, al pie de la cruz. Finalmente, se convierte, por voluntad del propio Jesucristo, en el primer testigo del que los teólogos consideran el acontecimiento más importante del cristianismo: su gloriosa resurrección… Pero no hay nada que nos permita entender el verdadero papel de la Magdalena.

El misterio se hace aún mayor cuando examinamos el tratamiento que dio a la Magdalena el cristianismo tras la muerte de Jesús. Observamos que los apóstoles no creyeron en su testimonio de que éste se había levantado de entre los muertos y atribuyeron su afirmación a fantasías propias de mujeres. A partir de ese momento, inexplicablemente, no se la vuelve a mencionar en el Nuevo Testamento.

En éste hay doce menciones directas de ella por su nombre, un hecho que la asocia al simbolismo del número doce, cifra solar de la perfección de la Creación reflejada en el orden cósmico. Por otro lado, como veremos, podría aludir a su rango de primer apóstol de la Iglesia primitiva después de la muerte de Jesús.

Sin embargo, la tradición aceptada por la propia Iglesia de Roma asumió que esta mujer, curiosamente identificada con la figura de la prostituta y la pecadora evangélicas, era una santa. También asignó una festividad para celebrar su memoria, se le consagraron santuarios propios y se le reconoció la condición de «novia mística de Cristo».

Pero ¿por qué se otorgaron semejantes privilegios a esta pecadora y posesa?

Nada nos dice el Nuevo Testamento sobre este punto.

Como veremos, parece que algo importante se nos oculta.

Su «verdadera historia», según *El código*

Básicamente, la novela de Brown y la versión paralela de la historia en la que éste se basa, descansan sobre las siguientes afirmaciones:

- *Marian Migdal* (*María la de la Torre*), a quien la tradición cristiana conoce como María Magdalena, pertenecía a una familia noble, entroncada con el linaje real de la tribu de Benjamín. De dicha tribu surgió el primer rey ungido de la teocracia judía: Saúl.
- En el episodio evangélico de las bodas de Caná, en el cual Jesús realiza el milagro de la transformación del agua en vino, se habría suprimido un dato esencial: se trataba del matrimo-

nio entre Jesús y la Magdalena. El hecho de que la Virgen María aparezca dirigiendo la celebración y preocupándose de que nada faltase a los invitados, nos indica que ésta asumió el papel que normalmente cumplía la madre del novio, según los usos judíos. Y dado que, de acuerdo con esta misma costumbre, correspondía al novio aportar el vino de la celebración, cuando se nos presenta a Jesús realizando este milagro a petición de su madre, el relato sugiere veladamente que podría tratarse del prometido. Apoya esta interpretación el hecho de que el pasaje evangélico no mencione en ningún momento quiénes eran los novios de una boda tan importante como para ser escenario del primer milagro público de Jesús.

- Este matrimonio habría tenido un objetivo dinástico: enlazar los dos linajes reales hebreos para conseguir una unidad nacional sólida. Al dar este paso, Jesús no hacía sino seguir el modelo de su ilustre antepasado David: una vez derrocado Saúl y ungido como nuevo rey, éste reforzó su legitimidad en el trono desposando a Mikal, hija del depuesto Saúl, surgido de la tribu de Benjamín.

- Pese a que Israel reconoció como linaje real a los descendientes de David, muchos judíos los veían como usurpadores de un derecho que originariamente había correspondido a la tribu de Benjamín. El matrimonio dinástico de Caná buscaría pues conseguir la máxima legitimidad, para dar cohesión al movimiento judío que podía proponer a Jesús como pretendiente legítimo al trono de esta teocracia.

- Para ocultar la identidad e importancia de la Magdalena, la Iglesia de Roma habría manipulado la historia, silenciando su matrimonio con Jesús y su descendencia.

- Existen pruebas documentales que identifican a Magdalena como la misma mujer que en los evangelios canónicos aparece como María de Betania, hermana de Lázaro y Marta.

- La elevada condición social de su familia queda clara en la descripción que los evangelios hacen de su casa, en la cual se acogía como huéspedes a Jesús con todo su séquito. Pero también la corroboran varios autores que se cuentan entre los primeros padres de la tradición cristiana. De hecho, la imagen de la Magdalena como la financiadora y dirigente del movimiento fundado por Jesús es sustentada por varios investigadores.

- Después de la crucifixión, la Magdalena y un grupo de seguidores de Jesús se trasladó a Alejandría por motivos de seguridad. En esta ciudad egipcia, donde existía una numerosa colonia judía, la Magdalena supuestamente se habría refugiado con los hijos habidos de su unión con Jesús.

- Más tarde, con sus hijos y su familia, integrada por sus hermanos Lázaro y Marta, viajaron a Europa en compañía de otros cristianos y desembarcaron en Marsella hacia el año 44 d.C.

- Tanto la Magdalena como los hijos que habría tenido con Jesús resultaban inaceptables para la Iglesia de Roma, que había adoptado una doctrina y organización radicalmente patriarcales, decidiendo que Jesús había sido célibe. Eso por no mencionar el problema de autoridad que supondrían unos supuestos herederos suyos.

- Los descendientes de Jesús y la Magdalena habrían aportado su linaje real judío a la dinastía merovingia, cuyo derecho al trono franco fue reconocido por la Iglesia hasta el siglo VIII, en que ésta traicionó el pacto con ellos al dar su apoyo a los carolingios.

- Pese a ello, su estirpe de origen divino se habría perpetuado en secreto hasta nuestros días.

- Tanto las primeras novelas de caballería como las versiones occidentales del mito del Santo Grial habrían sido fórmulas para transmitir esta supuesta verdad en clave simbólica.

¿ERAN LA MAGDALENA Y MARÍA DE BETANIA LA MISMA MUJER?

Por increíble que nos parezca, algunos puntos de esta versión de la historia cuentan con un respaldo documental sólido, tanto en la tradición de la propia Iglesia como en la que sustentaban algunas corrientes heréticas. Otras afirmaciones, en cambio, se limitan a dar crédito a leyendas muy tardías, de carácter claramente mitológico. Algunas, finalmente, no pasan de ser simples especulaciones.

Entre las afirmaciones más creíbles destaca la identificación de María Magdalena con María de Betania, la hermana de Lázaro y Marta.

El papa Gregorio I sostuvo en el siglo VI que ambas eran la misma persona. También añadió que esta mujer es la misma que Lucas describe como pecadora y aquella de la que Jesús expulsó siete demonios, según Juan.

Pero Gregorio I no fue una excepción. Hallamos la misma afirmación en las obras del arzobispo de Maguncia Rabano Mauro, en el siglo IX; en las del arzobispo de Génova Santiago de la Voragine, en el siglo XIII; y también en algunos sermones de san Bernardo de Claraval, fundador de la orden cisterciense y mentor de la Orden del Temple, en el siglo XII.

De hecho, el culto a la Magdalena ya estaba muy consolidado en todo el sur de Francia en el siglo XI. En ese momento de trascendental importancia para nuestra historia se inicia la construcción de la gran basílica de Santa María Magdalena en Vézelay, que resulta tan importante en la vida de san Bernardo y aparece repleta de símbolos místericos, muchos de los cuales ha descrito Javier Sierra en su apasionante novela *Las puertas templarias*.*

Es indudable que la veneración a la Magdalena en esta zona se debió a la credibilidad que desde hacía mucho se otorgaba a las leyendas que la vinculaban con el sur de Francia. Según las mismas, habría vivido allí durante sus últimos años, antes de morir en el exilio hacia el año 62. De hecho, en dicha región no sólo abundan sus santuarios, sino también varios enclaves que reclaman la distinción de ser su tumba.

Esta tradición cristiana plantea un importante enigma.

¿Por qué los evangelios canónicos se empeñaron en enmascarar la presencia de la Magdalena, presentándola bajo distintas identidades?

¿Por qué aparece en los momentos más decisivos de la vida de Jesús, si sólo se trataba de una pecadora a la que éste redimió?

* Martínez Roca, Barcelona, 2000.

Si era la misma persona que María de Betania, ¿por qué no se identifica abiertamente a la Magdalena como hermana de Lázaro y Marta?

¿Por qué no vuelve a mencionarse a ninguna de las dos en los Hechos de los Apóstoles ni en las epístolas del Nuevo Testamento?

En los textos canónicos no encontramos ninguna referencia a que María de Betania fuese pecadora, sino todo lo contrario. Esta mujer se transformó en el modelo ideal de la actitud mística y contemplativa, como su hermana Marta se convirtió en símbolo de la acción en el mundo.

Está claro que el perfil de la Magdalena y el de María de Betania que nos presentan estos evangelios no parecen compatibles. Pero ambas fueron consideradas la misma persona por algunas autoridades muy relevantes. ¿En qué fuentes se basaron estos católicos, tan ilustrados como fieles a Roma, para hacer semejante afirmación?

CLAROS INDICIOS DE CENSURA

La sospecha de que se nos oculta un dato clave aumenta cuando vemos que la identificación de la Magdalena y María de Betania estaba bien arraigada en la Iglesia y persistió, al menos, hasta el siglo XII.

En esa época, la Orden del Císter, creada por san Bernardo, se dedicó intensamente a interpretar el *Cantar de los cantares*, escrito por Salomón. Para la Iglesia medieval, este poema tan cargado de erotismo era una alegoría de significado espiritual. Según su interpretación, el Amado o Señor del Cantar era el propio Jesús, y la Esposa o Amada que lo busca simbolizaba a la Iglesia y al alma de los creyentes.

Pero lo curioso es que san Bernardo asoció esta Amada y Esposa del *Cantar* con María de Betania y admitió que ésta podía ser la Magdalena. Por si esto fuera poco, se procedía a leer el *Cantar* durante la liturgia celebrada en la festividad consagrada a la Magdalena.

Esto tampoco es una novedad, sino una idea consolidada en el seno de la tradición cristiana desde antes del concilio de Nicea.

En el siglo III Orígenes ya había identificado a la esposa del *Cantar* con la Magdalena. Y eso que el polémico Orígenes no representaba precisamente una corriente abierta al reconocimiento del principio femenino, sino todo lo contrario. Su hostilidad hacia la mujer era tan radical que llegó a aconsejar a sus monjes la masturbación como forma de evitar el demonio femenino.

De modo que incluso en las corrientes más ascéticas y patriarcales del primer cristianismo, que a partir del siglo IV darían lugar al catolicismo como hoy lo conocemos, también se hallaba muy arraigada la importancia de esta misteriosa «pecadora» evangélica.

LA FAMILIA DE MARÍA DE BETANIA

Este cúmulo de evidencias resulta ya suficiente, pero hay más. Existe otro hecho bien establecido que apoya la teoría según la cual esta confusión de identidades fue el resultado de una operación deliberada para ocultar su verdadera importancia.

Si María de Betania se transformó en el modelo de la vida cristiana contemplativa y mística, ¿por qué motivo la Iglesia no le consagró ninguna festividad?

No parece lógico que Jesús alabe tanto la virtud de María de Betania, que sea ella quien le unge ritualmente para luego secarle con sus cabellos, antes de su entrada en Jerusalén como «mesías» (que, al igual que «Cristo», significa «el Ungido»), y que no se asigne ninguna fecha litúrgica para conmemorar su importante figura.

Por el contrario, observamos que a María Magdalena se le consagra el 22 de julio, justo una semana antes que la festividad de Santa Marta, la otra hermana de Lázaro y María de Betania.

Esto sólo tendría sentido en el caso de que la Magdalena y María de Betania fuesen la misma persona. Siendo la hermana mayor y símbolo de la vida mística y contemplativa, resultaba lógico que se le asignara una festividad que precediera a la de su hermana Marta, que simboliza la acción. Así podría explicarse que María de Betania no aparezca en el santoral, ya que éste no sería sino otro nombre dado a María Magdalena.

Tanto la confusión de identidades como el significativo silencio de la tradición apostólica en torno a esta mujer avalan una sospecha: tras la muerte de Jesús, una corriente de la Iglesia intentó suprimir toda mención que reflejara la importancia real de su figura.

También puede deducirse sin dificultad que su papel debió ser notable. Pues, a pesar de los indicios de censura, no hubo forma de eliminar su memoria.

LOS TEXTOS GNÓSTICOS DEL CRISTIANISMO PRIMITIVO

Tenemos que referirnos ahora a los evangelios gnósticos encontrados en Egipto hace sesenta años. La Iglesia de Roma los persiguió por heréticos, como expresión de las diversas corrientes gnósticas a las que hubo de combatir para imponer su hegemonía en los primeros siglos de nuestra era.

Los gnósticos estaban convencidos de que era posible alcanzar la iluminación crística sin necesidad de creer en dogmas impuestos por autoridad alguna y tenían versiones muy diferentes sobre la naturaleza de Cristo y su misión salvífica. Algunas de sus muy diversas tendencias daban una consideración a las mujeres como portadoras del mensaje crístico, paralela a la de los hombres.

La lectura de textos gnósticos como el *Evangelio de Tomás*, nos permite apreciar su elevada espiritualidad. Parece claro que algunos de ellos son tan antiguos como los cuatro evangelios canónicos. Y, documentalmente, resultan más dignos de crédito que aquéllos para un observador imparcial, porque no hubo motivos ni oportunidades para manipularlos. Otra cosa muy distinta es que no queramos creer en ellos porque no estén sancionados por la Iglesia. En materia de fe, cada uno debe actuar libremente.

Pero si les damos algún crédito como documentos de la época inmediatamente posterior al magisterio de Jesucristo no tardaremos en descubrir una explicación que aclara los motivos de que la presencia de la Magdalena sea tan esquiva en la tradición eclesiástica.

Algunos de estos textos apócrifos sostienen que ella era la compañera de Jesús y que éste la besaba en la boca. También aparece descrita allí como discípulo principal, depositaria de muchas enseñanzas secretas de Jesús y como cabeza de un movimiento divergente después de su muerte.

¿Qué nos revela el *Evangelio de María Magdalena*?

Otro aspecto importante de los evangelios gnósticos es que reflejan la hostilidad de Pedro hacia la Magdalena. De hecho, en el *Evangelio de María Magdalena* uno de los discípulos llamado Levi reprende a Pedro, razonando que si Jesús quiso dar la primacía a la Magdalena ese apóstol carecía de autoridad para cuestionarla.

Lo que conservamos de este evangelio se limita a un fragmento griego y otro copto. Es un texto muy breve en el cual se sostiene que Cristo resucitado le reveló a la Magdalena algunas enseñanzas secretas. Entre éstas, que «el Hijo del Hombre» es un arquetipo y se encuentra en el interior de cada ser humano, aportando así una base sólida que nos permitiría interpretar en el mismo sentido el arquetipo del Mesías-Cristo.

Pero no encontramos nada en este evangelio que autorice a pensar que existió una boda ni otro tipo de relación, fuera de un vínculo íntimo entre Maestro y discípula, ya que el beso en la boca es considerado tradicionalmente una forma de transmisión espiritual. Aunque este texto sí avala la convicción de que la Magdalena fue considerada la primera entre los apóstoles y que en la comunidad formada en torno a Jesús no existió discriminación alguna referente a la mujer. Ésta aparece con igual dignidad que los hombres y se le atribuye una función como sacerdotisa. Más aún: Jesús sostiene que el Reino de los Cielos vendrá cuando no haya diferencia entre mujer y varón.

En el texto copto conocido como *Pistis Sophia*, de carácter gnóstico difícilmente inteligible, Jesús también aparece defendiendo a la Magdalena de los ataques de Pedro y sosteniendo que el espíritu inspira para hablar «tanto a hombres como a mujeres».

Y si en el *Evangelio de Tomás* se recoge de nuevo la hostilidad de Pedro y su voluntad de excluir a la Magdalena del grupo de los apóstoles, en el *Evangelio de Felipe* se afirma que ella es un símbolo de la divina sabiduría.

De dichos documentos podemos deducir algo muy claro: en la comunidad formada por los primeros seguidores de Jesús se planteó un debate claro, cuya finalidad era determinar a quién correspondía el liderazgo de la Iglesia después de su muerte.

En lo que concierne a la Magdalena, se decantaron dos posiciones. Por un lado aparece Pedro, celoso de ella y escandalizándose de que Jesús le haya impartido ciertas enseñanzas en exclusiva, hasta el extremo de que los apóstoles debían recurrir a ella para acceder a dichos conocimientos. Por otra parte, Leví representa la posición de aquellos seguidores de Jesús que aceptan el liderazgo de esta mujer.

El único argumento que Pedro expresa en dichos apócrifos para rechazar a la Magdalena es su condición de mujer. El definitivo que opone Leví a esta descalificación es que fue Jesús quien la escogió y la revistió de autoridad para cumplir con esa función.

Pero ni siquiera en los evangelios aceptados por la Iglesia de Roma se nos oculta que mientras Pedro niega cobardemente a Jesús, la Magdalena permanece en primera línea: primero al pie de la cruz, luego en su sepultura.

El machismo se impone en la Iglesia de Roma

Está claro que los gnósticos no eran objetivos con respecto a Pedro, cabeza visible de la corriente eclesiástica que acabó convirtiéndose en su enemiga declarada.

Pero llama la atención que, en su intento de descalificar a la Magdalena, Pedro no incluya su pasado de pecadora, prostituta o posesa. Puesto que expresa una hostilidad tan manifiesta hacia la figura femenina, hasta el punto de permitirse desafiar y criticar la conducta de Jesús, cabe preguntarse por qué motivo se limita a cuestionarla por su sexo, si podía recurrir a descalificaciones mucho más duras. En ningún momento le vemos aludir, ni siquiera indirectamente, a que la Magdalena tuviese un pasado del que avergonzarse.

Esta insistencia en el rechazo de la Magdalena, únicamente por ser mujer, también resulta demasiado sospechosa. Y curiosamente coincide con los motivos de los apóstoles, expresados en los evangelios canónicos, para no creerle cuando les asegura que Jesús ha resucitado. Si la resurrección es el fundamento mismo de la fe cristiana, esta paradoja resulta verdaderamente reveladora.

¿Era realmente la Magdalena esa pecadora que mencionan los evangelios canónicos sin darnos expresamente su nombre? ¿O estamos más bien ante una identificación posterior, añadida por la corriente ascética que dio lugar a la Iglesia nacida en Nicea?

¿Por qué afirmaban comentaristas, teólogos y papas como Gregorio I que la Magdalena, María de Betania y la pecadora eran la misma persona?

Nada de esto puede deducirse a partir de los evangelios canónicos. En dichos textos no hay ningún elemento que respalde semejante afirmación. En cambio, se trata de una atribución que pudo inspirarse en la notoria hostilidad hacia la mujer que, aparte de Pedro, representaron Pablo y toda una serie de Padres de la Iglesia durante los primeros siglos, como Orígenes y Tertuliano.

En los textos de estos autores se expresa de forma rotunda la voluntad de someter a la mujer al poder masculino, de negarle el derecho a hablar en la Iglesia y, naturalmente, a ejercer cualquier función sacerdotal. La mujer fue condenada así a asumir el papel de convidada de piedra y su virtud se limitó a la obediencia absoluta.

La propia Iglesia de Roma avala esta lectura, ya que en los años sesenta reconoció que no existía ninguna base para identificar a la Magdalena con la pecadora o la prostituta, descalificando así su propia tradición.

Otra posibilidad es que la identificación de la Magdalena como la pecadora penitente fuese el resultado de una confusión no deliberada de esta mujer con María Egipcíaca, la pecadora penitente del siglo V que se convirtió en discípula de Zósimo de Panópolis y vivió en el desierto cuarenta años después de su conversión en el Santo Sepulcro, donde había acudido con otros peregrinos y tuvo una revelación de la Virgen María. Curiosamente, la festividad de María Egipcíaca se fijó, como la de la Magdalena, en un día 22 (de abril).

Esta posibilidad no puede ser desechada, ya que todos los autores que identifican a María Magdalena con la pecadora arrepentida son posteriores al siglo v. Pero en este caso surge un nuevo enigma, puesto que María Egipcíaca aparece estrechamente vinculada a la sexualidad sagrada y a la alquimia egipcia a través de su maestro Zósimo, un iniciado que recogió la tradición de la alquimia del antiguo Egipto en ocho volúmenes, en los cuales sostiene que este saber se originó en el país del Nilo.

De modo que la confusión de identidades también podría ser el resultado de que ambas mujeres fueron altas iniciadas en el conocimiento secreto de dicha tradición. No debemos olvidar que, según las leyendas medievales, antes de viajar al sur de Francia la Magdalena residió en Alejandría, un centro internacional en el cual encontramos una rica convergencia de tradiciones: el legado egipcio, los terapeutas esenios, los gnósticos judíos y cristianos, la teúrgia egipcia reivindicada por los neoplatónicos y la alquimia como corazón de las tradiciones herméticas. En suma: estamos en un escenario que fue el centro donde se elaboró el esoterismo occidental. Esta tradición tiene su origen en la poderosa síntesis de judaísmo helenizante y tradición egipcia que desde el siglo II a.C. se produjo en Alejandría.

Si aceptamos esta conexión, la figura de María Magdalena, adquiere todavía mayor protagonismo como destinataria de las enseñanzas secretas de Jesús e iniciada.

En este caso, las enseñanzas secretas de Jesús podrían inscribirse en las tradiciones de la gnosis judía a través de los esenios o terapeutas, e incluir el legado del antiguo Egipto.

El cristianismo primitivo admitía el sacerdocio femenino

Al mismo tiempo, todas estas fuentes, tanto cristianas ortodoxas como heterodoxas, ponen en evidencia que no sólo no existía acuerdo sobre el lugar de la mujer en la Iglesia primitiva, sino que en muchas comunidades la mujer asumía funciones de ministra y sacerdotisa.

Este hecho fue reflejado inequívocamente por el propio Tertuliano, que se indigna ante las mujeres que se atreven a «discutir, enseñar, exorcizar, realizar sanaciones e incluso bautizar». Pero esto también supone reconocer que en muchas comunidades cristianas éstas oficiaban el culto como sacerdotisas y formaban parte de la jerarquía.

Este proceso se desarrolló en los siglos I y II. Los documentos disponibles permiten afirmar que entonces se produjo un duro debate sobre la posición de la mujer en las comunidades cristianas. Tertuliano aparece rechazándolas, pero Clemente de Alejandría sostiene que «en Cristo no hay masculino ni femenino» y que hombres y mujeres deben compartir «la misma instrucción, disciplina y rango jerárquico» para ser fieles al legado de Jesús.

Tampoco puede ser casual que, mientras en la tradición apostólica recogida por la Iglesia de Roma la Magdalena fue objeto de enmascaramiento y censura, en la que representan los evangelios gnósticos se le conceda el papel de líder de la comunidad cristiana, por expresa designación de Jesús. Sobre todo, porque en esa época muchos cristianos de orientación gnóstica constituían una corriente interna de la Iglesia y aún no habían sido excluidos de la misma como herejes.

En varios de estos apócrifos Jesús declara inequívocamente que no puede hacerse ninguna discriminación por motivos de sexo. Esta afirmación refleja sin duda sus enseñanzas originales, porque es compatible con la actitud que adopta hacia ellas en los cuatro evangelios que todos conocemos.

La prueba definitiva es que la marginación de la mujer por parte de san Pablo, cuando sostiene que «el hombre es la cabeza de la mujer», o cuando ordena a ésta que guarde silencio y sea obediente, contradice de forma evidente su propia declaración de que en Cristo «no debe haber discriminación de personas» por ningún motivo.

Más aún: Pablo menciona explícitamente el sexo y el rango social, sosteniendo que «en Cristo no hay varón ni mujer, ni esclavo ni hombre libre, sino que todos son uno en Cristo Jesús». Esto coincide con lo expresado, muy poco después, por Clemente de Alejandría, quien aún tenía acceso a muchas fuentes originales, que luego fueron destruidas.

Hay otro motivo poderoso para mantener que después del siglo II triunfó la corriente patriarcal y estableció una férrea censura sobre todo lo relativo a la mujer como sacerdotisa.

La Iglesia nacida en Nicea condenará como erróneas tanto las opiniones de Orígenes como las de san Clemente de Alejandría y sostendrá como correcto el magisterio de san Pablo. Éste es mucho menos extremista que el de Orígenes y más adecuado para someter a la mujer, pero sin excluirla de la Iglesia y asignándole un lugar subordinado al varón.

Pablo aparece como el inventor de la doctrina que triunfará en Nicea, tanto en lo que se refiere al lugar de la mujer como al de eliminar el componente socialmente revolucionario del magisterio original de Jesús.

Por un lado, afirma que en Cristo no debe haber ninguna diferencia entre varón y mujer, ni entre amo y esclavo. Pero a continuación sostiene que la mujer debe obedecer sin rechistar al varón y el esclavo a su amo. Como colofón, en este último caso Pablo admite la igualdad en el marco del culto, aunque no en la vida diaria. Sin embargo, respecto a la mujer expresa que tanto en la vida como en el culto debe estar sometida al varón.

La Iglesia de Roma siguió desde el principio la estrategia de situarse en una posición doctrinal centrista para ganarse a la mayoría. Y, sobre todo, para configurar la religión oficial del Imperio romano como un gran culto de masas.

Para ello resultaba vital asumir una posición conservadora, que no alentara las reivindicaciones de los oprimidos, ni el sistema esclavista, ni el orden patriarcal.

LA TRADICIÓN SECRETA DE MARÍA MAGDALENA

Las pruebas enumeradas nos permiten suponer que en los primeros tiempos del cristianismo existió una Iglesia de María Magdalena, al igual que comunidades cristianas en las cuales la mujer accedía a la dignidad sacerdotal.

También puede afirmarse que no ignoraba esta tradición la Iglesia romana, cuya autoridad se basaba en el legado de Pedro y Pablo.

En cualquier caso, no fue capaz de suprimir la figura de la Magdalena. Tras intentar rebajar su importancia, presentándola bajo diferentes identidades para diluir su presencia en la historia sagrada, debió adoptar una estrategia más agresiva, descalificándola como a una simple pecadora redimida por Jesús.

Pero al hacerlo incurrió en una contradicción flagrante, porque algunas de sus autoridades aceptaron su estatus de santa y de novia mística de Jesús, le asignaron una festividad y se integró la lectura del *Cantar de los cantares* en la liturgia consagrada a ella. ¿O acaso estas decisiones fueron tomadas por algunos iniciados, bien situados en el seno de la propia Iglesia, como san Bernardo, que estaban al tanto de la importancia sagrada de esta mujer?

Tanto *El código* como los autores que cita Teabing, sostienen que las evidencias enumeradas indican que la Magdalena fue la esposa de Jesús y la madre de sus descendientes. Para reforzar su teoría recurren también a tradiciones medievales muy asentadas en el sur de Francia.

Como ya hemos explicado, según dichas leyendas la Magdalena se habría exiliado en Europa, donde llegó en compañía de José de Arimatea, Lázaro y Marta.

La presencia de Lázaro y Marta puede explicarse fácilmente si aceptamos que la Magdalena y María de Betania fueron la misma persona. En este caso, nos hallamos ante un grupo familiar bien conocido por los seguidores de Jesús.

Entre este grupo de exiliados también encontramos a José de Arimatea portando el Santo Grial, concebido como la copa en la cual Jesús bebió durante la Última Cena y en la que luego José recogió su sangre al pie de la cruz.

Los autores citados esgrimen argumentos según los cuales este José sería un hacendado tío de Jesús, en cuyos terrenos los romanos permitieron que se instalase el Santo Sepulcro, algo improbable si no hubiese sido un familiar del ajusticiado.

Como hemos visto al abordar el tema del Grial, la Iglesia de Roma siempre lo identificó con la Eucaristía, como símbolo del poder redentor de la sangre derramada por Jesús.

En cambio, en la tradición heterodoxa que reivindica el Priorato se considera al Santo Grial un símbolo de la «sangre real» de

Jesús; el término «*sang réal*» habría derivado así en «Sant Graal».
Y se afirma que este objeto misterioso representaba a la Magdalena, en calidad de madre de la descendencia de Jesús y transmisora
de un linaje escogido por Dios, tanto por la vía legitimada de David, de quien descendía Jesús, como por la de Benjamín, a la cual
pertenecía Magdalena.

¿Iglesia de la Magdalena = Iglesia esotérica de Juan?

En el siglo XII también aparece en Europa *La leyenda dorada*, escrita
por el dominico Santiago de la Voragine. En su relato se añade la
presencia de Juan en el grupo que desembarcó en Marsella.

Juan es camuflado por este autor ortodoxo —no olvidemos que
los dominicos se convirtieron en los primeros inquisidores en esa
misma época— como el novio o prometido de la Magdalena. Pero
habría renunciado a casarse con ella para seguir a Jesús. Según esta
inteligente leyenda, decepcionada por este desaire, la Magdalena se
habría entregado a una vida disipada, hasta que Jesús la redimió y
la convirtió en su amiga íntima.

Sin duda, se trata de la versión que daba la Iglesia de Roma
sobre el mismo exilio que recoge la tradición heterodoxa. Pero,
como es lógico, en este caso no se menciona ninguna descendencia de Jesús y se atribuye a Juan el papel de novio. Sin embargo,
resulta sospechoso que en esta versión católica de la leyenda se
confiera dicho papel precisamente a Juan.

Todos los expertos neotestamentarios tienen claro que en el
cristianismo del siglo I existió una Iglesia de Juan, a la que llaman
«la comunidad del discípulo amado». En su relato evangélico observamos notables diferencias con respecto a los otros tres evangelios canónicos, que son llamados *sinópticos* justamente porque
narran prácticamente los mismos hechos. Se distingue de éstos en
que mantiene con ellos notorias discrepancias, incluyendo el episodio de la detención y juicio de Jesús. Además, para ser aceptado
en el canon de la Iglesia tuvo que vencer fuertes resistencias, porque muchos lo consideraban herético y contaminado de gnosticismo. De hecho, mientras que una pequeña parte de la citada «co-

munidad de Juan» acabó uniéndose a la Iglesia de Roma, la mayoría
de sus integrantes derivaron en una corriente gnóstica, siendo tratados como herejes.

Al final sería aceptado por una razón de peso: la abrumadora
mayoría de las comunidades o iglesias cristianas estaba convenci-
da de su autenticidad y lo había integrado entre sus evangelios
preferidos desde el siglo II. Pero cabe preguntarse si en este conflic-
tivo proceso de incorporación del Evangelio de Juan al conjunto de
los textos canónicos no se impusieron algunos recortes y omisio-
nes de la versión original, que hubo de enfrentarse a muchas reti-
cencias.

En cualquier caso, no hay duda de que Santiago de la Voragine
asociaba íntimamente la tradición de Juan con la de la Magdalena.
Y, si tenemos en cuenta que en los textos gnósticos ésta aparece
como compañera y primera discípula de Jesús y que el Evangelio de
Juan fue acusado de gnosticismo, surge una pregunta inevitable:
¿acaso esa Iglesia de María Magdalena no sería la citada «comunidad
del discípulo amado», o una corriente muy próxima a la misma?

De hecho, corrientes heréticas como los gnósticos y muchísimas sociedades ocultistas se consideran seguidoras de la Iglesia de
Juan, mientras algunas se vinculan también a Magdalena.

Esta tradición oculta parte del episodio de la transfiguración,
narrado por los tres evangelios sinópticos, en el cual Jesús se trans-
forma en un ser de luz, al tiempo que junto a él aparecen Moisés
y Elías. Algunas tradiciones judías sostienen que estos dos importantes personajes bíblicos ascendieron al cielo como luego lo hará
Jesús en su Cuerpo Glorioso o «cuerpo de resurrección», que es
como aún los iniciados menos cristianos denominan al cuerpo inmortal que puede dar lugar el trabajo interior de transmutación
alquímica, conocido como la Gran Obra.

A este acontecimiento trascendental asisten como testigos escogidos Pedro, Juan y Santiago el Mayor, a quienes Jesús ordena
que no hablen a nadie de esta visión «hasta que el Hijo del Hombre se eleve de entre los muertos».

Algunos esoteristas cristianos sostienen que a cada uno de estos tres apóstoles les fue encomendada, a partir de ese momento,
una corriente de la Iglesia. San Pedro será de hecho el fundador

oficial de la Iglesia de Roma, que acabará convirtiéndose en un culto exotérico de masas, por mucho que haya razones para suponer que «la piedra» sobre la cual Jesús estableció su Iglesia era la roca de Jerusalén. Paralelamente a la iglesia de Pedro, como sostiene Jacques d'Arès, existirían otras dos corrientes ocultas: la iglesia alquímica de Santiago, a cuya supuesta tumba en Compostela peregrinarán los iniciados y que competirá con Roma como centro de la cristiandad medieval, y la iglesia esotérica de su hermano Juan.

LA FIGURA DE LA SACERDOTISA

Volviendo a María Magdalena, queda claro que ésta parece haber estado revestida del rango sacerdotal. Incluso asumiendo la versión católica de su leyenda que nos da Santiago de la Voragine, existen indicios de que existió una Iglesia de la Magdalena y un sacerdocio femenino.

Cuando afirma que ésta habría llegado al sur de Francia con el Santo Grial, al cual la tradición católica identificó con la eucaristía, en realidad está asociando su figura con la del sacerdote que oficia la liturgia cristiana al evocar el sacrificio de Jesucristo.

La presencia de José de Arimatea como portador del Grial se explica en este caso fácilmente por la voluntad deliberada de no asignar a la Magdalena la función de administrar la eucaristía, algo que equivaldría a reconocerle ese rango sacerdotal inequívoco. De ahí que se haya introducido en el barco, junto al grupo familiar integrado por Lázaro, Marta y la Magdalena, una figura extraña a éste; y que después del desembarco se la desvincule de ese grupo.

Según la leyenda católica, la Magdalena se habría instalado en el sur de Francia, en la zona del Languedoc. Mientras tanto, José y el Grial se quedan en Marsella, o bien viajan hasta la isla de Britania, donde según diversas tradiciones el preciado objeto irá a parar a Glastonbury (la Avalon del rey Arturo) y posteriormente a Rosslyn, como sostiene *El código*.

Esta voluntad de separar el Santo Grial de la figura de la mujer y de atribuir su custodia a un varón parece obedecer, cuanto menos, a un objetivo: que no pueda asociarse la imagen de la Magdalena con la celebración de la liturgia cristiana.

La insistencia en atribuir la custodia del Grial a un hombre contrasta llamativamente con un hecho que comentamos en otro capítulo: en todos los relatos de la Edad Media que recogen este mito, el Grial aparece custodiado por mujeres.

Por ello, cabe preguntarse si esta asociación íntima del Grial con las mujeres no es la reivindicación de una corriente oculta del cristianismo, en la cual éstas eran ordenadas sacerdotisas en igualdad con los varones. Sobre todo cuando vemos que en las leyendas católicas que lo asocian a José de Arimatea, éste lega el Grial a su sobrina.

Está bien documentado que algunas corrientes gnósticas, como los valentinianos, reconocían el derecho de la mujer a ocupar los mismos cargos que los varones. Una igualdad que asimismo les reconoce san Clemente de Alejandría.

En la corriente cristiana representada por Prisciliano, obispo de Ávila en el siglo IV, también observamos el mismo rasgo. Hasta el extremo de que a quien Prisciliano encomienda la misión de viajar a Egipto en busca de fuentes originales, porque consideraba manipulados los textos de la Iglesia de Roma, es a Egeia, su discípula preferida.

Prisciliano se convertirá en el primer mártir cristiano ejecutado por la Iglesia de Roma, y hay quienes piensan que está enterrado en Compostela. Pero el rango y dignidad sacerdotal que él confería a la mujer reaparece entre los cátaros que —como veremos— prosperarán en el sur de Francia en la misma época fascinante en la cual predicará san Bernardo, los trovadores cantarán a la mujer divinizada y aparecerán las primeras novelas sobre el Grial.

En la Iglesia cátara las mujeres podían alcanzar el grado superior de *perfectas* en igualdad con los varones. Y todos estos elementos son contemporáneos de otros dos fenómenos no menos significativos: la promoción del culto a la Virgen María por parte de la Iglesia de Roma y el apogeo del otorgado a María Magdalena en el sur de Francia.

La leyenda dorada nos aporta también otro valioso elemento de juicio.

En esta versión ortodoxa de la historia de los santos, muy acorde con el dogma eclesiástico, observamos una voluntad clara de subordinar la figura de la Magdalena a la de san Pedro, como autoridad sobre la cual fundamenta el catolicismo su pretensión de legitimidad excluyente.

Una de las leyendas recogidas por Santiago de la Voragine sostiene que santa María Magdalena se dirigió a Roma para reunirse con san Pedro. En el camino encontró a una mujer muerta, con su bebé en brazos. Para no hacer esperar a Pedro, la santa hizo un apaño provisional, realizando el milagro de que la muerta siguiera amamantando a su hijo. Dos años después, al pasar de nuevo por ese lugar en su regreso de Roma, completó el milagro resucitando a la mujer.

El citado episodio resulta tan extraño como sospechoso. Se parece demasiado a otras leyendas contemporáneas, diseñadas para presentar la figura de grandes santos como subordinadas al papado de Roma. El mismo modelo se aplica, por ejemplo, a san Francisco de Asís, quien viendo caer a un hombre al abismo detuvo milagrosamente su caída. Pero lo dejó suspendido en el aire, al recordar que el Papa le había ordenado no realizar milagros sin su autorización. Escrupulosamente obediente a la autoridad del Sumo Pontífice, este humilde santo habría dejado a aquel desgraciado levitando mientras acudía a Roma para recabar el divino permiso del Santo Padre y poder depositarlo suavemente en el suelo.

La función de leyendas cristianas como éstas parece indudable: mostrar a los fieles que incluso los místicos de mayor relieve se sometían al imperativo de obediencia al Sumo Pontífice, que inicialmente había sido tan sólo obispo de Roma como sucesor de Pedro. Sobre todo si se trataba de figuras molestas para el poder del Papa, como fueron los franciscanos, cistercienses y otras órdenes que, curiosamente, tenían en común su alta estima por la Magdalena.

De modo que cabe preguntarse si el episodio que recoge De la Voragine sobre el milagro interrumpido por María Magdalena para no hacer esperar a san Pedro, no tenía por objetivo subordinar su imagen a la autoridad masculina que monopolizaba el sacerdocio católico.

Sin embargo, este milagro recogido por *La leyenda dorada* nos aporta otra prueba de que la Magdalena disfrutaba de un rango casi divino, pues la presenta como resucitadora de muertos, un poder que la sitúa al mismo nivel que el del propio Jesús.

Y si Jesús gozaba de esta potestad en su calidad de Hijo de Dios o *Logos* encarnado, ¿no se derivaría el poder atribuido a la Magdalena de que era considerada por algunos como la encarnación de la *Sophia*, que representaba el principio femenino de la Santa Trinidad entre los cristianos gnósticos?

LA BODA Y LA SUPUESTA DESCENDENCIA

El código de Brown, como los autores en que éste se basa, sostiene que estos elementos avalan la tradición legendaria de una boda entre Magdalena y Jesús y la existencia de una descendencia davídica que llegó a Europa con los hijos de ésta.

En este caso estamos ante una simple especulación. Pero es necesario admitir que está motivada por una clara evidencia: la voluntad obsesiva de diluir y rebajar la importancia de la Magdalena que observamos en los evangelios canónicos, al mismo tiempo que se reconoce a esta mujer como «novia mística» y santa con festividad oficial.

Menos fundamento tiene sostener que existe una descendencia carnal de Jesús y la Magdalena. Y mucho menos aún afirmar que ésta habría dado legitimidad a la dinastía merovingia.

El código y los autores que defienden la tesis del «linaje sagrado de los merovingios» no aportan ningún argumento de peso que avale la existencia de estos supuestos descendientes carnales de Jesús.

Desde luego, no es posible negar la posibilidad de un Jesús casado con la Magdalena, ni la de que tuvieran hijos. Como no disponemos de información histórica sólida sobre su vida, las inmensas lagunas que encontramos en el Nuevo Testamento dejan la puerta abierta a las más variadas suposiciones. Pero debemos reconocer que la extraña política de la Iglesia hacia esta mujer también puede explicarse de forma mucho más sencilla, sin necesidad de recurrir a esta teoría del matrimonio dinástico.

Desvelando el misterio

Sin embargo, resulta indudable que la figura de la Magdalena es el centro de un misterio real. Como vimos, la Iglesia intentó rebajar la importancia de su figura, desvincularla del Grial y presentarla como a una santa que se sometió voluntariamente a la primacía de Pedro.

¿Cómo encajar esta evidencia con el reconocimiento tácito de su relevancia sagrada, su identificación con la pecadora o la prostituta y la aceptación de que pudo ser la misma persona que María de Betania?

La explicación tal vez se encuentre en el episodio de los evangelios canónicos que la describen ungiendo a Jesús. ¿Cómo es posible que Jesús sea ungido sacramentalmente por una mujer? ¿Qué consideración religiosa tenía María de Betania para realizar dicha liturgia?

La respuesta a este enigma, tan importante como soslayado, tal vez deba buscarse en el carácter esotérico e iniciático que tuvo el supremo magisterio de Jesús y que se mantuvo vigente en la Iglesia de los primeros tiempos después de su muerte.

¿Acaso no sería la Magdalena una prostituta sagrada, antes de conocer a Jesús? Es decir, una sacerdotisa de la Diosa, cuyo culto aún pervivía en aquellos tiempos en todo el Mediterráneo, y muy probablemente incluía prácticas sexuales secretas. ¿Podría aludir su papel como «novia mística» de Cristo, o como la mujer a quien éste besaba en la boca, a que los ritos iniciáticos y reservados que instituyó Jesús incluían prácticas de sexo sagrado o *hieros gamos*?

No se trata de una idea tan audaz. El argumento de que semejante función ritual no tenía cabida en el judaísmo, no puede sostenerse. No sólo porque en la propia tradición judía había antecedentes de ritos sexuales en el templo, sino porque durante el exilio en Babilonia la religión hebrea también adoptó muchas creencias paganas, incluyendo a deidades femeninas como Lilith, a la que la tradición judía convertiría en la primera mujer de Adán.

Posteriormente, el judaísmo helenizante de la diáspora se impregnó de paganismo, hasta el extremo de que existió un movimiento orientado a reformular la religión de Israel sobre bases griegas, que sería frustrado por la revuelta de los Macabeos.

En el siglo I, el judaísmo no era un culto blindado contra las influencias de las religiones paganas, sobre todo las de sus vecinos en el Oriente Próximo. No debemos olvidar que Jesús vivió en la época de apogeo de los cultos mistéricos, en los cuales el sexo sagrado y la vía iniciática eran un lugar de encuentro. Estamos en un escenario religioso en el cual el fenómeno más característico era el sincretismo.

Después de todo, que Jesús impartió enseñanzas secretas no recogidas por los evangelios canónicos es una afirmación común entre algunas iglesias primitivas. Así lo sostiene san Clemente de Alejandría en el siglo II, que menciona un *Evangelio secreto de Marcos*, cuya existencia debían negar los primeros cristianos en caso de que se les interrogara al respecto.

Claro está que algunos católicos romanos acusan a este Clemente de haber mezclado las enseñanzas de Jesús con concepciones judaicas, gnósticas y neoplatónicas, que gozaban de gran aceptación en la ilustrada ciudad egipcia donde ejerció su magisterio. Lo cierto es que este pontífice fue el fundador del cristianismo copto, que aún permanece muy vivo en Egipto, siendo reconocido como una Iglesia separada pero tan válidamente cristiana como la ortodoxa. Parece que tomó como base el citado *Evangelio secreto de Marcos*, supuestamente escrito por este famoso evangelista en Alejandría y del que Javier Sierra habla extensamente en su novela *El secreto egipcio de Napoleón.** En él se conservarían algunas de las enseñanzas esotéricas de Jesús. Tras haber descubierto referencias expresas al mismo en un monasterio egipcio, el profesor Morton Smith sostiene que dichas enseñanzas eran transmitidas me-

* La Esfera de los Libros, Madrid, 2002.

diante un rito iniciático similar al de los antiguos Misterios de Isis y Osiris.

Decididamente, la religiosidad judía de los días de Jesús era muy distinta a la del judaísmo posterior e incorporaba muchos elementos adoptados en Egipto y en Babilonia. ¿Por qué debería haber estado ausente una institución tan universal y común a todo el Mediterráneo Oriental como el *hieros gamos*?

Es interesante apuntar aquí que un legendario discípulo de san Marcos habría sido Ormus, el supuesto fundador de una hipotética corriente egipcia de cristianos esotéricos, cuyos continuadores, según el Priorato de Sión, habrían participado en la fundación de su orden en Jerusalén, hacia el año 1099.

LA PROSTITUTA SAGRADA Y LA MONJA CRISTIANA

Volviendo a nuestro tema, en los evangelios gnósticos encontramos varios episodios que señalan en el mismo sentido que el apuntado por Clemente de Alejandría. El *Panarion* de Epifanio asegura que Jesús arrebató a Magdalena trasladándola hasta una montaña y que una vez allí extrajo a una mujer de su propio costado e hizo el amor con ella hasta que el semen fluyó libremente.

Este pasaje sugiere un *hieros gamos* equivalente al de las uniones tántricas del camino de la izquierda, en las cuales la cópula de la pareja culmina con la eyaculación y posterior transmutación alquímica del semen en el laboratorio corporal de la mujer. Pero también puede ser una alegoría en la cual Jesús se une al ánima o parte femenina de sí mismo, volviendo así a la unidad primordial.

Si aceptamos esta posibilidad, las objeciones que hemos apuntado a la teoría de una descendencia carnal de Jesús y Magdalena aparentemente no podrían aplicarse. Por el contrario, habríamos de admitir que esta nueva hipótesis —por muy herética que parezca— sería coherente con el contexto histórico y con la extraña política de la Iglesia, orientada a reconvertir la figura de Magdalena en una imagen que no resultara conflictiva para su propia tradición misógina.

La Iglesia de Roma habría actuado con esta supuesta práctica del cristianismo esotérico primitivo de forma análoga a lo que hizo con otros ritos sacramentales, como el bautismo y la eucaristía. San Agustín y san Epifanio reconocieron que esos dos ritos tenían carácter secreto en el cristianismo de los primeros tiempos. Pero la Iglesia formalizada en Nicea los había convertido en una ceremonia exotérica y pública, despojándolos de su carácter iniciático. No sabemos cuántas modificaciones introdujo en esta operación que pretendía adaptar la liturgia original a un culto de masas.

¿Pudo suceder lo mismo con el sexo sagrado?

Puesto que la Iglesia de Roma adoptó una línea ascética patriarcal que enmascaraba la celebración del principio femenino en la Santísima Trinidad, es posible pensar que si hubiese existido alguna práctica de sexo sagrado en la tradición de los primeros tiempos, también hubiese decidido reconvertirla, sustituyéndola por una liturgia que simbolizara dicha unión de forma totalmente sublimada y en un plano exclusivamente espiritual.

Para ello pudo realizar dos operaciones reveladoras. Por un lado, suprimir a la sacerdotisa, adoptando la tradición de que Jesús sólo había escogido a varones como apóstoles y excluyendo a la mujer de la liturgia. Por otro, habría creado una nueva tradición que convertía a la pecadora arrepentida en «novia mística de Cristo», sustituyendo el *hieros gamos* original por una boda exclusivamente simbólica.

Este escenario encaja con la historia documentada. La institución de la vida monacal femenina en la Iglesia de los primeros siglos es una novedad que aparece, precisamente, en el siglo III, cuando Metodio formula la doctrina de la mujer como prometida casta de Cristo en *El banquete de las diez vírgenes*.

Esta obra puso las bases de la vida conventual de las monjas. Y, curiosamente, es una idea que surge en la misma época en la cual la tendencia ascética, que representaba Metodio, manifestaba su fuerte hostilidad contra la corriente gnóstica, abiertamente feminista, acusándola de herejía.

Sin embargo, algunos representantes de esta corriente, que finalmente sería perseguida de forma implacable, protestaban por el rechazo de que eran víctimas. Y aseguraban compartir con sus oponentes la misma tradición fundamental sobre el magisterio supremo de Jesús, si bien admitían sus discrepancias con la ideología que finalmente impondría su punto de vista excluyente en el concilio de Nicea.

LA MAGDALENA COMO SACERDOTISA INICIADORA

Si la Magdalena fue una sacerdotisa y una prostituta sagrada, y si la Iglesia optó por reconvertirla, al resultar imposible negar su protagonismo en la tradición de los primeros cristianos, su identificación como la pecadora o la mujer posesa por parte de la Iglesia de Roma se explica fácilmente: formaría parte de una operación deliberada para deteriorar su imagen y tender una cortina de humo que borrara las huellas de su protagonismo ritual.

Del mismo modo que el sexo sagrado se sustituyó por las bodas místicas de Cristo con las monjas, la sacerdotisa y prostituta sagrada fue transformada en una prostituta profana redimida por Cristo y en «novia mística» suya.

No obstante, la imagen de la Magdalena en su función ritual como sacerdotisa estaba muy arraigada en la Iglesia primitiva, hasta el extremo de que los evangelios canónicos recogen la unción de Jesús por esta mujer. Por ello se decidió atribuir este acto ritual a otra figura que encubriese su verdadera identidad. Con este fin se inventó un *alter ego* para la Magdalena, enmascarándola tras el nombre de María de Betania.

Sin embargo, el papel de la Magdalena resultaba demasiado evidente para poder eliminar todo vestigio de su importancia real. Por eso cualificados representantes de la Iglesia de Roma, como el papa Gregorio I y san Bernardo de Claraval, acabarán identificando a Magdalena y María de Betania como la misma persona. ¿O acaso se trata de una operación deliberada, al menos por parte de Bernardo que, como veremos, iba a tener un papel trascendental en toda esta historia?

El código recoge este vínculo entre la Magdalena y el sexo sagrado. Pero también lo oscurece, involuntariamente, al aceptar la sospechosa tesis del Priorato según la cual existiría una descendencia carnal, fruto de una boda dinástica entre Jesús y la Magdalena.

No es una idea nueva. La imagen de la Magdalena como esposa o compañera sexual de Jesús, ya era sustentada por los cristianos heterodoxos de la Edad Media, de quienes la adoptó a su vez Martín Lutero en el siglo xvi. Al parecer, los cultos patriarcales, desde el cristianismo clásico al fundamentalista, siempre prefirieron recurrir a asignarle a la Magdalena un papel subordinado y dependiente. La Iglesia de Roma la definió como novia mística; la Reforma y los cristianos carismáticos como esposa probable y hasta como compañera sexual.

¿Por qué? La imagen de la Magdalena como esposa relega a un segundo plano el papel litúrgico protagonista que tendría asignado en la primera comunidad cristiana en calidad de sacerdotisa y primer apóstol. En esta comunidad no había discriminación por motivos de sexo o de estatus social y, al decir del propio Jesús, el primero era el servidor de todos.

Esto nos parece lo realmente importante. Y la idea de un sacerdocio femenino en la Iglesia primitiva, así como la evidencia de que muchos apóstoles estuvieron casados, cobra una actualidad decisiva en el momento actual, en el que la mujer reclama su protagonismo en la sociedad, el celibato obligatorio de los sacerdotes tiene mucho que ver con la disminución de las vocaciones, los curas casados reclaman su derecho a ejercer su ministerio, ciertas iglesias protestantes proceden a ordenar a mujeres provocando un escándalo absurdo y las tendencias ecuménicas de muchos cristianos se ven frenadas por barreras insalvables como ésta.

LA UNCIÓN DE BETANIA

En cualquier caso, es absolutamente improbable que este supuesto papel litúrgico de la Magdalena fuese compatible con la función procreativa y materna que gratuitamente le atribuye el Priorato de Sión.

Las funciones de una sacerdotisa que oficia ritos de sexo sagrado son tradicionalmente incompatibles con la maternidad. Esa incompatibilidad se observa tanto en los cultos esotéricos mediterráneos, como en la soterrada tradición islámica del sexo sagrado y en las más conocidas escuelas taoísta y tántrica del Extremo Oriente.

Hasta el extremo de que, en la práctica totalidad de las tradiciones mencionadas, se prohíbe expresamente que siga ejerciendo el papel de sacerdotisa que oficia ritos de sexo sagrado a las mujeres que hayan engendrado un hijo.

Lo más probable es que la vinculación del Santo Grial con la Magdalena no sea consecuencia de la identificación de este misterioso símbolo con el hecho de que ella fuese la madre de los hijos de Jesús, sino con su rango como sacerdotisa, capaz de conectar el Cielo con la Tierra y permitirnos comulgar con la divinidad.

En este caso, la unción de Betania que recogen los textos canónicos sería nada menos que un rito iniciático de muerte y resurrección del iniciado. Por eso, Jesús defiende a la mujer de las críticas de sus discípulos varones y añade que María lo está ungiendo «para la sepultura».

La misteriosa mujer que oficia la unción rompe a llorar en ese momento. Por una sencilla razón: es consciente de que Jesús es un altísimo iniciado que ha incorporado al Cristo divino y asumido el reto de ritualizar enteramente su existencia. Por tanto, su muerte simbólica en dicho rito también se expresará en la vida real como un sacrificio y una muerte física efectiva.

No cabe duda de que esta mujer era la Magdalena. El episodio de la resurrección apunta en el mismo sentido: la Magdalena fue quien ungió ritualmente a Jesús para la sepultura, y no para ser coronado rey de este mundo como esperaban la mayoría de sus discípulos, oficiando una liturgia simbólica de muerte y resurrección.

Por ello, resulta lógico que los evangelios canónicos la describan al pie de la cruz, donde se produce la muerte efectiva. Y que, más tarde, la presenten como el primer testigo de su gloriosa resurrección, completando así la plena encarnación del simbolismo ritual que ella había oficiado en Betania. Pero esta resurrección es un hecho que los propagandistas del Priorato prefieren ignorar, porque no cuadra con sus intereses. Por el contrario, se limitan a asegurar que no murió en la cruz.

No sabremos nunca cuánta intimidad hubo entre esta mujer y Jesús. Pero sí que, con toda probabilidad, dicha intimidad tuvo carácter sagrado. El examen crítico de las fuentes sugiere, además, que pudo incluir la relación sexual entre ambos, pero seguramente en función iniciática, con el objetivo sagrado de realizar una alquimia espiritual.

Por muy fuerte que les parezca a quienes prefieren ignorar la naturaleza sagrada de la sexualidad, en todas las tradiciones se la considera el medio más poderoso para trascender nuestras limitaciones humanas y fusionarnos con la divinidad. El sexo puede ser la mayor fuente de esclavitud, pero también nuestra mayor oportunidad de liberación.

Si aceptáramos que la divinidad puede encarnarse en la materia para realizarse plenamente como un ser humano y abrir así una puerta hacia la trascendencia, ¿por qué habría de quedar excluida la vivencia plena y trascendente de la sexualidad?

6

¿Cómo se creó la Iglesia de Roma?

El código sostiene que la Iglesia de Roma, nacida en el concilio de Nicea, supuso una transformación tan profunda del cristianismo que acabó por convertirlo en una nueva religión. Es una idea que se transmite desde el comienzo de la intriga y reaparece a lo largo de todo el relato.

El primero que sostiene este punto de vista es Robert Langdon cuando, en el escenario del crimen, explica al muy católico capitán Fache que el cristianismo romano suprimió el culto a la Diosa y al principio femenino, identificando a la mujer y a la sexualidad con el mal y el demonio.

Aunque el tema es recurrente, el desarrollo completo de esta tesis tiene lugar a partir del capítulo 56 y corre a cargo de Leigh Teabing.

Las opiniones que sustentan Langdon y Teabing sobre este tema han sido documentadas por muchos historiadores. Y también por los polémicos autores que defienden la imagen de Jesús como pretendiente al trono de Israel y transmisor de un linaje real a través de su descendencia.

UNA HEREJÍA EN EL SENO DEL JUDAÍSMO

Podríamos resumir así el punto de vista de la corriente crítica con la Iglesia romana, recogido por Brown en su novela:

- El cristianismo original puede considerarse una rama del judaísmo mesiánico. Y era muy distinto al credo de la Iglesia que fue formalizado en Nicea, a comienzos del siglo IV d.C., y marcó el verdadero comienzo de la religión católica romana.

- Según las concepciones judías, Jesús sólo podía ser visto como un hombre, incluso por aquellos que creían en él como elegido por Dios para una misión terrena, en su calidad de Mesías. Pero era impensable que se le atribuyera naturaleza divina en el medio judío en el cual se desarrolló su vida y difundió sus enseñanzas.

- En el judaísmo no había espacio para dioses ni semidioses. De modo que la pretensión de filiación divina por parte de un ser humano resultaba una blasfemia inconcebible.

- Sin embargo, en el concilio de Nicea se decidió convertir a Jesús en Hijo de Dios, asimilando su imagen —a fin de que resultase más aceptable para las masas y adquiriese un carácter universal— a las de dioses salvadores del Mediterráneo oriental, como Osiris, Atis, Adonis y Dionisos, que ya eran objeto de cultos internacionales muy extendidos y bien consolidados en Roma.

- La decisión final se tomó por votación. Este hecho probaría algo importante: aunque el cristianismo original judío había alcanzado una dimensión internacional muy amplia, y en dicho proceso había integrado a gentes de muy variada procedencia y cultura religiosa, la consideración de que Jesús era un hombre y no una divinidad estaba aún firmemente arraigada en algunas comunidades cristianas tres siglos después de su muerte.

- También es cierto lo que afirman Langdon y Teabing sobre la marginación del principio femenino de la divinidad. Hay sobradas evidencias de que algunas corrientes del cristianismo primitivo reconocían este principio, representado por la Sophia en la Trinidad divina. En Nicea se reformuló la Trinidad, eliminando a Sophia para dar paso al Dios uno, trino y masculino.

- Aquí sólo cabe reprochar a Teabing que presente esta fórmula trinitaria patriarcal como un invento de Nicea. En realidad, este concilio adoptó una posición que ya se observa en los autores cristianos del siglo II y III.

- El signo patriarcal del nuevo culto cristiano despojó a la mujer de su dimensión sagrada, como expresión humana de la Diosa. Más tarde intentó llenar este vacío con la Virgen María, pero sometiéndola a la dependencia del Dios masculino, ya que ella sólo alcanzaba un elevado rango celestial en calidad de madre humana del Dios Hijo. María aparece pues como mujer divinizada por el principio masculino, pero debido a su función de receptáculo para la fecundación celestial.

- Como culminación de este proceso, se excluyó a la mujer del sacerdocio y de toda autoridad en la Iglesia, adoptando los puntos de vista más patriarcales, como hemos visto ampliamente en el capítulo anterior.

JESÚS Y OTROS HÉROES SOLARES PAGANOS

La afirmación de que el cristianismo adaptó la historia de Jesús a los cultos mistéricos de la época dispone de abundante respaldo histórico. Pero este proceso se inició ya en el siglo I. El Cristo de san Pablo tiene una apariencia muy próxima a deidades como Osiris o Dionisos.

La única diferencia importante entre el Cristo paulino y estos dioses parecería ser que su figura corresponde a la de un semidiós nacido de un *hieros gamos* entre Dios y una mujer. Pero este aspecto tampoco era una novedad y coincidía con otros cultos mistéricos de la misma época, como el de Mitra, que ya era objeto de veneración en el siglo II a.C., o el culto a Orfeo o Zagreo.

Como Orfeo, hijo de Zeus y una virgen humana, Mitra también había nacido de otra virgen, había muerto por una lanzada en el costado y resucitado al tercer día. Su culto en la Roma de los primeros siglos de nuestra era, donde coincidió con el cristiano, tenía lugar en recintos subterráneos llamados *mitreos*, se sabe que uno de los más importantes estaba justamente en el monte Vaticano y que esta palabra pasará a denominar la *mitra* de los obispos. La adopción de subterráneos o grutas para la realización de estos Misterios era común a muchas otras corrientes, incluidas las famosas catacumbas cristianas.

Para el aspecto exotérico de dichas religiones, dirigido a las masas, el sacrificio y la muerte de estas figuras divinas representaba la siembra, y su resurrección evocaba la cosecha y la regeneración de la vida. Más tarde se asimilaron al Sol, como principio celeste supremo que presidía todos los ciclos naturales, al determinar las estaciones.

Al mismo tiempo, este simbolismo se proyectaba en el plano espiritual, haciendo del hombre un microcosmos a imagen de la creación o macrocosmos. A través del rito iniciático de los Misterios, el ser humano encarnaba el drama vivido por el dios, estableciendo así un poderoso vínculo con la naturaleza y el Cielo.

En todas estas religiones encontramos el mismo modelo: el dios muere y resucita de entre los muertos, brindando a los fieles la posibilidad de salvarse a través de una comunión íntima con el principio inmortal que él encarna.

El estudio comparativo de los distintos mitos solares sigue un patrón estándar: la deidad solar se manifiesta como ser humano o bajo apariencia humana, realizando una serie de prodigios.

Por ejemplo, mucho antes de que los evangelios atribuyeran a Jesús el milagro de transformar el agua en vino, o de aplacar la tempestad y salvar así la barca de sus discípulos, Dionisos había obrado exactamente los mismos prodigios. Casi no hay milagro atribuido a Jesús que carezca de antecedentes en los cultos mistéricos paganos, incluyendo las curaciones y su propia resurrección al tercer día.

Otro tanto podemos sostener sobre la fusión de los fieles en el cuerpo místico de Cristo. Esta fusión del iniciado con el dios se producía a través de esa liturgia definida como Misterio.

Ni siquiera la sagrada eucaristía es una novedad. Desde hacía miles de años los adoradores de Osiris ingerían ritualmente pan y cerveza, que simbolizaban el cuerpo y la sangre de este dios egipcio. El mismo rito, celebrado con pan y vino, ya había sido instituido en Roma por Numa Pompilio ochocientos años antes de Jesús.

Dado que el cristianismo nació y se desarrolló en una época dominada por esta religiosidad pagana, que estaba consolidada con anterioridad en todo el Mediterráneo, parece inevitable concluir que adoptó muchas de sus ideas y rituales de estos cultos, entre los cuales también se encontraba el bautismo.

LAS COMUNIDADES CRISTIANAS EN ROMA

Hacia el siglo IV d.C., los cultos de este tipo que gozaban de mayor apoyo y prestigio entre la población de Roma eran el del dios iranio Mitra y el del *Sol Invictus*, del que fue sumo sacerdote el emperador Constantino.

El culto de Mitra estaba muy arraigado en el ejército de Roma y era radicalmente ascético. Como vimos, creía además en un dios muy similar al Cristo de san Pablo, que no en vano fue un judío helenizante y ciudadano del Imperio romano.

El del *Sol Invictus* contaba con muchas simpatías entre las élites por su fórmula integradora, ya que veía a todos los dioses como distintos aspectos del dios Sol, recogiendo una creencia que se remontaba a la religión esotérica y monoteísta del antiguo Egipto. Este Dios supremo, como en el país del Nilo, podía manifestarse bajo los aspectos más variados. Por ello permitía unificar todas aquellas creencias basadas en el mismo modelo de deidad solar, aunque por su distinto origen presentaran algunas diferencias y recibieran distintos nombres.

Otro colectivo emergente y de creciente peso era el de los cristianos, organizados en comunidades que seguían un modelo esotérico e iniciático. Está bien establecido que en el cristianismo de los primeros siglos la aceptación de creyentes en la comunidad (*ecclesia*) implicaba un largo período de preparación y de purificación personal, la renuncia a la propiedad, la vida comunitaria y el cumplimiento de una serie de requisitos. El bautismo sólo se practicaba con los adultos que habían completado esa fase preparatoria y tenía carácter de rito secreto, como sucedía con la eucaristía.

Estas características no fueron el resultado de una influencia pagana, sino una seña de identidad original probablemente tomada del medio judío en el cual nació el cristianismo. En los evangelios hallamos muchos elementos que reflejan el carácter esotérico de la primera comunidad liderada por Jesús. Los Hechos de los Apóstoles reconocen en ella la exigencia de pobreza y vida comunitaria, y los evangelios aluden a la existencia de enseñanzas secretas.

Algunos de estos rasgos pudieron ser tomados de las comunidades esenias, en las cuales encontramos la práctica de la comida sagrada, compartida por todos sus miembros, así como una actitud contradictoria respecto al lugar de la mujer. Mientras algunas de estas comunidades presentaban un perfil ascético y patriarcal que excluía a la mujer, en otras no se la discriminaba. Otro tanto sucedió con los gnósticos judíos y cristianos.

LA ESTRATEGIA DE CONSTANTINO

Dando muestras de una visión política muy oportuna, el emperador Constantino buscó una fórmula que le permitiera contar con el apoyo de estas tres fuerzas monoteístas. Con ello pretendía, entre otras cosas, defender su derecho al trono de Roma ante rivales como Magencio, quien pretendía ser hijo de Hércules.

Aunque originalmente Constantino ejercía el sacerdocio del *Sol Invictus*, la situación política le inclinó progresivamente a favorecer a los cristianos. La razón parece simple: éstos constituían un colectivo de enorme éxito, que se expandía entre la plebe y los más desfavorecidos. En buena medida, este prestigio se debía a su carácter excepcionalmente solidario, que les hizo desarrollar un sistema de protección social, con casas de asistencia y una organización eficaz que les permitía rescatar prisioneros y esclavos. Esta última, al igual que las anteriores, es una práctica muy loable que respondía al verdadero mensaje crístico y aún hoy es perpetuada por los misioneros protestantes que pagan un rescate a ciertos musulmanes para liberar a sus prisioneros cristianos.

En este escenario, Constantino alentó el acercamiento entre estas tres grandes religiones y patrocinó los cultos monoteístas, transformándose en su protector y prohibiendo su persecución en todo el Imperio en el 319, seis años antes de que se celebrase el concilio de Nicea.

Su estrategia resultó todo un éxito. Si los fieles de Mitra le garantizaban las simpatías del ejército y los cristianos una excelente imagen ante la sociedad civil, sobre todo entre las capas populares, el *Sol Invictus* proveía el elemento unificador que permitiría diluir las diferencias entre esos otros dos cultos.

UNA AUTÉNTICA IMPOSTURA

En el año 325, Constantino presidió el concilio cristiano de Nicea. En éste se procedió a formalizar una ideología única y una organización fuertemente centralizada, con el fin de dar cohesión y unidad de acción a este colectivo de enorme potencial militante.

Para ello se aprobó un *canon* al cual se confirió carácter sagrado, y también una organización fuertemente autoritaria, con una jerarquía que, para hacerse valer, contaba con el respaldo del emperador.

Tanto en materia de legislación como organizativa, se abandonó la propia tradición judeocristiana en beneficio del derecho romano y de sus formas de administración territorial. Las normas que hasta entonces regulaban la vida de las comunidades cristianas fueron declaradas inválidas.

Constantino sancionó nuevos edictos imperiales que acabaron por reconocer como religión oficial del estado al cristianismo, que había sido rediseñado en dicho concilio a la medida de sus intereses. Sin duda, se había convertido en una religión universal (católica) después de adoptar los nuevos principios y renunciar a buena parte de su legado original.

Dicha operación incluyó la asimilación de la figura de Jesucristo con la de Mitra y con el *Sol Invictus*, lo cual supuso trasladar la celebración de su Natividad al 25 de diciembre. Éste era el día sagrado de los citados cultos paganos, el *Natalis Solis Invictus*, íntimamente asociado al simbolismo del solsticio de invierno, una festividad que contaba con inmensa aceptación popular. Al realizar semejante acto se convirtió a Jesús en un verdadero héroe solar, conforme al modelo de las deidades mistéricas de la salvación.

Naturalmente, esta operación activó fuertes resistencias en

muchas comunidades cristianas, que la veían como una adulteración inaceptable de su tradición.

Para vencer las resistencias se pusieron en marcha diversas medidas. Entre ellas, una férrea campaña de destrucción sistemática de todas las fuentes y textos de la tradición judeocristiana que contuvieran discrepancias con el *canon* de los cuatro evangelios y otros textos neotestamentarios que habían sido aceptados por la jerarquía centralizada. Ésta había quedado plenamente facultada para llevarla adelante, con todas las de la ley, por dos edictos imperiales de Constantino, reforzados luego por otro de su sucesor Teodosio.

Dicha operación constituyó una pérdida irreparable, ya que supuso la eliminación de miles de documentos. Para comprender las dimensiones que alcanzó esta devastación cultural, nos basta con poner dos ejemplos muy ilustrativos. Algunos informes de los obispos correspondientes revelan que en una sola diócesis llegaron a quemarse centenares de manuscritos que circulaban entre los fieles hasta el siglo IV. Y en el año 411 algunos cristianos supuestamente prendieron fuego a la gran biblioteca de Alejandría, privándonos definitivamente de innumerables fuentes originales relativas a la antigua sabiduría y al misterio de nuestros orígenes. Nuestra memoria nunca se repondrá de este crimen.

No sabemos cuántos de los textos destruidos podían remontarse a los siglos I y II. Ni tampoco si sufrieron la misma suerte versiones más antiguas de algunos evangelios canónicos. Sin embargo, la enorme cantidad y variedad de evangelios que circuló durante los primeros siglos autoriza a pensar que estos textos canónicos fueron el resultado de un trabajo de selección en el cual se suprimió mucha información que resultaba inconveniente.

El Jesús original, que respondía al modelo del Mesías judío y, en consecuencia, era un elegido de Dios de naturaleza exclusivamente humana, fue sustituido por el Cristo de san Pablo, si bien es cierto que incluso muchas iglesias gnósticas creían en su naturaleza divina. Y Jesucristo acabó fundido en un único Ser, con el Dios Padre y el misterioso Espíritu Santo (Paráclito) que descendió sobre los apóstoles. Todo ello sobre la base de una afirmación dogmática, definida como verdad revelada, que es de aceptación obligatoria para todos los católicos hasta el día de hoy.

Dicha operación tuvo también un señalado sentido político porque, al dejar vacante el lugar del Mesías como *caudillo de Dios*, permitió otorgar esta condición al propio Constantino.

En la *Historia de la Iglesia*, del obispo de Cesarea san Eusebio, que tenía carácter oficial, Jesús desaparece prácticamente del ámbito terrenal para dar paso a un incipiente culto a Constantino como Mesías. Allí se le define como «el primer hombre desde el comienzo de la historia a quien Dios dio la potestad de redimir a la raza humana». Un título tan pomposo como inaceptable para un emperador que sólo se convirtió al cristianismo en su lecho de muerte, a diferencia de su madre que fue ferviente cristiana y descendiente de la familia de Arimatea, lo cual —de algún modo— parecía legitimar sus singulares pretensiones mesiánicas.

LA NUEVA IGLESIA CATÓLICA, APOSTÓLICA Y ROMANA

Otro paso fundamental consistió en una reconversión del culto original, que tenía naturaleza esotérica y minoritaria, para crear una religión de masas con gran capacidad para incidir en el reino de este mundo.

Su carácter esotérico —o lo que quedase del mismo— desapareció y fueron prohibidas las escuelas de naturaleza iniciática. El principio de obediencia total a la jerarquía hizo imposible el debate interno en libertad y la Iglesia de Roma adoptó el perfil que en el futuro presentaría la cristiandad, con su política de convertir por decreto y sin la mínima catequesis a pueblos enteros.

Para completar esta ambiciosa operación, se condenó severamente el pluralismo y la existencia de corrientes internas dentro de la Iglesia. Se expulsó y persiguió como herejes a todos aquellos que no se plegaran a los dictados de la Iglesia de Roma, que dejó de representar a una comunidad cristiana más para transformarse en el centro de poder absoluto de la nueva religión.

Antes de que acabara el siglo IV, esta Iglesia pasaba de perseguida a perseguidora. Las primeras víctimas serían los gnósticos cristianos, que hasta entonces habían constituido una corriente interna de la Iglesia primitiva.

Pero la nueva Iglesia de Roma era consciente de lo que estaba haciendo. Por ello, sabía que necesitaba incluir en su fórmula de refundación algunos elementos que, al menos formalmente, le permitieran no enajenarse a la mayoría de los cristianos y no descalificarse presentándose como una nueva fe.

En consecuencia, tuvo la suficiente visión política para realizar gestos integradores. Así, promovió un proyecto que recogía algunos elementos de la tradición original, nacida en un medio judío, aunque sometiéndolos a un tratamiento desnaturalizador, con el fin de adaptarlos a su papel como religión del estado romano.

Esta estrategia se refleja bien en el nombre que adoptará la nueva organización religiosa nacida en el siglo IV. La Iglesia se definirá como «romana». Pero, al mismo tiempo, reivindicará su raíz judía como «apostólica», afirmando que su legitimidad proviene de las primeras comunidades fundadas por los discípulos directos de Jesús. No obstante, antepondrá a este carácter apostólico su condición de «católica», término que significa universal y que de forma implícita venía a reconocer su adopción de muchos elementos de los cultos mistéricos paganos.

En esa misma línea, aceptó que Jesús era un ser humano, una concesión realizada para intentar no romper sus vínculos con la tradición de la Iglesia de Jerusalén. Pero añadió que éste también era enteramente divino, reconocimiento con el que pretendía facilitar la conversión de los gnósticos menos radicales a la nueva fe.

En el orden político, estableció un vínculo con el judaísmo original, adoptando el modelo de la teocracia hebrea. Al igual que en Israel, el rey cristiano debía ser ungido como tal por el sumo sacerdote, quien lo legitimaba en nombre de Dios. Confería así carácter sagrado al sistema político, al orden social y a la gestión del poder por parte de dicho monarca, cuyo modelo ideal era el mesías judío concebido como un caudillo libertador victorioso, imagen que encarnaba Constantino como modelo ideal.

Sin embargo, esta nueva fórmula, inventada para convertirse en la religión del Imperio y ponerse al servicio de ese poder terrenal que Jesús había menospreciado, requería también expulsar a éste de la historia humana. Su imagen como mesías resultaba inadecuada para presidir semejante culto de masas. De ahí que se le asimilara al dios pagano de la salvación y se redefiniera su misión en este mundo.

En adelante, Jesús no sería presentado como un libertador que promovía con sus enseñanzas la transformación interior y el crecimiento espiritual como forma de superar la condición humana y de acceder al Reino de los Cielos. Lo sería como un Cristo cuya misión había consistido en sustituir la Antigua Alianza de Yahvé con Israel por una Nueva Alianza de éste con toda la humanidad.

Este concepto de Nueva Alianza también tenía una indudable carga política. Porque se atribuía a Jesús el acto de declarar inválido el antiguo pacto, como castigo a los judíos por no haber sido fieles al mismo, y se daba autonomía completa a la nueva fe cristiana, independizándola de su matriz judía.

Al hacerlo, la Iglesia de Roma invalidaba las pretensiones que pudiera alentar —como primera comunidad cristiana— la Iglesia madre de Jerusalén, dirigida por Santiago, a quien el propio Nuevo Testamento presenta como hermano de Jesús, y otros familiares del Mesías.

LOS FAMILIARES DE JESÚS FUERON RELEGADOS AL OLVIDO

Estos familiares de Jesús eran reconocidos como tales por las comunidades cristianas desde el siglo I, siendo llamados *desposyni*, palabra que se puede traducir como los «herederos del Señor» o «pertenecientes al Maestro». Hay algunas referencias documentales que nos hablan de ellos:

- A comienzos del siglo III, el historiador Julio Africano cita expresamente a éstos entre aquellas familias judías que mantenían sus propios registros genealógicos, «enorgulleciéndose de conservar el recuerdo de su origen aristocrático».
- En su prestigiada *Historia de la Iglesia*, san Eusebio señala —citando a una autoridad más antigua— que a finales del siglo I «sobrevivían aún de la familia del Señor los nietos de Judas, de quien se decía que era Su hermano, humanamente hablando». Añade que el césar Domiciano hizo comparecer

ante él a estos personajes, llamados Jaime y Judas, para preguntarles si descendían de David, lo cual reconocieron. Y concluye diciendo que ambos vivieron tiempo suficiente para convertirse en los dirigentes de varias iglesias.

- El historiador católico norteamericano Malachi Martin asegura que, en el año 318, el obispo de Roma Silvestre mantuvo una reunión, en su palacio de Letrán, con una delegación formada por ocho representantes *desposyni*, cada uno de los cuales dirigía una iglesia. Su portavoz se llamaba José y se presentaba como descendiente de Judas, hermano de Jesús. Solicitó al sucesor de Pedro que se confiriesen a miembros de su familia los obispados de Jerusalén, Alejandría, Éfeso y Antioquía, tras revocarse el nombramiento de quienes ocupaban dichos puestos; y también que todas las comunidades cristianas «reanudasen» los envíos de dinero a la iglesia *desposyni* de Jerusalén, reconociéndola así como Iglesia Madre. Pero el patriarca Silvestre no podía oponerse a Constantino, quien ya había decidido convertir el cristianismo en la religión del Imperio. Rechazó por tanto estas peticiones, confirmando la autoridad de Roma para nombrar sus propios obispos sin depender de nadie y relegándoles al olvido.

Sin embargo, ninguna de las referencias conocidas a los *desposyni* nos autoriza a pensar que se trata de descendientes directos de Jesús. Ni siquiera en historiadores no cristianos como el citado Julio encontramos el menor indicio que se refiera a los mismos.

Es cierto que los copistas cristianos reescribieron cuantos textos pasaron por sus manos para expurgar de los mismos cualquier cosa que resultase inadecuada. Pero también lo es que en los dos últimos siglos han aparecido numerosos documentos originales que no pasaron por las manos de los censores, como los textos gnósticos de Nag Hammadi, los manuscritos esenios del mar Muerto o la versión eslava de *La guerra de los judíos* escrita por el cronista del siglo I Flavio Josefo, en la cual encontramos sustanciales referencias a Jesús como revolucionario que no aparecen en el texto que se divulgó durante siglos. Y en ninguno de dichos documentos hallamos la más mínima referencia a algo tan importante como unos hijos o nietos de Jesús. Por lo cual podemos concluir que quienes mantienen esa tesis lo hacen de forma absolutamente gratuita.

CONCLUSIONES

A la luz de este proceso, sólidamente documentado, cabe extraer las siguientes conclusiones:

- Básicamente, la tesis que sostienen Langdon y Teabing en *El código* respecto a que en Nicea se inventó una nueva religión puede considerarse probada.
- En el escenario histórico que hemos descrito, es indudable también que si Jesús hubiese estado casado o tenido hijos, estas señas de identidad se hubiesen eliminado. No sólo por resultar incompatibles con su nueva imagen de dios solar sino, sobre todo, por los enormes inconvenientes políticos que se derivarían de la existencia de herederos legítimos de un rey mesiánico, tanto para la Iglesia como para el estado. Aunque ya hemos explicado que la hipótesis de que tuvo hijos carece completamente de base documental.
- Esto no quiere decir en modo alguno que Jesús se hubiese casado o tenido descendencia. Pero sí que, de haberlo hecho, la Iglesia habría puesto el mayor empeño en suprimir cuantos documentos se refirieran a ello. Puesto que la destrucción documental fue sistemática es legítimo preguntarse si, además de abolir el pluralismo doctrinal, no se buscaba eliminar también algo más explosivo: cualquier prueba referente a un posible matrimonio de Jesús.
- También es necesario reconocer que, de haberse casado Jesús con la Magdalena y tenido descendencia, ello explicaría la evidente importancia de ésta y la política tan extraña y contradictoria de la Iglesia con respecto a su figura. Pero también podría explicarse dicha política si la Magdalena hubiese sido tan sólo una sacerdotisa con rango apostólico y la cabeza de una corriente disidente de la Iglesia primitiva.

- Al dirigirse al gran público y promover una divulgación tan eficaz como elemental de estos hechos, *El código* incurre sin duda en muchas simplificaciones. Pero, aunque éstas pueden refutarse o corregirse al acceder a una información más fiable, su inexactitud no cuestiona la tesis de fondo que sostienen Langdon y Teabing en esta apasionante novela.

- En todo caso, debemos distinguir claramente la validez de dos afirmaciones fundamentales de éstos: podemos considerar bien documentado que la Iglesia promovida por Constantino supuso formalizar una nueva religión, basada en una síntesis de elementos paganos y judeocristianos; pero la hipótesis de un Jesús casado y con hijos no pasa de un escenario posible, entre otros.

- No obstante, la ignorada importancia de la Magdalena y el hecho de que mantuvo con Jesús una relación muy estrecha, deben considerarse fuera de toda duda. Fuese en calidad de discípula predilecta, de esposa o de sacerdotisa con quien Jesús se unió en ritos sagrados, la Magdalena se convirtió en un hueso duro de roer para la Iglesia de Roma. Y, como el propio Jesús, fue objeto de un tratamiento especial, para transformarla en una figura que no cuestionara el nuevo credo romano adoptado en Nicea.

7

El origen sobrenatural de los merovingios

Tanto *El código* como las reivindicaciones del Priorato de Sión se basan en una presunción: la Magdalena y los hijos que habría tenido con Jesús se habrían trasladado al sur de Francia, acompañados por José de Arimatea, Lázaro y un escogido grupo de seguidores del Mesías.

Como ya hemos visto, diversas tradiciones aseguran que José de Arimatea, en posesión del Santo Grial, se dirigió después a Inglaterra, donde fundó la iglesia de Glastonbury, en la que muchos ven hoy la Avalon del rey Arturo. Entretanto, la Magdalena se estableció en las Galias para morir, tras un largo período de vida eremítica, ya sea en Sainte Baume o en Aix-en-Provence. Y Lázaro habría fundado el primer obispado de Marsella.

Según *El código* y el Priorato, algunos supuestos descendientes de Jesús se unieron en matrimonio con ciertos reyes francos, dando origen a la dinastía de los merovingios, en el noroeste de lo que hoy conocemos como Francia. De hecho, toda la argumentación del Priorato acerca de la preservación de esta línea de sangre real que se remonta a Jesús pretende hacernos creer que este conjunto de leyendas adaptadas a sus intereses reflejan hechos históricos.

Al hablar de la Magdalena ya profundizamos en el misterio que la rodea y evaluamos las bases documentales de su supuesto matrimonio con Jesús. Nos centraremos ahora en analizar la presunta existencia de un linaje procedente del mismo.

LAS RAÍCES DE UNA DINASTÍA

El origen de la dinastía merovingia se encuentra en quienes hoy conocemos como francos, un pueblo germánico que irrumpió en la historia occidental hacia el siglo III, sin que se sepa bien cuál era su origen. En aquella época se hicieron famosos por sus incursiones en las costas del mar del Norte, pero también en tierra, con la invasión de las Galias.

Su conquista, a partir de la actual Alemania, del territorio que hoy se reparte entre el norte y oeste de Francia (nación que les debe su nombre) y los Países Bajos, fue pacífica: a su manera, se integraron en el Imperio romano y algunos francos llegaron a ser oficiales que comandaban legiones e incluso cónsules. Pero, a partir del año 406, cuando las invasiones de los pueblos bárbaros debilitaron el Imperio, los francos aprovecharon la ocasión para extender su dominio en las Galias.

Este colectivo estaba compuesto por varias tribus o linajes, dos de los cuales nos interesan: los francos salios (de los que recibió su denominación la ley sálica) y los francos sicambros, que los documentos del Priorato y los árboles genealógicos de Gardner pretenden entroncar con la casa real griega de la Arcadia.

Los salios se harían con el norte de la Galia, dirigidos por Clodión VI. De este rey proviene la dinastía merovingia, aunque aparentemente fue su hijo Meroveo quien dio su nombre a la misma.

Se considera a Meroveo el antepasado común de varias dinastías locales, unidas por vínculos familiares. Algunos autores discuten si fue el hijo de Clodión o un inmediato antepasado suyo, quien actuó como lugarteniente del general romano que derrotó a Atila en la batalla de los Campos Catalaunicos, y luego consiguió unificar bajo su mando a la mayor parte de las tribus galas.

Los historiadores atribuyen la fundación efectiva de la dinastía merovingia a su nieto Clodoveo I. Aconsejado por su esposa, la princesa burgundia Clotilde, en el año 496 éste se hizo bautizar como católico, y fue secundado por 3.000 de sus guerreros. Esto permitió a la Iglesia de Roma frenar la herejía arriana, que en aquellos momentos competía duramente con el catolicismo romano y era profesada por la mayoría de los godos.

Al dar este paso, Clodoveo se convirtió en el primer rey bárbaro convertido al catolicismo y recibió todo el respaldo político del Papa. De hecho, *El código* otorga una gran importancia al pacto entre la Iglesia y los descendientes de este monarca, por el cual la Santa Sede se comprometía a dar su apoyo futuro a su descendencia.

En plena fase de descomposición del Imperio romano, la Iglesia de Roma encontró en este soberano franco una oportunidad de oro para dar continuidad a su papel de religión imperial e insistir en su proyecto de fundar una teocracia o gobierno religioso.

Como ya hemos explicado, ésta era una idea que se remontaba a la época de Constantino, cuando el Concilio de Nicea puso las bases del catolicismo romano. De hecho, la Iglesia concedió a Clodoveo I el título de «nuevo Constantino». Y Francia conserva aún su consideración como «hija primogénita de la Iglesia».

Este ideal pontificio de cristiandad resulta clave para la comprensión de la política del papado durante toda la Edad Media.

La tensión entre el poder temporal que representaban los monarcas y el poder religioso de la Iglesia se convirtió en una constante, desde la época de los merovingios hasta la Edad Moderna. Durante todo este tiempo, el papado siempre aspiró a controlar al rey cristiano y éste a adquirir el privilegio de elegir entre sus hombres de confianza a los dignatarios eclesiásticos, cuanto menos en sus territorios.

LA FECUNDACIÓN CELESTE DE LA MADRE DE MEROVEO

En la figura semilegendaria de Meroveo encontramos claramente reflejado el mito universal que atribuye un origen celeste a la auténtica sangre real. Y, por tanto, nos encontramos con una nueva evidencia de lo importante que resultaban este tipo de reivindicaciones como credenciales sobrenaturales del derecho que tenían los monarcas a ejercer el poder.

La leyenda asegura que, estando ya embarazada de Meroveo, su madre fue poseída por una entidad sobrenatural, definida como «una bestia de Neptuno», mientras se daba un baño en el mar. Por esto, Meroveo —cuyo nombre evoca las palabras «Mer» (madre y mar) y «Vin» (vino)— adquirió una doble naturaleza, a través de esas dos sangres que supuestamente corrían por sus venas y las de sus sucesores merovingios.

De nuevo estamos ante el mito universal del semidiós o del humano con sangre divina, nacido de una hierogamia, de la unión entre una humana y un ser sobrenatural.

No debe extrañarnos por ello que a Meroveo se le atribuyeran poderes sobrehumanos. Seguramente debió ser un jefe guerrero de gran carisma para convertirse en el antepasado mítico de los futuros merovingios y conferir a su descendencia una legitimidad divina, según sus creencias mágicas. Lo cierto es que éstos fueron conocidos como «los reyes brujos», debido a su interés por todo lo oculto y a la amplia gama de facultades paranormales que se les atribuían, desde el poder de sanar con sus manos hasta el de comunicarse mentalmente con las bestias.

Según la leyenda, todo esto lo debían a su sangre sobrenatural, la misma que desde el momento de su nacimiento les concedía un derecho a ocupar el trono, que era desconocido entre otros monarcas europeos precedentes. Por ello le concedían tanta importancia mágica al recipiente que contenía muestras de la sangre de los primeros 39 reyes francos sicambrios que se sucedieron entre Marcomir y Clodoveo: la *santa ampolla* utilizada en la ceremonia durante la cual se les reconocía como monarcas por designación divina y que la tradición pretende descendió del cielo durante la coronación de Clodoveo por el obispo san Rémy.

Pero tampoco es difícil hacer una lectura racionalista de esta leyenda que se tejió en torno a ellos.

Por un lado, tenemos la necesidad que sentían los monarcas francos, en tanto que conjunto multiétnico, de dotarse de legitimidad a la hora de reclamar su autoridad regia sobre un amplio conjunto de soberanías locales. Éstas se hallaban unidas entre sí por lazos familiares, pero también eran lideradas por unos señores de la guerra que estaban poco dispuestos a dejarse arrebatar sus privilegios como reyezuelos tribales.

Por otro, la adopción del mito que presenta a la mujer primordial fecundada por una criatura marina. Y también de la creencia, asimismo universal, en una sangre real que se transmite al hijo varón a través de su madre humana, tras unirse a una divinidad. Como ya hemos apuntado, en las mitologías de los antiguos egipcios, sumerios, caldeos, babilonios y judíos hallamos otras parecidas.

Esta mitología referente al origen del linaje real es sumamente importante para situar la intriga que relata *El código*, y para comprender la base legendaria en que se apoya esta novela.

EN BUSCA DE ANCESTROS TROYANOS AÚN MÁS PRESTIGIOSOS

Cuando Clodoveo I, nieto de Meroveo, se convirtió al cristianismo y se produjo el bautismo en masa de sus súbditos, los francos entraron en contacto íntimo con una cultura y una religión que en muchos aspectos corroboraba sus antiguas creencias mágicas.

Sólo fue preciso cambiar algunos nombres.

Por ejemplo, los merovingios se consideraban descendientes de Noé (que habría dado nacimiento a una nueva humanidad a partir de las aguas del Diluvio). Y le tenían en tanta estima como a Moisés (nombre que significa «nacido de las aguas»), tal vez porque veían en ambos la confirmación de que el mítico origen marino de Meroveo tenía un carácter sagrado.

Entre sus creencias destacaba la virtud mágica que atribuían al cabello, que no se cortaban, convencidos que sus poderes emanaban del mismo. Gardner sostiene que esta práctica entroncaba con sus orígenes judíos, pues era idéntica a la de líderes *nazarenos* de largos cabellos como Samuel, Sansón y el propio Jesús.

La cultura clásica grecorromana les proporcionó otro estímulo para reclamar un origen aún más prestigioso. Los reyes francos empezaron a considerarse descendientes de los troyanos.

En este caso influía la forma en que la Iglesia les transmitió el legado literario grecorromano, pues la leyenda sobre los orígenes troyanos de Roma constituye el tema político de la *Eneida* de Virgilio. Éste era un poeta a quien la tradición eclesiástica tenía en especial consideración, atribuyéndole el don de profecía, porque en uno de sus versos veían el anuncio de que una Virgen daría a luz un niño elegido.

Además, el mítico origen troyano de los fundadores de Roma también evocaba otra hierogamia, pues éstos eran descendientes del héroe Eneas, hijo de la unión entre Anquises y la diosa del amor Afrodita.

De hecho, el linaje real de Troya adquirió carácter legendario como origen de la sangre real, tanto para los romanos como para la Europa de la Edad Media y del Renacimiento. En esa época se puso de moda entre las familias nobles de todo el continente reivindicar un ancestro troyano.

Dicha creencia en los orígenes troyanos de la antigua nobleza se ha perpetuado hasta hoy. Así nos encontramos con árboles genealógicos muy precisos —como los proporcionados en sus obras por sir Lawrence Gardner, cronista del actual pretendiente Estuardo—, en los cuales descubrimos cómo entroncan las grandes casas nobles europeas con los monarcas de Troya, con el rey David... ¡y hasta con el propio Jesucristo!

Gardner basa sus afirmaciones en el único manuscrito que nos queda sobre la historia de los merovingios: la exhaustiva *Crónica de Fredegardo*, en la que este escriba burgundio del siglo VII compiló, durante cuatro décadas, cuanta información encontró sobre los antepasados de dichos monarcas, a quienes hacía descender de Francio (de ahí lo de francos), jefe de una tribu originaria de Troya y descendiente de Noé. Que este origen legendario era una creencia común entre los reyes francos lo demuestra el hecho de que dieran nombres claramente troyanos a ciudades como Troyes o París.

La imperiosa necesidad de legitimarse

Podemos sospechar que la historia de Fredegardo, a fin de cuentas contemporáneo de los últimos monarcas merovingios, se basa en leyendas sin fundamento. Pero mucho más sospechosa resulta aún la ausencia de otros documentos sobre tan vasto período de la historia, que se nos ha querido presentar como una era tenebrosa. Los autores de *El enigma sagrado* sostienen que ese período del Medievo centroeuropeo no fue tal, sino que alguien se encargó de oscurecerlo intencionadamente. Y, teniendo en cuenta que durante los siglos sucesivos la Iglesia monopolizó los documentos escritos, no hay necesidad de buscar otros responsables de este agujero negro en el tiempo. Como veremos, los merovingios acabaron convirtiéndose en un aliado indeseable para el papado, y debió haber razones muy poderosas para que se intentase borrar cualquier rastro de su memoria.

Pero también hay razones para suponer que los monarcas merovingios buscaban aumentar el peso de su «derecho divino» al trono, pese a que ya eran considerados como reyes legítimos mucho antes de que la Iglesia les reconociese como tales. Para ello pudieron adoptar elementos provenientes de fuentes muy diversas.

Esto resulta comprensible, si tenemos en cuenta que, desde su fundación, esta dinastía estuvo amenazada por las disputas dinásticas y las guerras civiles derivadas de un derecho sucesorio que favorecía la destrucción cíclica de la unidad y la caída en fases de desorden.

Antes de morir, Clodoveo repartió las tierras conquistadas entre sus hijos y algo parecido hicieron sus sucesores, dando lugar así a los reinos de Borgoña, Neustria y Austrasia.

Debido a dicha costumbre, la historia de este pueblo registra un proceso caracterizado por etapas de unificación bajo un rey, que se imponía a quienes dirigían las distintas familias de los francos, seguidas por otras de división del reino entre sus sucesores.

De forma regular, éstos iniciaban guerras civiles y fratricidas, como consecuencia de las cuales el pretendiente que conseguía derrotar a sus hermanos rivales intentaba imponer nuevamente la unidad. Y, puesto que todos los aspirantes al trono se remontaban a Meroveo, es lógico que cada uno añadiera a dicho origen común otros injertos de sangre real prestigiosa, para inclinar la balanza a su favor... Esta situación se prolongó hasta el siglo VIII, en que los carolingios se hicieron con el trono, apoyados por Roma.

No resulta por tanto inverosímil que algunas familias francas reclamasen un origen sobrenatural, pero más acorde con la religión cristiana, a medida que ésta se consolidaba en su sociedad.

¿Pretendían ser descendientes de Jesús?

En este singular contexto, no puede descartarse que una de dichas familias tuviese la idea de utilizar las leyendas cristianas referentes a una Magdalena exiliada en aquellas tierras y la creencia heterodoxa según la cual existían descendientes de la unión entre esta santa y el propio Jesús. A fin de cuentas era una forma excelente de dotarse de una legitimidad muy superior a la de todos sus rivales.

El hecho de que Roma no estuviese dispuesta a consentir tan herética idea no significaba mucho para quienes, pese a la catequesis cristiana, seguían apegados a sus tradiciones, resistiéndose por ejemplo a renunciar a la poligamia, cuya justificación encontraban en el Antiguo Testamento.

Para un colectivo en el cual estaba arraigada la mentalidad mágica y el culto a los antepasados sobrenaturales, la idea de una fecundación divina de la Magdalena por Jesús no podía resultar extraña ni escandalosa.

El que los monarcas merovingios mantuviesen esta secreta creencia y que la misma contribuyese notablemente a sus problemas con el papado no resulta una hipótesis descabellada, sino que parece bastante plausible. Pero no existe base documental seria que la respalde. Tan sólo la historia legendaria reivindicada por unas familias aristocráticas mucho tiempo después.

Otro inconveniente de peso de la teoría según la cual los descendientes de los merovingios habrían perpetuado su Sangre Real es que, hasta donde ha podido documentarse, sus herederos legítimos fueron asesinados o bien murieron sin dejar descendencia.

Para salvar este obstáculo, el Priorato y quienes otorgan credibilidad a sus reivindicaciones vuelven a echar mano de leyendas y tradiciones familiares, induciéndonos a ignorar que la realidad histórica es mucho más compleja de lo que pretenden. Algunas de éstas mencionan a un supuesto superviviente llamado Sigisberto, hijo de Dagoberto II, rey de Austrasia (uno de los tres reinos merovingios), y de Giselle de Razés. Éste habría logrado salvarse, guardando el anonimato, precisamente en la tierra occitana de su madre, cuya capital era la actual Rennes-le-Château. De esta manera habría conseguido legar en secreto a sus presuntos descendientes el linaje de Jesús. Y así entronca con el hilo conductor de nuestra historia.

Pero tampoco este recurso es suficiente. Por lo cual, el Priorato y los autores que sostienen esta teoría añaden que el legítimo heredero de esta sangre sagrada, mantenida en secreto hasta la cruzada albigense, fue evacuado de Montségur cuando los cruzados pusieron sitio a esta fortaleza cátara. Y así pudo transmitir a su descendencia la Sangre Real (la *Sang Réal*) que corría por sus venas, el *Sant Graal* o Santo Grial.

Sin embargo no nos explican por qué, en el caso de que esta hipótesis fuese acertada, ni los cátaros ni los templarios reivindicaron su conocimiento de este linaje sagrado, ni siquiera como venganza por la brutal persecución de que fueron víctimas por parte de la Iglesia de Roma. O tal vez algunos sí lo hicieron, y los cronistas católicos se encargaron de acallar estos rumores que calificaban de blasfemias sin fundamento, como veremos al hablar de la mayor matanza que los cruzados provocaron entre los cátaros.

LOS MONARCAS TRAICIONADOS

En lo que se refiere a la actitud del papado, cuando decidió respaldar el golpe de mano por el cual los carolingios se hicieron con el poder en el año 751, estamos ante una política coherente con los objetivos de dicha institución.

La Iglesia necesitaba ante todo un reino fuerte y ordenado, para realizar su proyecto teocrático de cristiandad. El objetivo último era la fundación de un Sacro Imperio y de una Europa unida bajo un monarca ungido por Dios (lo que en hebreo se llama un *mesías*), según los usos de la monarquía judía.

Por eso había formalizado un pacto con Clodoveo y sus sucesores, confiriéndoles el rango de reyes cristianos. Y por la misma razón decidió dar su apoyo a los carolingios como emperadores, cuando éstos más tarde reclamaron ese mismo trono.

Basándose en las fuentes disponibles, tan escasas como poco objetivas, la mayoría de los historiadores sostienen que la dinastía merovingia entró en una fase de profunda decadencia, que se sumaba a sus sucesiones violentas, signadas por las guerras civiles permanentes. Y se dice que, mientras estos *reyes holgazanes* (como luego fueron conocidos) se limitaban a llevar una existencia disipada y ociosa, el poder lo ejercían los mayordomos de palacio, quienes ejercían como auténticos gobernantes, sometiéndose a la autoridad papal.

En realidad, estos mayordomos eran el equivalente de unos primeros ministros enérgicos, con potestad para administrar el gobierno en la paz, pero también jefes militares que guerreaban contra los infieles. Su prioridad política acabó siendo poner fin a la anarquía y a las guerras civiles que desangraban el reino franco.

Precisamente, fue del linaje derivado de uno de estos mayordomos, Pipino *el Gordo* de Heristal, de donde surgieron los líderes que se hicieron con el poder en todo el territorio franco, transformándose en los monarcas carolingios.

Como ocurre en los cuentos, cuando murió Sigisberto II de Austrasia (reino que abarcaba desde Colonia a Basilea), el mayordomo real decidió deshacerse de su sucesor, que sólo tenía cinco años. Aseguró que había muerto y lo desterró a Irlanda, donde éste se casó con una princesa celta, que murió al dar a luz. Contrajo nuevo matrimonio en la iglesia que luego sería dedicada a Santa María Magdalena y aún se conserva en Rennes-le-Château, con la hija del conde de Razés y sobrina de un rey visigodo, estableciendo allí su residencia. Finalmente decidió regresar a su reino, gobernado entonces por el hijo del mayordomo, quien se vio obligado a renunciar, al descubrirse la traición de su padre. Apoyado por el obispo inglés Wilfrido de York y por el obispo suizo Amatus de Sion, recuperó el trono, acabó con la anarquía que imperaba en su reino y reconquistó el amplio territorio de Aquitania.

Debido a su alianza matrimonial, los herederos del nuevo monarca, Dagoberto II, hubieran podido llegar a regir un vasto reino, que incluiría desde los Pirineos hasta los Países Bajos. Esta posibilidad y la eficiencia de su reinado alarmó a los monarcas vecinos que contaban con poderosos aliados internos.

Pero un sicario de su mayordomo Pipino el Gordo le asesinó en un bosque cercano a Stenay, capital merovingia muy apreciada por el Priorato, cuyo nombre latino era «Villa Regia de Satán» y cuyo singular escudo de armas muestra un diablo cornudo sobre un león rampante, símbolo original este último de la tribu de Judá y la casa real de David.

Aunque éste no fue el último monarca merovingio, los que durante algún tiempo continuaron gobernando nominalmente los reinos vecinos eran descendientes de ramas secundarias y quienes verdaderamente controlaban esos países eran los mayordomos, que finalmente acabaron haciéndose con el poder en toda Francia.

Es muy probable que la Iglesia se convenciese de que el futuro de una cristiandad europea pasaba por la sustitución de los merovingios por los carolingios.

Con esta maniobra política, se limitó a reconocer el hecho de una sustitución en el poder, que ya se había producido mucho antes de que Roma reconociera oficialmente a Pipino III el Breve y de la posterior coronación de Carlomagno como emperador. Y, de paso, el Papa institucionalizó su poder de nombrar a los reyes.

Naturalmente, traicionó el pacto establecido con los merovingios, y lo hizo en beneficio de sus propios intereses y de objetivos políticos muy claros. Sin embargo, para entender su postura no hay necesidad de recurrir a una supuesta conspiración del Papa para acabar con una hipotética descendencia de Jesús, lo cual ciertamente tampoco supone una demostración de que ésta no existiese.

LEYENDA E HISTORIA

Como ya hemos explicado, la leyenda que reivindica el Priorato de Sión atribuye la continuidad del linaje merovingio y visigótico al hijo de Dagoberto II, refugiado en el Razés. Pero no existe ninguna prueba documental independiente de que —en contra de lo que sostiene la historia académica— Sigisberto sobreviviera a su padre y tuviese una descendencia.

Para ser objetivos en nuestro análisis, es necesario insistir en que tanto la supuesta continuidad de su linaje, como la idea de que éste entroncaba con Jesús y con el rey David son fruto de meras especulaciones.

Los autores que avalan el mito según el cual un descendiente de Jesús confirió sangre real a los reyes merovingios, no dudan en dar rango histórico, como herederos de Dagoberto, a figuras que aparecerán en los relatos caballerescos. Es el caso de Guillem de Gellone, conde de Barcelona, de Auvernia, de Toulouse y de Razés, del que también se dice que era un judío de la Casa de David. Este Guillem fue uno de los famosos pares de Carlomagno, según el ciclo legendario dedicado a éste, y debemos otorgarle el mismo rango mítico que a figuras como Rolando, protagonista de cantares de gesta junto al propio Guillem.

El mito de la sangre real de origen divino era un lugar común en la genealogía de todos los que pretendían ser alguien en la Edad Media. Y, a medida que se consolidaba la cristiandad, no había ninguna sangre con mayor prestigio celeste que la davídica.

Basta recordar que también los carolingios se empeñaron en reclamar un ancestro troyano y en unir su linaje con la Casa de David. Lo hicieron a través de su pacto con los príncipes exilarcas judíos establecidos en Narbona, por el cual se concedió a éstos nada menos que un reino judío en el sur de Francia: el principado de Septimania.

Se dice que Pipino III tomó esta decisión en cumplimiento de la promesa que hizo a la población de Narbona, mayoritariamente judía. Si estos le reconocían formalmente como sucesor de la casa real de David y le ayudaban a expulsar a los musulmanes que ocupaban la ciudad, cosa que hicieron, les daría un principado y un monarca propios.

El principado judío de Septimania

Este principado se formalizó en el año 768 y gozó de plena autonomía, aunque estuviese nominalmente bajo soberanía carolingia. Pipino III adoptó el ritual judío de la unción del monarca para legitimar el derecho al trono de su dinastía.

Quienes defienden la existencia de un linaje davídico previo en la monarquía francesa afirman que esta decisión de Pipino sólo se explicaría si anteriormente los merovingios hubiesen reivindicado idéntica fórmula de legitimación. Pero es evidente que semejante argumento no prueba que existiese una descendencia de Jesús y Magdalena en el origen del linaje merovingio.

La teocracia judía era el modelo y el prototipo ideal que promovía la Iglesia de Roma para dar forma a la cristiandad. De ahí que la monarquía hebrea y la Casa de David tuvieran tanto prestigio y que todos desearan unir su linaje a ella de algún modo.

Nada tiene de extraño que los carolingios desearan ser aliados de un príncipe judío de la Casa de David. Ni que convirtiesen en soberano de Septimania a un supuesto representante legítimo de esta sangre real, casando sistemáticamente entre sí a miembros de ambas estirpes, para conseguir una dinastía de cuya legitimidad no hubiese duda, al igual que se habían venido casando con princesas merovingias.

Este príncipe judío habría sido un tal Makhir, que pasó a la historia cristiana bajo el divino nombre de Teodorico.

Mientras algunos historiadores sostienen que se trataba de un príncipe enviado por el califa de Bagdad y procedente de la colonia judía exiliada en Babilonia, otros muchos sostienen que era en realidad un judío descendiente de los merovingios. Lo que no explican es por qué razón los mismos monarcas que derrocaron a esta dinastía y estaban tan obsesionados por dotarse de legitimidad para ocupar el trono, entregaron a un merovingio un principado casi independiente. A no ser que fuese para limpiar su mala conciencia y legitimarse por vía doble, casándose con su familia.

A continuación, dando por probada esta conjetura, deducen que el único motivo por el que un merovingio podía ser reconocido como rey de los judíos de Septimania sería que dicha dinastía representara realmente un linaje judaico, y que tanto los carolingios como la Iglesia tuvieron conocimiento de ello. Por eso, según estos autores, Pipino casó a su hermana Alda con Teodorico, con lo que éste se convirtió en el tío de Carlomagno.

De lo que no cabe duda es de que los carolingios establecieron continuas alianzas matrimoniales con la familia real judía establecida en Septimania. Y, como consecuencia de ello, tampoco hay duda de que la sangre del rey David corre por la práctica totalidad de las casas reales europeas.

Pero los argumentos para apoyar la hipótesis de Guillem de Gellone, hijo de Teodorico, como príncipe judío y merovingio, son débiles: tenía el apodo de «nariz ganchuda», hablaba el hebreo y la divisa de su escudo era el León de Judá. Claro que según las crónicas también hablaba el árabe, que el león aparece en la heráldica de numerosos linajes cuyo origen judío no está demostrado y que las narices ganchudas no son exclusivas de los hebreos.

En realidad, no existen bases históricas sólidas para apoyar la existencia de esta rama del linaje sagrado davídico. Y mucho menos aún para pretender que con ella entronquen los duques de Aquitania y Godofredo de Bouillon, descendiente directo de Teodorico, conquistador de Jerusalén y supuesto promotor de la Orden de Sión.

Sin embargo, los defensores de esta teoría parecen inmunes al desaliento y siguen tejiendo conjeturas para conseguir que, finalmente, los descendientes de Guillem de Gellone también se emparentaran con la casa ducal de Bretaña y que doscientos años después surja finalmente un tal Hugues de Plantard. Éste, significativamente apodado «el nariz larga», fue el abuelo de Godofredo de Bouillon y supuesto descendiente directo tanto del asesinado Dagoberto como de Guillem de Gellone.

UNA HIPÓTESIS SIN FUNDAMENTO

Los autores que sostienen esta tesis aducen que existió una campaña de destrucción sistemática de documentos históricos, para impedir que pudiera legitimarse la descendencia de san Dagoberto.

Sin duda, es posible que la nueva dinastía carolingia tuviera en su momento interés por borrar la memoria de la rama principal de los merovingios. Pero la razón de esta política no requiere en absoluto que se deba a que representaran un linaje sagrado especial y que éste resultara peligroso para la Iglesia de Roma.

Más aún: existen varios hechos objetivos que invitan a descartar semejante hipótesis.

- Desde la muerte de Dagoberto II hasta que la Iglesia decidió dar su apoyo a los nuevos monarcas carolingios, pasó un siglo largo. No parece, por tanto, que ésta tuviera ninguna prisa en otorgar su bendición al nuevo linaje de los mayordomos de palacio que, durante todo ese tiempo, fueron los soberanos de los francos, aunque nominalmente sus reyes siguieran siendo merovingios.

- Aparentemente, carece de sentido sostener que la Iglesia y los carolingios se dedicaron a destruir sistemáticamente cualquier elemento que probara la existencia de un linaje davídico merovingio y, al mismo tiempo, afirmar que pusieron al frente del principado judío de Septimania a un heredero de dicho linaje, reconociendo así una «sangre real» cuya memoria estaban empeñados en borrar.

- Un análisis histórico desapasionado parece permitirnos descartar que la motivación de Roma tuviese relación con la existencia de un linaje descendiente de Jesús y la Magdalena. El apogeo del culto a santa María Magdalena es un proceso que se inicia justamente en el siglo VIII, cuando los carolingios desplazaron a los merovingios y que la Iglesia francesa estimuló de forma clara hasta el siglo XII.

En su afán por acumular indicios circunstanciales a favor de su teoría, los autores que dan crédito a las tesis del Priorato, señalan las resonancias griálicas que se observan en la mitología de los francos, asociándolos a las leyendas celtas y convirtiéndolos en la fuente que inspiró el ciclo artúrico y el tema medieval del Santo Grial. En la culminación de todo este encadenamiento de conjeturas, sostienen que tanto el ciclo del Grial como el de los caballeros de la Tabla Redonda fueron inventados como vehículos para perpetuar y transmitir veladamente la existencia de un linaje sagrado procedente de Jesús.

Sin embargo, el tema del Grial concebido como recipiente que contiene la sangre real y se halla asociado a la mujer como transmisora de un linaje sagrado, es universal y surge espontáneamente en las culturas más remotas y apartadas entre sí. Podemos hallarlo en la celta, entre los francos y otros muchos pueblos, en los que se puede observar el mismo fenómeno.

Nada de esto impide que, en el caso del ciclo griálico europeo, las fuentes hayan sido celtas e incluso merovingias. Ni que la corte de Leonor de Aquitania, supuesta descendiente de este linaje, alentase dichos mitos, probablemente como parte de un ambicioso proyecto para transformar el Languedoc en un reino independiente de Francia y de Roma.

La pregunta que veladamente nos plantea *El código*

En *El código* lo que verdaderamente cuenta no es que las reivindicaciones del Priorato de Sión sean históricas, sino la persistencia de una mitología ancestral, según la cual existiría una sangre real de origen sobrenatural que legitima el derecho a reinar. Poco importa que la unión carnal de Jesús y la Magdalena sea un invento.

El mito de la descendencia oculta de Jesús es un motivo novelístico creíble y fascinante. Brown lo ha escogido sabiamente para narrar una lucha entre dos instituciones rivales que creen en la realidad de esta leyenda o bien en la existencia de documentos que podrían resultar comprometedores para la continuidad de la Iglesia.

Pero nada de ello implicaría que dicha creencia responda a un hecho histórico real.

La cuestión decisiva no es si existió una descendencia de Jesús que entroncó con la realeza europea. Lo interesante es si la creencia herética en que así fue se remonta a los primeros siglos de nuestra era y siguió siendo compartida por algunas familias y casas reales hasta nuestros días.

Si un colectivo cree que un relato mítico refleja hechos históricos, dicho relato adquiere el mismo poder que tienen los sucesos reales para incidir en la conducta de ese colectivo, por legendarios que sean esos acontecimientos e independientemente de que hayan sido fruto de la fantasía.

8

Cátaros, los santos herejes del Languedoc

«Matarlos a todos, que en el cielo Dios sabrá reconocer a los suyos.» Con estas palabras, el abad Arnaud Amalric, legado del papa
Inocencio III, exhortó a los cruzados, preocupados por cómo distinguir entre herejes y católicos cuando tomaran la ciudad de
Béziers.

Más de 20.000 caballeros, procedentes de todo el norte de
Europa, se lanzaron al asalto de la misma con la conciencia tranquila. Los casi 200.000 mercenarios que les acompañaban violaron,
mataron, saquearon e incendiaron sin contemplaciones, y no dejaron ni un solo superviviente. Un reguero de cadáveres salpicaba las
calles de la villa antes de que fuera purificada por las llamas. La
carta que Arnaud envió al Papa en el año del Señor de 1209 así lo
confirmaba: «Los nuestros no respetan ni el rango, ni el sexo, ni la
edad. La venganza divina ha sido maravillosa».

Meses antes, las tropas católicas habían acudido generosas a la
angustiada llamada del Pontífice: «La barca de la Iglesia está expuesta a un naufragio total. La herejía cátara ha infectado la raza
perversa de los provenzales».

El terrible pecado de los católicos habitantes de Béziers, ciudad
mediterránea del actual Rosellón, había sido negarse a abandonar
a los 222 cátaros que se refugiaron tras sus muros. Habría bastado
con que salieran de la villa o que se los entregasen para librarse de
ser excomulgados y para salvar sus vidas. Pero sus más de 15.000
habitantes se juramentaron para defender a los herejes, enfrentán-
dose así a un verdadero infierno.

Significativamente, la horrible matanza y el posterior incendio de la ciudad tuvo lugar el 22 de julio, festividad de María Magdalena, santa que goza de una especial veneración en toda aquella región.

Pierre des Vaux-de-Cernat, cronista cisterciense de la matanza, subraya: «Los heréticos afirmaban que santa María Magdalena había sido la concubina de Jesucristo», por lo cual considera «justo que esos perros repugnantes fuesen vencidos en la festividad de aquella a quien habían agraviado».

DIOS NO CREÓ ESTE VALLE DE LÁGRIMAS

¿Quiénes son estos herejes que los cruzados combaten a sangre y fuego?

Aunque pasarán a la historia como cátaros (puros) o albigenses (en referencia a la ciudad de Albi), se llaman a sí mismos *cristiani* o «amigos de Dios», y sus seguidores les conocen como «los hombres buenos». Según las zonas, los cronistas les otorgan nombres diversos: bogomilos en los Balcanes; *bougres* o búlgaros en el norte de Francia; tejedores en el Languedoc; patarinos, albanenses, garatenses y bañolenses en Italia; publicanos y *piphles* en Champaña, Borgoña y Flandes; *ketter* (cátaros) y *ketzer* (heréticos) en Alemania...

De los archivos de la Inquisición, de las obras en que los teólogos católicos rebaten sus doctrinas, de *La canción de la cruzada* y de los escasos manuscritos cátaros que escaparon a la destrucción, se deduce una religiosidad radicalmente distinta al cristianismo oficial, una visión con raíces históricas profundas y persistentes.

«Dios es muy bueno, y en el mundo nada es bueno. Por tanto, Dios no ha hecho nada de cuanto existe en el mundo», declara a los inquisidores el campesino Pierre Garsias, sintetizando en este silogismo una concepción del universo y una manera completamente diferente de vivir, sentir y morir.

Así explican los cátaros la presencia del mal en el mundo, ese problema que ha sido el caballo de batalla de diversas corrientes espirituales, consideradas como herejías: en el comienzo de los tiempos, Dios creó el mundo espiritual y perfecto. Pero este mundo de lágrimas y oscuridad en que vivimos los humanos, necesariamente ha de ser obra de un *Rex Mundi* (Rey del Mundo) al que identifican con Satán, y cuyo nombre descubriremos en los manuscritos encontrados por el cura Saunière en la iglesia de Rennes-le-Château.

Aparentemente, el dualismo aparece en Oriente Medio seiscientos años antes de Cristo entre los *parsis* (puros), seguidores de Zoroastro que ven el mundo como el escenario de una lucha entre dos fuerzas gemelas nacidas del Dios creador; el Espíritu Santo y su adversario, el Espíritu Maligno.

Cuatro siglos después surge entre los judíos otra importante corriente dualista y purista que recibe el nombre de esenismo. Ya hemos hablado de ellos en un capítulo anterior, así como de las diferentes corrientes gnósticas, integradas por herejes dualistas que mantienen una dura pugna con la corriente oficial de la Iglesia durante los primeros siglos del cristianismo. Nos limitaremos ahora a recordar que anteponen el conocimiento (*gnosis*) proveniente de la iluminación individual a la fe ciega en que basan sus creencias los cristianos fieles a Roma, y que sus evangelios apócrifos, encontrados en la población egipcia de Nag-Hammadi hace sesenta años, nos muestran a María Magdalena como la discípula predilecta de Jesús, a la cual Pedro se opone celosamente. Sus doctrinas nos hablan de un alma inmortal, prisionera del cuerpo, y de un Príncipe de las Tinieblas continuamente enfrentado a un Príncipe de la Luz, intermediario del Dios supremo.

En el siglo III Manes, un parsi nacido en Bagdad, retomó la antorcha dualista y con ella incendia todo el Mediterráneo, implantándose con especial fuerza en España y en el sur de Francia, como lo hará poco después el arrianismo. Sus padres entroncaban con la dinastía real persa y le iniciaron en una secta —probablemente la de los Mandeos gnósticos— cuyos ascéticos seguidores llevaban vestiduras blancas y practicaban el bautismo, como los esenios.

Los seguidores de este gran taumaturgo, que practicaba curaciones y exorcismos, le consideraban un nuevo Cristo y le dieron diferentes nombres, entre ellos los de Piloto o Timonel, que son equivalentes al título de *Nautonnier* con el cual se conoce hoy al gran maestre del Priorato de Sión. Consideraban a Jesús un prominente enviado, divino tan sólo en el sentido de que ha recibido la iluminación. Le llamaban el Hijo de la Viuda, denominación con la que mucho después se conocerán entre sí los masones, y —como algunos gnósticos— aseguraban que no había muerto en la cruz.

El maniqueísmo se presentó como síntesis y superación de todas las religiones anteriores y cosechó innumerables seguidores. Aseguraba que diversos mensajeros del Padre habían traído a los hombres la *gnosis* que les permitiría tomar conciencia de su doble naturaleza y dirigir sus esfuerzos a liberar su alma de las reencarnaciones sucesivas. Como semejante concepción representaba toda una amenaza contra el orden establecido, Manes fue sometido a crueles tormentos y finalmente descuartizado. Pero sus enseñanzas se extendieron rápidamente, en competencia con la Iglesia de Roma.

EL DESAFÍO BOGOMILO

Tras las revueltas provocadas por los intentos de barrer sus creencias paganas, la conversión de Bulgaria al cristianismo contribuye al establecimiento del feudalismo, cuyos impuestos y ejércitos avasallan y empobrecen a la mayoría campesina, mientras los señores y el alto clero se enriquecen. Los obispos pretenden convencer a los vasallos con sus dogmas de que este orden social es reflejo de la jerarquía celeste y resultado de la obra divina. La alfabetización progresiva de las poblaciones persigue la consolidación de esta ideología, pero también hace que los oprimidos vean en el comportamiento de las clases dirigentes una contradicción con la enseñanza evangélica, y vuelvan su mirada hacia los libros apócrifos, prohibidos por la Iglesia, que les ofrecen una visión más razonable de las cosas. A todo esto viene a sumarse el cisma que a partir de 1054 enfrenta a la Iglesia bizantina con la romana, sumiendo a los creyentes en la duda de quiénes son los verdaderos representantes de Dios.

Todas estas circunstancias abonan el terreno para surgimiento en los Balcanes, a comienzos del siglo X, de una nueva doctrina dualista. Una corriente maniquea conocida como la pauliciana arraiga rápidamente, especialmente entre los campesinos eslavos que soportan el yugo de los señores feudales búlgaros, y luego se extiende por Serbia y Bosnia, hasta constituirse como una verdadera religión. Fueron llamados bogomilos, por ser continuadores del mensaje transmitido por un mítico sacerdote de nombre Bogomil. En 1143, tras su llegada al trono, Manuel Comneno decretará su expulsión del Imperio bizantino.

Por su fondo, el bogomilismo se manifiesta como un movimiento de liberación, convirtiéndose en un peligro para el poder eclesiástico. Sus difusores serán conocidos como bogomilos, amigos de Dios o *kristjani*. Su texto más importante es el Evangelio de san Juan o Cena Secreta, que conocemos a través de las traducciones que circulan entre los cátaros.

Ven el mundo y la sociedad como la obra de fuerzas diabólicas, presentando a los opresores como servidores del Maligno que gobierna el mundo tangible. Al igual que para los otros dualistas, el Sol es para ellos el símbolo del Logos o Verbo luminoso, y lo representan en sus emblemas y textos como centro de su sistema.

Consideran a Cristo el enviado de ese Verbo divino, del cual habla el Evangelio de san Juan, texto bíblico que enaltecen como una enseñanza que les ayuda a liberarse interiormente de las diabólicas ataduras materiales, al tiempo que rechazan el Antiguo Testamento, como lo hicieron los gnósticos y lo harán los cátaros. La misión del Salvador, según ellos, habría sido reunir a los elegidos, que aún conservan en su interior el resplandor de la luz divina, y enseñarles el camino para escapar de esta prisión material.

Bien sea por el resurgimiento de corrientes maniqueas que han logrado sobrevivir, o por la penetración del bogomilismo a través de las grandes vías comerciales, comienzan a surgir en torno al año 1000 en el norte de Italia, Flandes, Francia, norte de España, Alemania e Inglaterra, comunidades más o menos numerosas, que se recordarán como *cátaras*. Pero es en el Languedoc u Occitania donde conocieron una mayor expansión, por varias razones.

La cuna de una espléndida civilización les acoge

En esa época, el territorio que hoy conocemos como Francia albergaba dos civilizaciones bien distintas. Al norte, el reino católico de los francos, en manos del feudalismo guerrero, cuyo idioma es conocido como *langue d'oeil*, del que procede el francés actual. Al sur, quienes hablaban la *langue d'oc* —de la que proceden el catalán y el provenzal— poblaban la Occitania, de raíces grecorromanas, rica y burguesa, más próxima en todo a los reinos ibéricos y dominada por los poderosos condes de Toulouse, ciudad que era la tercera más importante de la Europa de la época, después de Venecia y Roma.

Mientras los francos mantenían una rígida jerarquía social, justificada por inamovibles dogmas religiosos, los occitanos se beneficiaban de una sociedad más abierta. Esto dio lugar a la civilización más avanzada de la Europa medieval, una de las más ricas y con más habitantes, que contaba con un mayor porcentaje de artesanos, comerciantes y campesinos liberados del vasallaje.

La mayoría de las ciudades del Languedoc se regían como comunas autónomas y democráticas. Su tolerancia y la igualdad de derechos para todos los ciudadanos facilitaban el comercio exterior y el acceso a la ciencia y la cultura árabes y judías. Mientras por doquier la mujer era una sierva de los hombres, las occitanas se consideraban propietarias de su cuerpo, bienes y sentimientos, y participaban en la vida pública. Tanto por esta circunstancia como por lo igualitario de la propia ideología cátara, las mujeres tenían un papel muy importante en el catarismo; los perseguidores de esta herejía se asombraron más tarde al ver cómo bellas y cultas damas de la nobleza, subían voluntariamente a las hogueras.

El Languedoc era una encrucijada de civilizaciones que había conocido los cultos más diversos y había sido cristianizada por los arrianos bajo el dominio de los godos, antes de la llegada del catolicismo franco. Sumado esto a las favorables condiciones socioculturales, al acusado sentido de la libertad individual y a la tolerancia religiosa de este país, no es de extrañar que fuera un excelente terreno de cultivo para el catarismo.

Los occitanos veían en la jerarquía católica y en los modos feudales algo ajeno a su mundo, impuesto por los bárbaros del Norte, que amenazaba su equilibrio social. Consideraban antievangélicas las costumbres del episcopado local, duramente criticadas por el propio Papa. Por el contrario, los cátaros daban ejemplo de dignidad, sencillez, dedicación y respeto: predicaban en la lengua local y se ganaban pronto las simpatías.

Es en este mismo territorio del Languedoc donde surgieron las cortes de amor, en las que los trovadores cantaban el amor cortés. Es también la cuna de los primeros romances del Grial y el territorio donde los templarios establecieron la mayor cantidad de encomiendas. Y allí surgieron, siglos después, el misterio de Rennes-le-Château, el Priorato de Sión y otras notables sociedades ocultistas modernas, que son el eje central de *El código da Vinci*.

LOS *PERFECTOS* ENCABEZAN ESTA HERÉTICA REBELIÓN

En el catarismo se distinguían tres grados: simpatizantes, creyentes y perfectos.

Los *perfectos* y *perfectas* (traducción del occitano *perfèit,* ordenados), denominados los *bouns omes* por los creyentes, son los ministros de la llamada *Iglesia de Dio.* Eran ordenados mediante el *consolament,* el único sacramento admitido entre los cátaros, basado en la transmisión del Espíritu Santo por la imposición de manos, también practicada por los maniqueos y los primeros cristianos.

Durante la ceremonia, y tras un noviciado de tres años que transcurría en una casa de perfectos, el candidato se presentaba ante una asamblea presidida por un *anciano* u obispo cátaro. Éste le instruía sobre la naturaleza y efectos del *consolament* y los compromisos que conlleva recibirlo. Una vez que el postulante había recitado el *Pater Noster,* el anciano le imponía las manos, secundado por todos los perfectos que asistían a su ordenación.

Los perfectos convivían en comunidades masculinas o femeninas, al tiempo seminarios y talleres artesanos. Dirigían oraciones al Sol naciente, en el que veían el símbolo de la pureza y de la luz espiritual. Disponían de textos secretos, la mayoría de los cuales no han llegado hasta nosotros. Secretos son también algunos de sus rituales iniciáticos, que parecían incluir una técnica que permitiría al alma separarse del cuerpo.

Practicaban una absoluta continencia, evitando tocar a alguien del sexo opuesto. Esto obedecía a su creencia de que la procreación es una artimaña diabólica para multiplicar las *prisiones carnales* y retardar la liberación de las almas, que seguirán reencarnándose.

Tenían prohibido el juramento y la mentira, así como matar a animales o personas incluso en legítima defensa. Consideraban la cobardía como un grave pecado, y el valor ante el sufrimiento y la muerte como la mejor virtud. Rechazaban la justicia establecida y eran adversarios de la pena de muerte.

Su palidez y delgadez denunciaban lo frugal de sus comidas, que no incluían alimentos de origen animal. Ayunaban a pan y agua tres días a la semana y además practicaban anualmente tres cuaresmas.

Nadie sabe de dónde sacaban su fuerza inagotable. Sus manos callosas eran la prueba de que soportaban cotidianamente los más rudos trabajos manuales, ejercían todos los oficios posibles, frecuentemente el de tejedores o hilanderas. Debían consagrar además parte de su tiempo a la oración y a la prédica itinerante.

Recorrían por parejas y a pie los campos y villas. Lo hacían vestidos con un largo hábito de lana negra con capuchón, ceñido con un cordón, y unas sandalias gastadas por el uso. Tenían como única posesión un ejemplar del Evangelio de san Juan. Vivían de la caridad y también la practicaban.

Al entender la caída del espíritu a este mundo como resultado de una acción diabólica y no de un pecado original, y al creer que la mayoría de las personas no tienen una noción espontánea del bien, los perfectos profesaban hacia los demás una gran tolerancia. Esto, junto a su ejemplo de ascetismo y de completo desapego, suscitaba admiración, por lo que no tardaron en extenderse entre la población e incluso entre los clérigos, conquistando el Languedoc en menos de un siglo.

En cambio, consideraban legítimo el préstamo con interés, lo que les valía las simpatías del capitalismo naciente. La misma Iglesia cátara lo practicaba con el dinero procedente del trabajo y de las donaciones que recibían, haciéndose con un tesoro que les permitió comprar numerosas propiedades y pagar numerosas escoltas armadas.

La Iglesia de los puros inquieta a Roma

Un segundo grupo lo formaban los *creyentes*, cuyas obligaciones —que también compartían los perfectos— incluían la caridad, el perdón de las ofensas, la humildad, la veracidad y el *apparelhament* o confesión pública mensual de los pecados. Recibían una iniciación parcial al poder mágico del Verbo, durante la cual los perfectos les revelaban el sentido esotérico del *Pater Noster*; les explicaban que ésta era la oración de los ángeles, quienes perdieron el poder de pronunciarla tras la Caída, por lo que consideraban su rezo el primer paso hacia la reintegración de su ser primordial.

Finalmente están los *simpatizantes*, llamados *auditores* porque asistían a las prédicas de los perfectos, arrodillándose al paso de éstos para pedirles su bendición mediante un ritual llamado *melhoriér*.

El *consolament*, o bautismo por el fuego del Espíritu Santo aportado por Jesús, puede ser recibido por cualquier moribundo que lo demande voluntariamente. Pero si sobrevive, intentan convencerle para que lleve una vida de perfecto por su libre voluntad. Existen casos de *consolados* que, una vez restablecidos, prefieren dejarse morir mediante un prolongado ayuno o *endura*, pese a que los perfectos no aceptan el suicidio. Los creyentes pueden expresar anticipadamente a los perfectos su deseo de ser *consolados* durante la agonía, formulando así un pacto o *convinenza*, como harán —durante la persecución de la que los cátaros serán objeto— algunos de sus defensores, que al combatir se arriesgan tanto a una muerte súbita como a matar a sus enemigos y así pecar.

Cátaros y bogomilos formaron una Iglesia común, dividida en diócesis, cinco de ellas en el Languedoc, seis en Italia y cuatro en los Balcanes. Celebraron su primer concilio en 1167, en Saint-Félix-de-Caraman, presidido por el obispo búlgaro Nicetas, quien se supone que era en aquel momento el jefe supremo o *Papa cátaro*.

Su posición frente a la Iglesia de Roma era idéntica a la de los otros dualistas. La llamaban «Sinagoga de Satán» y cosas aún peores. Despreciaban sus cultos, ritos, sacramentos y símbolos, especialmente la cruz.

¿Cómo es posible, se preguntaban, adorar el instrumento de tortura en que murió Jesús?

Para ellos Cristo, como hijo o mensajero de Dios, no pudo encarnarse en el mundo impuro de la materia, y su presunta naturaleza humana era una alegoría cuyo sentido oculto era necesario conocer para comprender el misterio crístico. Ésta era una idea que un milenio antes compartieron la mayoría de los gnósticos.

Y si para ellos Jesús no tenía un cuerpo como el de los humanos, resulta difícilmente concebible que hubiera traído hijos a este mundo de la materia densa, como pretendían el Priorato de Sión y numerosos autores que hoy se empeñan en hacernos ver a gnósticos y cátaros como secretos creyentes en la descendencia de Cristo y a éste como un simple hombre. Sin embargo, como vimos al comienzo de este capítulo, sus enemigos católicos afirman que al menos algunos herejes así lo creían. O tal vez es el escandaloso reflejo de una creencia anterior a los cátaros, muy extendida en el sur de Francia, donde desde tiempos remotos se veneraba a la Magdalena con especial devoción y se asegura que pasó allí sus últimos días…

Entretanto, algunos obispos y abades locales se inquietaban, tanto por la denuncia que para sus costumbres significaban estas gentes como por el hecho de que la mayoría de los lugareños siguieran a los herejes. Desde que la mecha cátara comenzó a inflamar el sur de Francia cursaron avisos al Papa, advirtiéndole de la amenaza mortal que el catarismo suponía para todo lo que era y representaba la Iglesia.

De nada valió la intervención de ese gigante espiritual llamado san Bernardo que, aun despreciado por los occitanos, rendía tributo a los perfectos: «Ningún sermón es más cristiano que los suyos, y su moralidad es pura».

LA CRUZADA CONTRA LOS ALBIGENSES

Tras un encuentro con el conde Raimundo VI de Tolosa, quien se declaró obediente servidor de Roma, el legado del Papa fue asesinado en circunstancias misteriosas, muy probablemente por otros disidentes que poco tenían que ver con los cátaros.

Pero Inocencio II aseguró que el ejecutor había sido enviado por el conde, pese a que éste nunca fue partidario de los herejes, limitándose a tolerarlos. El Papa proclamó la que fue conocida como cruzada contra los albigenses, nombre que les dieron por la ciudad de Albi, una de sus plazas fuertes.

Se inició así una verdadera guerra santa, terrible y despiadada, dirigida por la Inquisición que, fundada por santo Domingo de Guzmán, se creó precisamente con este fin. Durante ella miles de inocentes fueron aniquilados por cruzados y mercenarios llegados del norte de Europa.

Toda una manera de ver las cosas, el mundo y el hombre era lo que estaba en juego. Pero fue también una guerra de interés y dominio, que pretendía doblegar a una población rebelde y adueñarse de una próspera región.

Tras el asedio más largo de esta cruzada, en marzo de 1244, diversas circunstancias obligaron a negociar a los defensores de la inexpugnable fortaleza de Montségur, que durante doce años había sido símbolo y baluarte de la resistencia cátara. Situada en las alturas de un pico difícilmente accesible, es un verdadero templo solar, cuidadosamente diseñado por los perfectos, que lo convirtieron en su más importante santuario y centro de peregrinación.

Todos los habitantes del castillo serían absueltos y quedarían libres —les prometió el ejército del rey de Francia— con tal de que renunciaran a su fe. Pero una sola respuesta se escuchó entre los perfectos: «¡Antes arder que abjurar!».

Veinte creyentes pidieron el *consolament*, decididos a morir. En cuanto al resto, las mujeres y niños abandonaron el castillo junto a los soldados, que se unirían a la resistencia occitana.

¿Ocultaban el Grial en Montségur?

Según aseguraron a la Inquisición tres defensores de Montségur, mientras sus compañeros se entregaban al brazo ejecutor inquisitorial, aprovechando la oscuridad nocturna, cuatro perfectos se descolgaron por la abismal pared vertical del pico, para poner a salvo el más preciado tesoro de los herejes.

Dicho tesoro se ha convertido en uno de los más persistentes mitos neocátaros.

La opinión más aceptada es que se trata de algunas de sus considerables riquezas materiales, de las que se sirvieron para pagar complicidades y tropas mercenarias que les permitieran proseguir su resistencia.

Pero sabemos que el grueso de las riquezas acumuladas en Montségur había abandonado el castillo antes del asedio definitivo. A esto se suma la escasa cantidad de oro que cuatro personas pueden transportar sin la certeza de despeñarse. Además resulta absurdo que hubieran esperado hasta el último momento para sacarlo de la fortaleza, a lo cual hay que añadir el considerable riesgo que supone ocultar a los cuatros perfectos para quienes van a rendirse al día siguiente.

Por todo ello, diversos especialistas han supuesto que su tesoro quizá consistiera más bien en un objeto sagrado al que los cátaros concedían una importancia excepcional.

Mientras algunos consideraban que dicho tesoro consistía en pergaminos de inestimable valor espiritual, otros estimaban que se trataba del Santo Grial, tras reconstruir mediante abundantes argumentos la trayectoria que había seguido la sagrada copa.

Procedente de Asia Menor, habría sido venerada por los maniqueos y transportada por los reyes godos desde Roma hasta el Languedoc y luego hasta Aragón, donde en 713 el obispo de Huesca la emplazó en el monasterio de San Juan de la Peña. Allí permaneció quizá hasta 1134, cuando ante la amenaza de los almorávides fue trasladada nuevamente al Languedoc, donde los cátaros la conservaron en Montségur, y luego la ocultaron en cuevas próximas, desde donde —según algunos— fue devuelta a su emplazamiento oscense.

Se asegura que el papa Benedicto XII, quien antes de subir al solio pontificio había interrogado a muchos cátaros mientras ejercía como inquisidor, presionó al rey de Aragón para que éste trasladara el Grial a Valencia.

Mientras muchos sostienen que el auténtico Grial es el que se conserva en la catedral de la capital levantina, otros pretenden que el monarca aragonés envió allí tan sólo una copia.

Y así se pierde la pista de la sagrada copa en la España del *Quijote,* cuyas aventuras narrarían en clave las peregrinaciones del Grial, según la opinión de Rodrigo Pacheco, uno de los últimos descendientes de Alonso Quijano, cuya figura algunos sostienen que habría inspirado a Cervantes su celebérrima novela.

Los diversos autores que se hacen eco de la mitología propagada por el Priorato de Sión sostienen en cambio que ese *Sant-Graal* tan celosamente protegido por los más altos iniciados cátaros era la *Sang-Réal*, la Sangre Real que llevaban en sus venas los descendientes de Jesús; y suponen que al menos alguno de los cuatro perfectos que escaparon de Montségur era un prominente miembro de esa imaginaria dinastía crística. Pero debemos recordar una vez más que esta hipótesis es tan discutible como carente de fundamento documental.

AMOR CONTRA ROMA

Tras la capitulación de Montségur, mientras los inquisidores encendían una enorme hoguera, por la escarpada ladera del castillo descendían encadenados 215 mujeres y hombres, encabezados por el obispo y la señora del castillo. Unidos por las manos, cantaban himnos; el resplandor de sus rostros parece afirmar que ellos son los auténticos vencedores en esta batalla entre la luz y las tinieblas. De buen grado subieron a la hoguera, cuyas llamas iban a liberarles de su prisión corporal.

En el «Prado de los Quemados», situado a los pies del Monte Seguro, comenzó a extinguirse definitivamente el espíritu de una hermosa causa.

Pero no nos dejemos engañar por las apariencias. Tras el catarismo, como tras otros muchos movimientos dualistas, se oculta el mismo impulso espiritual de rebelión contra el orden injusto y diabólico que impera en el mundo. Aunque los poderes establecidos los persigan e intenten denigrarlos como corrientes aisladas, todos ellos son manifestaciones externas de una misma tradición.

Quizá esta sabiduría perenne se remonte —mediante una transmisión iniciática ininterrumpida— a la noche de los tiempos, y tras la llegada de Cristo constituyera —frente a la Iglesia de Pedro— un cristianismo esotérico que sintetiza y amplía esa tradición, la Iglesia de Juan o del Espíritu Santo, que Dan Brown y otros autores contemporáneos llaman la Iglesia de María Magdalena.

Así lo creyeron todas estas corrientes heréticas y así lo verán otros muchos grupos posteriores, como la élite de los templarios.

Así lo demuestran también las palabras que, durante el *consolament,* dirigía el anciano perfecto al neófito, al que designaba con el nombre simbólico de *Juan* o *Juana:* «¿Quieres recibir el bautismo espiritual, por el cual es dado el Espíritu Santo?... Jesucristo hizo este santo bautismo de la imposición de manos... La Iglesia de Dios lo ha mantenido desde los apóstoles hasta hoy. De hombres buenos en hombres buenos ha llegado hasta aquí y lo hará hasta el fin del mundo...».

En nuestros días, la rojiza bandera cátara ondea sobre las ruinas de sus castillos y es el símbolo del independentismo occitano, que recuerda con veneración a los mártires de la *cruzada.*

Cientos de personas emprenden diariamente el empinado camino que conduce al lugar sagrado. Tras dejar a un lado el Prat dels Cremats, observan el reciente monolito que recuerda, en lengua occitana, la inmolación de los herejes: «*Als catars, als martirs del pur amor crestian*».

Y allá arriba, entre las ruinas de Montségur, algunos visitantes —entre los que me cuento— son presa de intensas sensaciones que parecen disparar sus almas hacia un cielo azul en el que la luz solar pugna con los negros nubarrones, un cielo de contrastes en el que parece adivinarse el anagrama del nefando pecado cátaro: *Amor contra Roma.*

9

Los trovadores, el rey Arturo
y el Santo Grial

La búsqueda del Santo Grial es el verdadero eje en torno al cual gira *El código da Vinci*. Dan Brown ha concebido este relato como una versión moderna de las novelas de caballería medievales. Y, al hablar del *hieros gamos*, ya explicamos que la aventura narrada en esta novela es un viaje iniciático y que describe el enamoramiento de Sophie y Langdon siguiendo paso a paso la teoría y la práctica del amor cortés.

No se trata de coincidencias fortuitas.

La veneración del principio femenino, el culto de la Diosa, el simbolismo del Grial, María Magdalena, los cátaros, los templarios, los caballeros de la Tabla Redonda del rey Arturo y el ideal del amor cortés, tienen un denominador común: todos estos temas formaron parte de un mismo florecimiento cultural sin precedentes, una tentativa frustrada y fascinante que tuvo lugar en el sur de Francia durante los siglos XII y XIII.

El territorio que sirvió de foco irradiador de este movimiento era el país de Occitania, donde se hablaba la *langue d'oc* y había florecido el catarismo albigense. Abarcaba desde la costa atlántica francesa hasta el norte de Italia, e incluía en su zona de influencia el reino de Aragón. Su epicentro estaba en el condado de Toulouse y Provenza.

Por lo tanto, es en esta región de Europa y en esta época concreta donde debemos buscar las claves ocultas de la intriga que narra *El código*. Y basta con que nos asomemos a dicho escenario para encontrarnos ante un misterio fascinante.

¿Por qué surgen en ese preciso enclave espaciotemporal todas estas ideas? ¿Cuál es el vínculo secreto que las une? ¿Por qué razón las cortes ducales de Aquitania los promovieron y se ocuparon en difundirlas por Europa?

EL CULTO AL PRINCIPIO FEMENINO EN LA EDAD MEDIA

En esta época surge el gótico. El culto a la Virgen María impone una nueva sensibilidad. De pronto, el pesimismo sombrío de los siglos anteriores cede paso a la celebración de la imagen de la Madre de Dios. Las nuevas catedrales están consagradas a ella y se abren a la luz y al color a través de sus grandes vidrieras. En lugar de la pesada estructura de las iglesias románicas, que tenían un aspecto propio de fortalezas, las nuevas construcciones presentan un aspecto aéreo, casi de ingravidez. Sus altos y estilizados pináculos parecen buscar el cielo.

Estos nuevos monumentos religiosos se erigen en sitios de especial significación para los antiguos cultos paganos a la Madre Tierra. No es una casualidad, sino una elección intencionada. Así lo demuestra el hecho de que estos templos asocien el culto a la Virgen con otros tres elementos definitorios: María es distinguida con el título de «Nuestra Señora» o «Nuestra Dama», lo cual supone un reconocimiento de su estatus divino, porque evoca la fórmula «Nuestro Señor» aplicada a Jesucristo; dicho título se añade al nombre del *lugar de poder* —mágico y telúrico— donde se levanta la catedral; y los constructores prestan especial atención a las correspondencias estelares y a las efemérides astronómicas para decidir la orientación del edificio y la ubicación precisa de las aberturas por las que debían entrar los rayos de sol durante los solsticios, al igual que lo hicieron los iniciados egipcios y los de otros muchos pueblos de todo el mundo.

La Virgen adquiere entonces un protagonismo salvífico sin precedentes. En la conciencia de los creyentes, ella es la abogada de los hombres, la intercesora o mediadora entre el Cielo y la Tierra, la auxiliadora del perpetuo socorro, a quien dirigen sus súplicas todos aquellos que se encuentran en una situación difícil.

La emergencia del culto mariano supone realmente el retorno de la antigua Diosa Madre. Y constituye la respuesta a una demanda espiritual que la Iglesia no pudo ignorar, entre otras cosas porque surgió de forma espontánea en el seno de sus comunidades religiosas.

El principio femenino de la Creación se manifiesta con una fuerza avasalladora. Pero no se centra tan sólo en la Virgen. También la Magdalena, la pecadora redimida por Jesús, se convierte en objeto de un creciente fervor religioso y en figura a la cual se rinde culto. A partir del siglo XII, se inicia la construcción de la espléndida basílica de Santa María Magdalena en Aquitania. Muy pronto se multiplicarán sus santuarios en el sur de Francia, hasta sumar varias decenas en el siglo XIII.

Al mismo tiempo, esta nueva espiritualidad, nacida bajo el signo del principio femenino, se expresa en todos los ámbitos de aquella sociedad. En medio de las cruzadas, en el seno de un orden político regido por guerreros belicosos y monjes ascéticos, hace eclosión una profunda revolución cultural. Ésta pone el énfasis en la mujer, en el amor imposible y en sentimientos que se sitúan en las antípodas de los valores viriles.

El contraste resulta aún más llamativo cuando se observa que, en buena medida, la cultura que vemos emerger en estos años fue promovida por la influencia que tuvo sobre algunos caballeros cristianos el contacto con musulmanes y judíos, tanto en Tierra Santa como en España.

DEL AMOR DIVINO AL AMOR HUMANO

En la abadía de Fointevrault las monjas redactaron numerosos comentarios del *Cantar de los cantares* interpretando como metáforas místicas las imágenes eróticas del célebre poema amoroso que la tradición asegura inspiró la reina de Saba al rey Salomón, mítica pareja en torno a la cual establecieron los masones sus orígenes legendarios.

Pero ¿qué interés podía tener para unas religiosas célibes y castas un texto tan fuertemente cargado de deseo sexual? ¿Por qué razón se eligió un libro dominado por imágenes eróticas como objeto de estudio?

Algo muy importante se está cociendo. Joaquín di Fiore, uno de los grandes heterodoxos de la Baja Edad Media, directamente entroncado con los misteriosos monjes que crearon la Orden de Sión, anuncia la inminencia de una Nueva Era del Espíritu Santo —tras las regidas por el Padre y por el Hijo— y sostiene que se manifestará encarnado en una mujer, desatando un movimiento milenarista que perdurará durante mucho tiempo. Esta afirmación supone reivindicar una idea muy próxima a la de los herejes gnósticos, quienes incluían el principio femenino en la Trinidad y lo identificaban con Sophia, la pareja natural del Hijo o Logos.

Resulta inevitable asociar esta heterodoxia con el culto a la Magdalena, cuya importancia en los textos gnósticos es notoriamente mayor que en los evangelios seleccionados como canónicos en el concilio de Nicea.

Como ya hemos explicado, en estos evangelios apócrifos, la Magdalena es la primera discípula de Cristo, la autoridad a la cual deben consultar los apóstoles para conocer unas enseñanzas secretas que le impartió en exclusiva y, sobre todo, aquella a quien Jesús besaba públicamente en la boca y a la que denominan su «compañera».

Aunque la Magdalena aceptada por los católicos carece de esta relevancia, como ya hemos explicado también constituye una imagen muy importante. Y su principal centro de devoción se sitúa precisamente en el sur de Francia, donde algunas leyendas sostienen que se había exiliado.

EL MISTERIO DE LOS NUEVOS JUGLARES

En este contexto, apareció en Aquitania un nuevo tipo de juglar: el trovador. El primer nombre documentado de uno de ellos es el de Guillermo IX de Aquitania. Pero en el siglo XII su número se multiplicó y el arte que cultivaban se difundió por toda Europa, gracias al talento, el carácter y la voluntad política de su nieta Leonor de Aquitania, madre del famoso Ricardo Corazón de León.

Esta mujer poderosa y libre, que se casó primero con el rey de Francia y tras abandonarle —porque era un hombre de sospechosa y desesperante castidad— desposó con el soberano de Inglaterra, fue quien confirió su estructura al movimiento de los trovadores. No sólo protegió y estimuló este nuevo arte que se caracterizaba por celebrar la imagen idealizada de la mujer, transformándola en objeto de culto, sino que fundó una auténtica Universidad del Amor, para instruir a los príncipes y nobles de todo el continente en los ideales de este *amor cortés*.

La operación impulsada por Leonor de Aquitania tuvo éxito. El movimiento trovadoresco nacido en Aquitania se extendió por Francia, Alemania, norte de Italia, Hungría, España y Portugal.

Según notables expertos como Denis de Rougemont, con este nuevo ideal nació el concepto moderno de amor y se pusieron las bases de la poesía europea hasta nuestros días.

Como hemos visto en el capítulo dedicado al *hieros gamos*, existen motivos serios para sospechar que detrás de las trovas había mucho más que poemas y música. El amor cortés tenía su Reglamento, que regía la conducta de los trovadores, como también un tribunal formal para juzgar a quienes aspiraban al ideal que éste proponía. Estos dos elementos evocan la existencia de una disciplina semejante a la de las órdenes religiosas y militares, que también disponían de una Regla y de una jerarquía a la que estaban sometidos todos sus miembros.

En esta situación, resulta inevitable preguntarse si el culto a la mujer endiosada y al principio femenino, que constituyen la clave del mensaje trovadoresco, fueron la expresión pública o exotérica de un movimiento secreto o esotérico.

UN CULTO SECRETO

Las razones que justifican esta sospecha son las siguientes:

- Con frecuencia, las trovas sostienen que transmiten un mensaje oculto al profano, por lo cual su arte sólo puede ser apreciado por quienes son capaces de detectar «el doble sentido» y comprender el simbolismo de sus versos. Esto significa que detrás del tema que cantan abiertamente se oculta un significado velado.

- El trovador reivindica siempre un amor adúltero que, sin embargo, considera sagrado y superior al vínculo marital.

- Ese amor no reconoce barreras de clase social ni de ningún otro tipo.

- La lealtad a ese amor adúltero, que contraviene la moral feudal y patriarcal, tiene rango superior a la lealtad que el vasallo debe a su señor.

- La relación de vasallaje feudal se traslada del señor a la Dama, que recibe el título de «Domina» y se erige así en la «Señora» a quien el caballero se somete por un juramento secreto e inviolable. Dicho reconocimiento no puede dejar de evocar el culto mariano a «Nuestra Señora».

- Dicho amor implica un cultivo deliberado del deseo sexual que no culmina en la satisfacción del mismo. Aunque en el grado superior del amor cortés la pareja yace desnuda en la intimidad y se prodiga todo tipo de caricias, para llevar ese deseo a su máxima expresión, este encuentro deberá omitir «el placer definitivo».

- La Dama recibe un nombre secreto y simbólico. Uno de los más comunes es Rosa, flor emblemática de la Diosa pagana y tema recurrente en El código. Se dice que, en algunas expresiones de los Misterios de Isis, el aspirante debía comer rosas para superar la animalidad y convertirse en un iniciado. Idéntico simbolismo encontramos en los cultos mistéricos de las diosas del amor, como Afrodita.

- Entre la Dama y el caballero se establece un código de señales que constituye un idioma exclusivo de la pareja.

- El auténtico mensaje de la trova se oculta detrás de un juego de alusiones, alegorías y metáforas, que acaban por configurar una jerga sólo comprensible para los iniciados. Dicha jerga se identifica simbólicamente con el «idioma de los pájaros».

- En el caso de algunos trovadores, como los italianos del *dolce stil nuovo*, se ha detectado la existencia de una cofradía esotérica a la que pertenecía Dante, los *Fedeli d'Amore*.

- Muchos trovadores provenzales fueron miembros de la Iglesia albigense de los cátaros, que disfrutó de grandes simpatías en la sociedad provenzal hasta que ésta fue destruida sin piedad.
- El amor que celebran los trovadores coincide con las creencias de los cátaros: es anticonyugal, no se relaciona con la procreación y constituye un afecto proscrito y clandestino que debe vivirse en secreto.

Todos estos elementos sugieren que el amor cortés suponía un tipo de iniciación y que en éste tenía un papel fundamental alguna forma de sexo sagrado. A la luz de los documentos que se conservan, como el *Manual* que Andreas Capellanus redactó por encargo de Leonor de Aquitania, parece claro que nos hallamos ante un equivalente del tantrismo oriental.

Como veremos a continuación, hay otro hecho que respalda la sospecha de que nos hallamos ante una auténtica cultura esotérica, pues las mismas figuras que impulsan la difusión del movimiento trovador y el amor cortés aparecen también implicadas en otra operación de gran calado: la promoción y difusión del mito del Santo Grial.

«¿A quién sirve el Grial?»

El primer texto en el cual este objeto sagrado se asocia de forma clara con el nuevo género de la novela de caballería será el *Roman de Perceval*, incluido por Chrétien de Troyes en su obra *Li contes del Graal*. Dicha obra quedó inconclusa por la muerte de este trovador. Pero no se trataba de un argumento original suyo.

El propio Chrétien reconoció que lo había abordado por encargo expreso de Felipe de Flandes, esposo de la condesa María de Champagne. Ésta era hija de Leonor de Aquitania y miembro del tribunal del amor cortés creado por su madre, aparte de destacar como un personaje clave de la operación que difundió dicho movimiento por toda Europa. De hecho, también había sido María de Champagne quien había aportado a Chrétien el tema para su tercer relato artúrico: *Lancelot del Acqs*.

Nos hallamos, por tanto, ante una conexión que no puede ser casual: las mismas cortes de Aquitania que impulsaron y difundieron la cultura del amor cortés, cuya característica más notable es el culto a la mujer sublimada, aparecen como la fuente que da lugar a la integración del mito del Grial en la tradición literaria europea.

En el *Perceval* de Chrétien de Troyes, este Grial aparece como un misterioso objeto dotado de mágico poder, pero aún no se identifica de un modo claro con cultos paganos ni cristianos. Durante sus aventuras, el caballero al que hoy conocemos por los nombres de Perceval, Perlesvaux o Parsifal, encuentra a un pescador que le indica el camino al castillo del Grial. Allí presencia una extraña procesión nocturna en la cual varias doncellas transportan misteriosos objetos, entre ellos un «graal de oro puro y fino, con incrustaciones de diversas piedras preciosas».

La escena es tremendamente simbólica y está rodeada de un clima que sugiere las visiones de un trasmundo al cual se accede en un estado alterado de conciencia, lo cual sitúa al castillo en un ámbito de realidad distinto del cotidiano.

El pescador es el propio tío de Parsifal y, al mismo tiempo, el rey del Grial herido en la ingle por una lanza untada con un veneno que le impide sanar. El castillo se encuentra en un reino arruinado por una maldición que ha dejado estéril su tierra. Tanto la herida del monarca como su propio reino sólo sanarán de sus males cuando un caballero puro llegue hasta el castillo y, a la vista de la procesión, haga una pregunta clave: «¿A quién sirve el Grial?».

Sin embargo, Parsifal no atina a formular esta pregunta, por lo que el castillo se desvanece como un sueño y él se despierta en medio de la noche, acostado sobre un lecho de frías piedras. Después de varias aventuras y desilusiones, Parsifal se propone volver a encontrar el Grial, pero la brusca interrupción de la novela de Troyes no nos permite conocer cuál fue el resultado de este nuevo intento.

ALGUNAS COINCIDENCIAS SOSPECHOSAS

En cualquier caso, la alusión a un ámbito en el cual el misterioso castillo sigue existiendo a la espera de que un caballero rompa la maldición, así como el hecho de que donde estaba situado dicho castillo en tiempos de esplendor no haya ahora sino oscuridad y piedras, nos sugiere que puede evocar veladamente la fortaleza de Montségur, el último bastión de la resistencia cátara.

Como ya hemos explicado este reducto herético, destruido por los cruzados, se ha vinculado al secreto del Grial, concebido como sinónimo de sangre real. Según ciertas leyendas, éste podría aludir simbólicamente a una estirpe merovingia y a un heredero de este linaje que habría sido puesto a salvo antes de la toma de la ciudad. Sus descendientes, en calidad de legítimos monarcas europeos, seguirían preservando dicha sangre en secreto, a la espera de una restauración que debe ser fruto de la acción de una caballería espiritual.

Pero estas son elaboraciones muy posteriores. En realidad, lo único que sabemos a través de Chrétien de Troyes del enigmático objeto es que se trata de un recipiente y que si alguien pregunta *a quién sirve* se rompe el maleficio y el reino griálico puede recuperar su esplendor, lo que no dejaría de apoyar la citada hipótesis.

Según los expertos, la leyenda que María de Champagne relató a Chrétien era de origen celta y se basaba en un cuento llamado *Peredur*, en el que el Grial es un caldero mágico que —al igual que el de su romance— tiene capacidad de regenerar, devolver la vida a los muertos y saciar el apetito de todos los comensales que se acercan al mismo. No obstante, en *Peredur* dicho recipiente no aparece en la procesión y, en su lugar, detrás de la lanza que mana sangre se transporta una cabeza cortada.

El hecho de que Chrétien sustituyera la cabeza por el Grial tiene importancia, ya que asocia de forma íntima estos dos símbolos y también con los caballeros templarios.

Como veremos, en el proceso contra el Temple destaca la acusación de idolatría, porque los caballeros supuestamente adoraban una cabeza llamada Baphomet.

Este Baphomet, considerado un símbolo del andrógino y evocador de la gnosis, desempeña un papel destacado en la intriga de *El código*. Cuando Teabing descifra este nombre empleando el código Atbash, lo traduce como *Sophia*, asociándolo así al principio femenino.

Las cabezas cortadas, dotadas de poderes mágicos, son otro símbolo universal muy antiguo y eran objeto de culto. En los relatos celtas se trata de la cabeza de Bram, el divino Guardián de Britania. En las tradiciones cristianas es la de Juan el Bautista, que, según Santiago de la Voragine, Herodes ordenó enterrar separada del cuerpo por temor a que se uniera a éste y el profeta resucitara. Quienes añoran a los merovingios veneran el cráneo de Dagoberto, el monarca asesinado, que se conserva en un convento de Mons en un relicario de plata.

Dicho rasgo vuelve a unir el mito cristiano del Grial con los herejes cátaros y los templarios, por el papel relevante que unos y otros daban a Juan el Bautista. Además, el tema del culto a la cabeza evoca poderosamente la imagen de Magdalena, a menudo representada junto a un simbólico cráneo.

La sombra de los trovadores

En el siglo XIII, aparecerá el *Parsifal* de Wolfram von Eschenbach. En su relato, el Grial no es un vaso ni un recipiente, sino una piedra de origen celeste, pero presenta idénticas virtudes mágicas y evoca la forma del cáliz, ya que aparece tallada como tal. Eschenbach nos aporta otro dato que vincula el tema del Grial con los trovadores, al sostener que su obra es superior a la de Chrétien porque ha bebido en las fuentes originales.

Según afirma, el argumento de su *Parsifal* lo tomó de un tal Kyot el Provenzal, quien lo habría obtenido a través de un libro escrito en lengua bárbara y adquirido en Toledo.

Esta información resulta relevante, porque sugiere que se trata de una obra escrita en árabe y que es transmitida por un personaje identificado con la Provenza, centro de irradiación de los trovadores. Además, también alude a una de las fuentes de inspiración más importantes del arte fundado por Guillermo de Aquitania: la poesía de los sufíes, místicos del islam que comunicaban sus experiencias espirituales simbólicamente, a través de poemas cuyo tema era el amor humano y la celebración del placer.

Para algunos expertos, esta poesía sufí arábigo-andalusí, empeñada en celebrar la belleza de la mujer y las excelencias del vino como símbolos de la plenitud que se alcanza por la fusión mística y de la embriaguez espiritual, fue el modelo en el que se inspiró Guillermo de Aquitania para formalizar las normas de la poesía trovadoresca.

EL SANTO GRIAL, LA EUCARISTÍA Y LA SANGRE REAL

Finalmente, el mito griálico será cristianizado en la versión de Robert de Boron, que en su *Relato de la historia del Santo Grial*, y también en *El mago Merlín*, identifica a este objeto con la copa en la que bebió Jesús cuando instituyó la Eucaristía. Se trataría, según él, del mismo cáliz en el que José de Arimatea habría recogido su sangre al pie del Calvario y transportó posteriormente a Europa.

Esta novela de Boron se inspiró probablemente en algunas de las versiones cristianas elaboradas por los monjes cistercienses bajo la inspiración de san Bernardo, que como veremos tiene un papel muy relevante en este excepcional momento de la historia oculta.

A partir de la novela de Boron, el Grial quedará asociado a la Eucaristía, a la muerte y resurrección de Cristo, y al poder redentor de su sangre. Pero también este autor atribuye al Cáliz los mismos poderes mágicos que le conferían las leyendas celtas y los relatos occitanos.

Sin embargo, la identificación del Grial con el Sagrado Cáliz que recogió la sangre de Cristo también fue interpretada de otra manera menos ortodoxa. Como ya hemos visto, entre las leyendas medievales que pudieron recoger elementos provenientes de los textos gnósticos, aparece la figura de la Magdalena como Santo Grial viviente, en calidad de madre de los hijos de Jesús.

Según esta versión, la Magdalena habría llegado a Europa transportando en su vientre la sangre real judía que daba a Jesús el derecho al trono. Su linaje sagrado se habría perpetuado a través de la dinastía merovingia y sus herederos.

Este es el núcleo de la leyenda griálica en que se basa *El código*. Brown aprovecha para su trama la supuesta lucha entre la Iglesia de Roma y las corrientes heréticas que dan crédito a la leyenda de una Magdalena casada con Jesús.

La novela sugiere que el secreto del Grial que custodia el Priorato de Sión incluye una supuesta prueba documental de la existencia efectiva de una descendencia de Jesús y la Magdalena. Por eso el Opus Dei pretende encontrar esos documentos para destruirlos.

UNA AMENAZA PARA LA SUPERVIVENCIA DE LA CRISTIANDAD

No existe ninguna base documental para sostener que la Magdalena transmitió el linaje de Jesús o que fue su esposa. Pero también es cierto que hay indicios suficientes para sospechar que en torno al mito del Grial se desarrolló una pugna entre la Iglesia de Roma y las cortes de Aquitania.

Cuando se produce la eclosión literaria del ciclo del Santo Grial, la Orden del Císter se empeña en difundir versiones en las cuales el Cáliz se identifica con el rito eucarístico. En cambio, en aquellas que recogen los relatos promovidos por las cortes ducales de Aquitania, el Grial evoca siempre algo más: un misterio asociado a la imagen de la mujer y al principio femenino. Este contrapunto es un indicador de que en el siglo XII, tras bambalinas, tenía lugar una guerra ideológica entre dos bandos enfrentados.

También existen bases históricas para sospechar la naturaleza de dicha disputa. Cuando la corona de Francia y el papado deciden destruir a la orden templaria, figuras de tanto relieve en la cristiandad como Ramon Llull reaccionan de un modo enigmático. Al principio, este sabio alquimista y cabalista defiende al Temple, pero después cambia de opinión y declara que la orden debe ser destruida porque representa una amenaza para la supervivencia de la cristiandad entera. ¿Qué sabía él que nosotros ignoramos?

Parece obvio que los templarios estaban en posesión de un conocimiento que podía socavar los fundamentos mismos de la Iglesia católica. Para que dicho secreto representara una amenaza de tal magnitud, tenía que cuestionar algún aspecto fundamental de la fe cristiana. Y no cabe duda de que la existencia de pruebas documentales sobre una supuesta descendencia de Jesús constituiría una amenaza de ese calibre, aunque dichas pruebas hubiesen sido amañadas siglos atrás.

Sobre estos indicios se apoya Brown para dar a su aventura un sugestivo toque de verosimilitud. Naturalmente, sólo nos hallamos ante un indicio circunstancial. Pero no es el único punto en el cual el mito del Santo Grial aparece sospechosamente vinculado con el tema de la Magdalena, los templarios y un linaje de origen sobrenatural.

SIÓN, EL GRIAL Y LA MAGDALENA EN UN RINCÓN DEL NORTE DE ESPAÑA

Existen otros vínculos muy sugerentes.

En varios puntos del norte de España, al igual que en el sur de Francia, encontramos enclaves cuyos nombres y simbolismos parecen empeñados en apoyar esta historia.

Por poner sólo un ejemplo, recientemente descubierto por Mar Rey Bueno, en el extremo norte de Burgos hay tres notables iglesias románicas que evocan el mismo fondo legendario. Fueron construidas en San Pantaleón de Losa, Vallejo de Mena y Santa María de Siones.

San Pantaleón se alza en la vecindad de la Sierra Salvada, que evoca el Mont Salvat de la leyenda griálica, al igual que lo hace el Mont-serrat catalán, donde el propio Himmler intentó buscar el Grial. Estamos ante un edificio de finales del siglo XII, precisamente cuando se encuentra en su apogeo el mito del Santo Grial.

A sólo cinco kilómetros de allí se encuentra el pueblo de Criales de Losa, cuyo nombre original parece haber sido Griales. Allí existía una iglesia románica que más tarde fue transformada en gótica: Santa María de Siones, nombre que evoca claramente el monte Sión. Este paradigmático promontorio de Jerusalén es precisamente el lugar donde diversas tradiciones aseguran que se encuentra la tumba del rey David y el cenáculo en el cual Jesús habría instituido la Eucaristía. En este monte se construyó el primer monasterio cristiano en Tierra Santa, consagrado a Nuestra Señora del Monte Sión, y allí se estableció la Orden de Sión, que habría tenido al Temple como brazo armado, según los autores en que se basa *El código*.

De modo muy sugerente, esta iglesia burgalesa se alza teniendo como fondo la Sierra de la Magdalena. Y en su interior podemos apreciar la figura de dos hombres que transportan una extraña caja metálica con la ayuda de unos travesaños; ha sido interpretada como la imagen de dos templarios transportando el Arca de la Alianza que, según investigadores como Hancock y Guijarro, los caballeros habrían descubierto en Tierra Santa o en Etiopía.

La disposición de esta iglesia, en paralelo a San Pantaleón de Losa, parece indicar que la orientación de ambas pudo obedecer a la voluntad deliberada de comunicar un mensaje. Sobre todo cuando observamos la reiteración de los motivos escultóricos de las dos iglesias citadas que se da en la de San Lorenzo, en Vallejo de Mena, situada a sólo 15 kilómetros y construida también a finales del siglo XII.

En este conjunto del románico burgalés no sólo hallamos un simbolismo evocador del Grial, sino una toponimia que alude al mismo tema, como es evidente en la Sierra y la Peña de la Magdalena, Criales de Losa y Sierra Salvada.

Como resulta evidente, testimonios en piedra como éstos también respaldan la idea de que el conjunto Santo Grial-Magdalena-templarios, implicaba un misterio celosamente preservado de las miradas profanas en ese momento preciso de la Edad Media. Pero dicho misterio, reservado a los iniciados, no tenía por qué estar necesariamente relacionado con una descendencia de Jesús y Magdalena, que además seguiría siendo tan sólo una creencia oculta que prosperó en esa época concreta. La existencia de un misterio constituye un hecho objetivo. Lo de la descendencia es sólo una hipótesis.

El rey Arturo y el linaje sagrado

La imagen de este Santo Cáliz cristiano de raíces celtas ha quedado asociada de forma íntima con las aventuras de los caballeros de la Tabla Redonda del rey Arturo, que configuraron un ciclo contemporáneo del Santo Grial e íntimamente relacionado con éste.

Inicialmente, Arturo fue un caudillo militar escocés o británico del siglo VI d.C. Por sus hazañas en las guerras que siguieron al final del dominio de Roma, fue más tarde idealizado como un rey mítico asociado a dos territorios: la Britania insular y la Bretaña francesa, donde encontramos un sustrato de cultura celta que aporta su propia tradición mitológica.

El primero en elaborar literariamente la figura de este prototipo de monarca cristiano fue Godofredo de Monmouth con su libro *Historia de los reyes de Britania*. Ésta puede considerarse la primera novela artúrica que ha llegado hasta nosotros, aunque su propio autor reconoce que ha tomado su tema de fuentes más antiguas.

En dicha obra, Arturo es un monarca descendiente de los Pendragón, nombre que evoca la imagen del dragón. A la sangre de esta criatura, también asociada a la imagen de la mujer, se le atribuían poderes mágicos relacionados con la iluminación y la sabiduría.

La misión fundamental de la Tabla Redonda será la búsqueda y rescate del Grial. De modo que hallamos en dicha conexión otro elemento que vincula a este misterioso objeto con un linaje de origen divino al cual legítimamente pertenece un trono. Como en el caso de la sangre real merovingia, también con Arturo estamos ante el tema de un linaje oculto, puesto que éste creció como hijo de una familia adoptiva, que sólo le reveló la excelencia de su verdadero origen cuando el futuro rey tuvo éxito en la prueba de extraer la espada hundida en un yunque.

Arturo no es un monarca más, sino el prototipo ideal del rey cristiano. A su coronación asistieron los soberanos de toda Europa y la ceremonia tuvo lugar el día de Pentecostés. Éste último dato relaciona su sangre legendaria (Pendragón es «cabeza de dragón») con un conocimiento superior llegado del Cielo, puesto que en esta festividad de Pentecostés —que era de especial relevancia para la Orden del Temple— se celebra el descenso del celestial Espíritu Santo sobre los apóstoles.

Nos encontramos de nuevo ante un mito universal y antiquísimo: el origen divino de las monarquías. Según el Génesis bíblico, el Libro de Enoch y las tradiciones sumerias, en la noche de los tiempos seres bajados del cielo se unieron a mujeres humanas, dando lugar a la sangre real y comunicándoles los fundamentos de la civilización.

El que a la coronación de Arturo asistan todos los monarcas europeos, en una época como aquélla, sugiere claramente que existe un reconocimiento especial de su dignidad real en toda la cristiandad. El carácter legendario de la estirpe de los Pendragón se separa así de su medio pagano original para injertarse en la tradición cristiana y asociarse a la iluminación, puesto que la ceremonia tiene lugar en ese Pentecostés que celebra la concesión de poderes sobrehumanos a los apóstoles.

Por todo ello, cabe preguntarse si el mito del rey Arturo, y el ciclo de novelas de la Tabla Redonda que gira en torno al Grial, fue promovido con el objetivo de reivindicar un linaje sagrado.

Pero ¿qué es el Grial?

En el siglo XV se completan el ciclo artúrico y el griálico; el perfil del misterioso objeto queda entonces definido con los siguientes rasgos:

- Es un signo de poder regio que encierra un misterio y posee virtudes sobrenaturales: sana, nutre y es capaz de regenerar la vida, resucitar a los muertos o garantizar la fertilidad de la tierra. Pero sobre todo ilumina a quien es digno de contemplarlo y destruye a quien lo encuentre sin ser digno de ello.
- Este objeto constituye un auténtico misterio iniciático, en el sentido de que por su simple contemplación se alcanza de forma inmediata el conocimiento superior que permite superar la condición humana para acceder a la Gnosis.
- La custodia del Grial corresponde a un rey castrado o tullido que sólo halla alivio a su dolor pescando. Éste y otros temas que aparecen en algunas tradiciones griálicas evocan el simbolismo del pez, identificado con Cristo, y de la era de Piscis, cuyo comienzo coincide con el de la era cristiana. La herida de este rey pescador sólo sanará cuando un caballero puro haga la pregunta clave ante la procesión que transporta el Santo Grial.
- Aunque cambien los nombres de los personajes, en todas las obras se identifican en los mismos unas funciones de carác-

ter simbólico que son auténticas constantes. El rey pescador, José de Arimatea y Anfortas, son personajes castrados o heridos en el muslo, que simboliza tradicionalmente la parte generativa de la anatomía del hombre. Por su parte, Parsifal, Lancelot o Galahad, cumplen la función mesiánica del héroe que salva al reino y sana al monarca. Esto se aprecia con especial claridad en Galahad, hijo que Lancelot tuvo con la Princesa del Grial gracias a una estratagema del mago Merlín. Este caballero es descrito casi como un *alter ego* de Cristo y su introducción en la saga del Grial se debió probablemente a los monjes cistercienses de san Bernardo.

- En la obra de Eschenbach, el monarca tullido es Anfortas («el que no tiene poder»). Pero en los relatos cristianos aparece el mismo motivo: José de Arimatea es herido en el muslo, o bien el soberano de la dinastía del Grial es herido en ambos muslos. En todos los casos, dicha herida es producida por una lanza o una espada envenenada y el *caballero negro* que la porta es definido como salvaje o pagano.

- En casi todas las versiones aparece la figura de este misterioso *caballero negro*, que es quien hiere al rey pescador o el enemigo con el cual debe batirse el héroe para llegar hasta el Grial y hacer la pregunta que sane al monarca y devuelva su esplendor al reino.

- El héroe del Grial siempre encuentra en su camino a ermitaños, magos o sacerdotes que le dan pistas y le guían para que llegue al castillo. Este motivo está muy vinculado a la leyenda de Arturo, en la cual este rey es guiado por doncellas o hadas y sanado por ellas cuando resulta herido por el caballero negro, hasta que finalmente consigue hacerse con la espada mágica Excalibur, que también recibe de manos de una figura sobrenatural femenina: la Dama del Lago.

- A pesar de que el castillo del Grial sea custodiado por caballeros, el misterioso objeto siempre está a cargo de mujeres y es transportado por éstas. Este rasgo lo asocia a la figura de las sacerdotisas y al antiguo culto de la Diosa.

10

San Bernardo y la misteriosa
Orden de Sión

El código gira también en torno al Priorato de Sión, la misteriosa hermandad a la que pertenece el abuelo de Sophie y que custodia desde hace siglos el secreto de la descendencia de Cristo.

La novela y el Priorato sostienen que los templarios fueron el brazo armado de esta sociedad secreta y quienes hallaron los documentos que respaldarían la descendencia sagrada de Jesús. Si realmente hubiera sido así, debemos suponer que los inspiradores de la Orden del Temple estaban bien informados del verdadero propósito de su incursión en Tierra Santa.

Para intentar esclarecer esta cuestión fundamental resulta obligatorio referirnos a san Bernardo, reformador del Císter e inspirador de los templarios. Aunque *El código* no hable de él, es un personaje clave en toda esta historia, al que muchos autores presentan como un alto iniciado que fue capaz de integrar la tradición druídica y otros saberes ancestrales en el seno del cristianismo.

Bernardo de Claraval nació en Clairvaux, Francia, en el año 1090. Sus padres pertenecían a la alta nobleza de Borgoña, un aspecto que no debe ser olvidado pues algunos rasgos de su vida y su doctrina parecen estar ligados a ese origen.

En 1112 decidió ingresar en el Císter, movimiento monástico creado por Robert de Molesme.

Tres años más tarde el abad de Citeaux, Étienne Harding, le nombró prior de una nueva fundación cisterciense situada en la región de Champaña, algunas de cuyas familias nobles estaban ligadas desde hacía siglos a la trama histórica que defiende el Priorato.

El obispo de Châlons le ordenó sacerdote y bendijo su iglesia; estaba acompañado por algunos familiares, entre ellos su tío André de Montbard.

En Châlons Bernardo descubrió la dialéctica metafísica de Platón y a otros grandes maestros. Champeaux dirigió sus ejercicios religiosos con rigor implacable, hasta tal punto que Bernardo escribió que le hacía sufrir como Cristo en la cruz. En la soledad de su celda, se le apareció una mujer que identificó como la Virgen María. Vio en ella a la diosa de la bondad, la fecundidad y el amor, testigo de la presencia de Dios en la Tierra y mediadora milagrosa entre el cielo y los hombres. San Bernardo fue el primero en llamarla *Notre Dame* (Nuestra Señora o Nuestra Dama).

No olvidemos que Bernardo era de origen caballeresco. Él hizo de la Virgen su dama. Su reputación de santidad, así como la gran difusión de sus escritos contribuyeron sin duda a la institución del *amor cortés*.

DEL *CANTAR DE LOS CANTARES* A LA MILICIA DE CRISTO

El abad Guillermo de Champeaux le proporcionó un ejemplar del *Cantar de los cantares*, libro del Antiguo Testamento atribuido a Salomón y formado por una serie de cantos de amor entre el novio real y su novia, que fue ampliamente estudiado por los seguidores de este dirigente monástico.

Este texto bíblico identifica la simbólica poción que en el *Cantar* toman los esposos con un aromático ungüento llamado perfume de nardos. Sorprendentemente, se trata del mismo aceite que María de Betania (cuya identidad con la Magdalena ya hemos comentado) empleó para ungir a Jesús. Un privilegio exclusivo de una novia mesiánica.

Entretanto, Claraval daba forma a su obra *Gloria a la nueva milicia*, donde sugiere un concepto nuevo para su tiempo: la necesidad de que unos monjes soldados defiendan la fe por medio de la espada.

Está próxima la génesis de los templarios. ¿Acaso también para que busquen en Jerusalén las genealogías de Jesús y la Magdalena, a los que hace referencia *El código*?

San Bernardo sugirió la creación de una milicia de Cristo, de unos monjes guerreros que se basten por sí solos. Luego, tejió en torno a ellos toda una leyenda triunfal, digna de las mejores campañas publicitarias, para conseguir que el Papa aprobara la regla del Temple, redactada por él mismo, y poder extender así su liderazgo por toda la cristiandad.

Pero es probable que sólo fuera una pantalla. No estamos frente a soldados que vivían para la guerra, sino ante monjes con un amplio bagaje cultural que podrían buscar lo que se les antojase bajo el Templo de Salomón o dondequiera que fuese. Para ello era necesaria cierta ayuda logística en Tierra Santa.

En la creación de esta orden estaban involucrados, por lo menos, tres hombres: san Bernardo, el conde de Champagne, que había visitado Tierra Santa anteriormente y se había reunido a su regreso con otros miembros de influyentes familias, y André de Montbard. Además de ser tío de Bernardo, éste era un señor feudal que se convirtió en uno de los fundadores oficiales del Temple y en su quinto gran maestre.

Para llevar a cabo su proyecto, precisaban la cooperación de otras personas, así como una organización meticulosa. El Priorato sostiene que ambas cosas las habían obtenido de la Orden de Nuestra Señora del Monte Sión, supuestamente establecida en Jerusalén desde 1090.

LA REVOLUCIÓN CISTERCIENSE

Antes de que Bernardo ingresara en la Orden del Císter, ésta se encontraba próxima la bancarrota. Pero, guiada por él, experimentó un sorprendente crecimiento. En pocos años contaban con media docena de nuevas abadías cistercienses. Cuarenta años después de su ingreso, había más de trescientas, 69 de las cuales fueron fundadas personalmente por san Bernardo.

Este crecimiento extraordinario era paralelo al que experimentaba la Orden del Temple durante el mismo periodo. Por lo cual resulta lógico suponer que el plan trazado por el citado trío había tenido éxito.

Así lo pone de relieve *El enigma sagrado* cuando asegura que, bajo la dirección de san Bernardo, los cistercienses adquirieron enorme ascendente espiritual en Europa. Y también que los templarios, dirigidos por Hugues de Payns (o de Payen) y por André de Montbard, adquirieron el predominio militar y administrativo en Tierra Santa, una influencia que no tardó en extenderse a toda Europa.

Tras el rápido crecimiento de ambas órdenes era patente la presencia de tío y sobrino (André y Bernardo), así como la riqueza, la influencia y el mecenazgo del conde de Champagne.

No es casualidad que los terrenos donde Bernardo erigió la abadía de Citeaux fuesen donados por Hugo, señor de la Champaña. Y que de la capital de esa región, Troyes, procediese el primer gran maestre templario, *«Hues de Paiens delez Troies»*, según escribe su nombre el historiador Guillermo de Tiro. También fue en Troyes —ciudad llamada así por los merovingios en recuerdo de sus presuntos ancestros troyanos— donde se aprobó la regla monástica de la Orden del Temple.

Con anterioridad vivió en Troyes Salomón Rachi, el más notable exegeta de los textos hebraicos, que analizaba en sus distintos aspectos. Aunque no hay pruebas de ello, es probable que conociese al abad Étienne Harding, pues éste era un hombre verdaderamente enciclopédico. Sólo sabemos que el abad solicitó la colaboración de unos sabios judíos, probablemente yernos de Rachi, para que le ayudasen a corregir la ambiciosa traducción de los textos sagrados que había emprendido y que es conocida como *Biblia de Citeaux*. Algunos sospechan que éstos le ayudaron a encontrar y traducir, entre el material intervenido por los cruzados en Jerusalén, algún documento trascendental para justificar el viaje de los templarios a Tierra Santa.

También en la ciudad de Troyes se escribió el primer romance que menciona al Grial, obra de Chrétien de Troyes.

¿Quiénes propusieron a Godofredo como rey de Jerusalén?

En el año 1099, los cristianos que participan en la Primera Cruzada consiguen tomar Jerusalén después de combatir durante tres años.

Algunos cronistas explican que «un cónclave anónimo de clérigos y líderes seglares», el más importante de los cuales es «cierto obispo de Calabria», elige a Godofredo de Bouillon, un noble de oscuro origen, como rey de la ciudad tres veces santa, por ser venerada por los judíos, los cristianos y los árabes. Pero, tal vez por la atroz carnicería que ha conllevado la entrada en Jerusalén, él no acepta tal título y se define como «Defensor del Santo Sepulcro».

Tras la muerte de Godofredo, es nombrado primer rey de Jerusalén su hermano menor Balduino, y no cualquier otro de los nobles que han liderado esta gesta. El historiador de las cruzadas Grousset le presenta como heredero de una «tradición real fundada sobre la roca de Sión», lo que iguala su dinastía a cualquier otra de las que gobiernan en Europa, todas las cuales, por cierto, pretenden descender del rey David, al igual que Jesús. Y, de hecho, a éste le sucederá su primo Balduino II. Los tres descienden del príncipe judío Teodorico, del héroe Guillem de Gellone… y tal vez del último merovingio.

Como toda explicación, Grousset comenta que Balduino «debe su trono» a una «Orden de Sión», fundada por Godofredo e instalada por éste en una abadía edificada sobre las ruinas de una basílica bizantina, llamada «la Madre de todas las iglesias» y situada en la colina de Sión, al sur de Jerusalén.

Según las investigaciones de Baigent, Leigh y Lincoln, expuestas en *El enigma sagrado*, dicha orden fue fundada por ciertos monjes que, procedentes de Calabria, en 1070 se instalaron en los dominios de la familia Bouillon, en el actual ducado de Lorena, protegidos por la tía de Godofredo, Matilde de Toscana y de Lorena, quien construyó para ellos una abadía en Orval (Bélgica).

LOS MISTERIOSOS MONJES DE ORVAL

En un reciente artículo publicado en la revista italiana *Graal*, Domenico Rotundo ha explicado que el origen calabrés de la Orden de Sión está confirmado por muchas evidencias. Según él, los monjes eremitas de San Agustín, que fundaron dicha orden en Orval, procedían de San Martino di Canale (Calabria) y de la que luego se convirtió en la abadía cisterciense de Santa Maria della Mattina di San Marco. Esta última está situada en Val di Crati, donde nació Beomondo di Taranto, uno de los principales jefes de la Primera Cruzada; y uno de sus monjes, Pedro el Ermitaño, se convirtió en el gran predicador de la misma.

Rotundo sospecha que en Val di Crati debió descubrirse en esa época algo muy importante, directamente ligado a los merovingios y al Templo de Salomón. No olvidemos que allí fue enterrado en secreto Alarico, junto a todos los tesoros que había robado en el saqueo de Roma, entre los cuales se contaban los del Templo, arrebatado por los romanos tras la destrucción de Jerusalén en el siglo I. Ése y no otro sería el motivo por el que, repentinamente, Pedro y sus monjes se lanzaron a promover la Cruzada. Pero antes pasaron por Orval, para establecer las alianzas precisas y preparar su candidato al trono de la Ciudad Santa: Godofredo de Bouillon.

El papel crucial de los monjes calabreses en el origen de las cruzadas, la Orden de Sión, los templarios y la oleada milenarista que conmovería a Europa, anunciando la llegada inminente de la Era del Espíritu Santo, ha sido confirmado por diversas evidencias que Rotundo detalla y cuya enumeración aquí resultaría compleja.

Orval tiene una gran importancia metahistórica. Baste señalar que está cargada de simbolismo hermético y muy ligada a la tradición del Grial, que de ella emanaron las famosas profecías de Orval y de Premol, y que allí pasó un mes Nostradamus.

Dicha abadía está próxima al lugar donde cinco siglos antes fue asesinado Dagoberto II, el último rey merovingio de Austrasia: Stenay, localidad que había sido heredada por Godofredo de Bouillon. Éste la vendió a un obispo, a fin de conseguir un ejército de 80.000 hombres para conquistar Jerusalén. Obedecía así al llamado de su preceptor, el monje calabrés Pedro el Ermitaño, que se convirtió en uno de los principales instigadores de la Primera Cruzada.

El heredero de la dinastía griálica

En ella participaron otros tres ejércitos comandados por tres influyentes nobles. Cualquiera de los cuatro podía ser elegido para gobernar la Ciudad Santa. Pero de todos ellos sólo Godofredo vendió todas sus propiedades antes de partir, dejando clara su decisión de acabar sus días en Jerusalén. A la Ciudad Santa se dirigieron también, probablemente, los monjes calabreses cuando abandonaron misteriosamente Orval, que años después se convirtió en uno de los feudos cistercienses de san Bernardo.

Según la tesis que sostiene el moderno Priorato, la Orden de Sión original fue creada por una serie de religiosos y nobles en Jerusalén. Allí, los monjes calabreses se fusionaron con otros dos grupos de iniciados: los perpetuadores de la tradición esenia, y los Sabios de la Luz, quienes tendrían como símbolo la rosacruz y serían continuadores de la tradición secreta iniciada por un tal Ormus, convertido por el apóstol san Marcos, que había fusionado el esoterismo cristiano con la antigua sabiduría egipcia.

El propósito más visible de dicha orden sería instaurar como rey legítimo de Jerusalén a un noble de linaje merovingio, que sería el legítimo descendiente de Jesús y, por tanto, de la casa real de David. Supuestamente dicha orden había «obligado» a Balduino, cuando lo nombraron rey de Jerusalén, a negociar la constitución de la Orden del Temple en 1118, para que actuase como su brazo armado.

Cuando, finalmente, la dinastía de los Bouillon y los nobles que les apoyaban fueron expulsados de Jerusalén, se retiraron al sur de Francia. En sus cortes surgieron los poetas provenzales que compusieron los romances del Santo Grial, cuyo nombre original supuestamente aludiría a la Sangre Real. El primero de estos romances se escribió al año siguiente de su expulsión de Jerusalén, y convirtió a los templarios en los legendarios guardianes de tan preciado don.

Siempre según el Priorato, mientras la Iglesia y la nobleza pretendían hacer que el mundo olvidara a esta dinastía maldita, los trovadores se encargaban de difundir dichos romances por toda Europa. Lo cierto es que cuando los estudiamos con detenimiento, descubrimos que la genealogía mítica de Godofredo, al igual que la de otros nobles europeos, le convierte en vástago de la familia del Grial, como —según las versiones— hijo o nieto de Lohengrin y nieto o bisnieto de Parsifal.

LA ORDEN DE NUESTRA SEÑORA DEL MONTE DE SIÓN

El Priorato asegura que la Orden de Sión, probablemente, fue fundada por Godofredo de Bouillon en el año 1090, es decir, nueve años antes de la conquista de Jerusalén. Cuando los cruzados se establecieron en Tierra Santa esta misteriosa orden situó su sede oficial en la abadía de Notre Dame du Mont Syon. Esta construcción estaba en las afueras de Jerusalén, al sur, en una alta colina conocida, precisamente, como el monte Sión, nombre que en la Biblia designa a esta ciudad sagrada y que se iba a repetir a lo largo de toda la geografía francófona. Allí se hallaban en 1099, las ruinas de una antigua basílica bizantina, denominada «la Madre de todas las iglesias», sobre la que se edificó la abadía por orden de Godofredo. La nueva iglesia fue ocupada por un capítulo de canónigos agustinos, bajo la dirección de un abad, encargados de servir a los santuarios de la Ciudad Santa. Según algunos cronistas esta comunidad asumió el nombre de Sainte-Marie de Mont Syon et du Saint-Esprit.

Se supone que al menos cinco de los nueve fundadores de la Orden del Temple estuvieron vinculados a esta sociedad secreta: André de Montbard, tío de san Bernardo, Archambaud de Saint-Aignan, Nirvard de Montdidier, Gondemar y Rossal.

Su influencia debió ser notable pues en marzo de 1117 el rey Balduino I manifestó «que debía su trono a Sión». A raíz de este comentario cabe plantearse si su buena actitud hacia los templarios, demostrada por la cesión sin condiciones de los terrenos del antiguo Templo de Jerusalén, no se debía a una obra piadosa sino a la intercesión de la extraña Orden de Sión.

Según el Priorato, 95 miembros de la Orden de Sión acompañaron al rey Luis VII cuando éste regresó a Francia tras la Segunda Cruzada. La mayoría de ellos se establecieron en la abadía de Saint-Samson, en Orleans, que este monarca les entregó. Veintiséis se instalaron en el priorato del monte Sión, a las afueras de dicha ciudad. Los siete restantes ingresaron en el Temple.

Documentos que aún se conservan en los archivos de Orleans dan cuenta del destino provisional de estos monjes y de una bula pontificia que confirma sus numerosas propiedades, repartidas por Picardía, Lombardía, Calabria, Sicilia y España. ¿A qué se debe su riqueza e influencia? Lo ignoramos, como también qué ocurrió luego con esta misteriosa orden.

11

Templarios, los caballeros del Grial

Los templarios reaparecen continuamente a lo largo de todo *El código da Vinci*; se habla de ellos en doce capítulos. Entran en escena cuando, en el capítulo 37, Langdon explica a Sophie que esta orden de caballería medieval es una suerte de brazo armado del Priorato de Sión, la misteriosa sociedad que custodia el secreto que ellos intentan desvelar.

Cuanto se relaciona con la Orden del Temple es históricamente incierto; hechos, leyendas y errores se confunden tan a menudo que resulta muy difícil extraer alguna certeza. Debido a ello, Langdon rehuía mencionarlos en sus conferencias, durante las cuales suscitaban multitud de preguntas, relacionadas con teorías conspiranoicas.

La falta de información histórica rigurosa sobre sus actividades en Tierra Santa —especialmente acerca de sus primeros años, los más misteriosos— ha dejado la puerta abierta a interminables investigaciones, pero también a la especulación. Y Dan Brown ha sabido aprovechar esta circunstancia, de forma brillante, en beneficio de la trama de su novela.

La *Orden de los Pobres Caballeros de Cristo*, que así se llamaban originalmente los templarios, se creó en Francia en 1118. Nueve hombres, aparentemente capitaneados por Hugues de Payns, viajaron desde la región francesa de la Champaña hasta Jerusalén, con el pretexto de defender la fe con la espada.

EN DEFENSA DE LOS PEREGRINOS

Jerusalén había sido hasta entonces escenario de crueles batallas. Hasta la llegada de los cruzados en 1099, la Ciudad Santa se hallaba bajo dominio turco y los cristianos europeos que peregrinaban a sus lugares sagrados empezaron a ser atacados con saña. El riesgo permanente de ser desvalijados, vejados y apaleados por bandas de maleantes en aquellas tierras, que estaban bajo la jurisdicción de los califas de El Cairo y Damasco, se había convertido en atraco sistemático, humillación, tortura y muerte de muchísimos peregrinos.

Por esa razón el papa Urbano II, los monarcas y los príncipes cristianos de Europa apoyaron la Primera Cruzada, que predicó el monje calabrés Pedro el Ermitaño. Entre 1108 y 1118 se fundaron tres órdenes de carácter religioso-militar para asistir y proteger a quienes peregrinaban a los lugares santos: la Orden Hospitalaria de Jerusalén, la Orden de los Hermanos Hospitalarios Teutónicos y la Orden de los Pobres Caballeros de Cristo, conocida más tarde como la Orden del Temple o como los templarios.

Sin embargo, *El código* asegura que la presencia de estos últimos tenía poco que ver con la defensa de los Santos Lugares o con la protección de los peregrinos. Su meta oculta sería, según Langdon, la búsqueda de ciertos documentos escondidos en el lugar donde se establecieron los primeros templarios hasta su aprobación como orden.

Cuando aquellos nueve hombres se presentaron ante el rey Balduino II de Jerusalén, éste les alojó en las antiguas caballerizas del Templo de Salomón; de ahí les viene el nombre de templarios. Estamos hablando de un vasto terreno en el cual el hijo de David dio cobijo a dos mil caballos y a mil quinientos camellos. Con posterioridad, el rey Balduino trasladó la sede de los templarios a la Torre de David, y les cedió su antigua residencia.

La nueva orden tenía pues, bajo su control, el solar en que se erigieron el primer y el segundo templos de Jerusalén. Gozaba, por tanto, de libertad absoluta para explorar, buscar y estudiar hasta la última piedra que quedaba en pie del inmenso edificio. De aquella mítica construcción, en realidad, sólo quedaban parte del pavimento y un fragmento del famoso Muro de las Lamentaciones, que aún podemos visitar.

En lo que fue aquel triple recinto dedicado a Yahvé se alzaban entonces —como hoy— las mezquitas de al-Aqsa y de Qubbat al-Sakkra o Cúpula de la Roca, desde donde se cree que Mahoma subió al cielo a lomos del caballo al-Borak, y que curiosamente dispone de tres recintos concéntricos, al igual que el templo original. Los templarios utilizaron este último lugar como iglesia y la mezquita de al-Aqsa, situada en el recinto del propio Templo, como residencia y casa presbiteral, hasta la pérdida de la Ciudad Santa en 1244.

Los nueve fundadores del Temple habían elegido como patrona a la Virgen y se obligaban a vivir de acuerdo con las reglas de san Agustín, con votos de pobreza, castidad y obediencia.

¿QUÉ BUSCABAN EN EL TEMPLO?

Incomprensiblemente, esta nueva orden de caballería no incrementó sus efectivos durante algunos años, a lo largo de los cuales dedicó todos sus esfuerzos a una actividad que no guardaba relación alguna con el objetivo para la cual se había creado: acondicionar aquel lugar y realizar excavaciones bajo el pavimento del antiguo Templo del Rey Sabio, que todavía se conservaba intacto cuando ellos lo ocuparon.

¿Qué podían buscar allí?

Una serie de documentos de naturaleza tan explosiva que la Iglesia no pararía hasta hacerse con ellos, responde Langdon sin dudar.

Esta teoría expuesta por el protagonista de *El código* no es avalada por ninguna prueba documental. Pero sí disponemos de inquietantes indicios que apuntan justamente en esa dirección:

- Hugues de Payns, que llegó a ser el primer gran maestre templario, regresó a Francia en 1104, tras haber participado en la Primera Cruzada. Allí mantuvo estrechos contactos con su señor Hugues, el conde de Champagne; y también con Étienne Harding, abad de Citeaux, promotor de san Bernardo y encargado de traducir y estudiar los textos judíos hallados en Jerusalén por los cruzados. Por tanto, es posible suponer que la naturaleza de su misión guardaba relación con documentos escritos en hebreo.

- Diez años después, Payns organizó un nuevo viaje a Jerusalén, al cual le acompañó el conde de Champagne. Allí se dedicaron a reconocer el terreno, recoger información y entablar contactos con representantes de las comunidades musulmana y judía, en una activa labor de inteligencia.

- Cuando regresó a Francia Payns eligió a sus compañeros de aventura: ocho hombres muy especiales, algunos de los cuales tenían lazos familiares con san Bernardo, quien como hemos explicado es el impulsor eclesiástico del culto a Nuestra Señora y de la propia Orden del Temple. El objetivo secreto de su misión quedó resguardado en un estrecho círculo de personas.

- En 1118 estos fundadores de la orden partieron hacia Jerusalén, donde se ofrecieron al rey Balduino II para proteger los lugares sagrados. Pero ¿acaso no resulta demasiado extraño que sólo nueve hombres puedan acometer semejante empresa?

- Resulta obvio que si Balduino les cedió sin reparos las dependencias del Templo es porque conocía la importancia de la tarea que se proponían desarrollar allí estos caballeros. Recordemos que era primo de Godofredo de Bouillon, el primer gobernante cristiano de la Ciudad Santa y supuesto fundador de la Orden de Sión.

- Estos nueve personajes no permitieron el ingreso de nuevos miembros en la orden hasta la aprobación de su regla monástica en Troyes, lo que sucedió nueve años después de su entrada en el Templo de Salomón. Si verdaderamente estaban allí para defender a los peregrinos, ¿no resulta extraña tan larga espera para acometer su misión?

¿DESCUBRIERON DOCUMENTOS REVELADORES?

- Resulta muy probable que estos caballeros hallasen en el Templo documentos y objetos de vital importancia, sobre cuya naturaleza tan sólo podemos especular. Y que tal vez lo hiciesen orientados por un descubrimiento realizado, por los monjes calabreses que darán lugar a la Orden de Sión, en la tumba del godo Alarico, al que ya hemos aludido en el capítulo anterior.

- A partir de ese momento, la orden inició un ascenso imparable que, en principio, no se justificó por su poder militar, hasta entonces prácticamente inexistente. Los historiadores lo atribuyeron a la campaña publicitaria orquestada en su favor por san Bernardo, debido a la cual comienzan a recibir donaciones en toda la cristiandad, a las que luego se sumaron las riquezas de cuantos nobles ingresaban en la orden con voto de pobreza personal.

- San Bernardo, que estaba muy interesado en acceder a las fuentes hebreas de las Escrituras, no sólo redactó la Regla del Temple sino que consiguió su aprobación por parte del Papa, un logro de crucial importancia.

- La Orden del Císter, dirigida por Bernardo, estuvo profundamente implicada en la difusión del ciclo del Santo Grial. Algunas versiones de esta leyenda se fraguaron en sus monasterios, en los mismos años en que se escribieron los primeros romances de caballería que hablaban del mismo.

- Sin lugar a duda los templarios descubrieron algunos documentos originales hebreos. Así lo indica el hecho de que encargasen al menos cinco traducciones del *Libro de los Jueces*, entre otros escritos bíblicos de gran importancia simbólica, que tuvieron notoria relevancia para comunidades iniciáticas judías que estaban muy activas en tiempos de Jesús, como la de los esenios.

- Concretamente en el triunfal «Cántico de Deborah», contenido en el citado libro, varios investigadores sitúan una de las fuentes en las que habría bebido la tradición del Grial, en la cual abundan nombres con claras connotaciones judías, en una época en la cual los hebreos eran perseguidos o mal vistos en muchas partes. Cuando lo estudiamos con detenimiento descubrimos que su simbolismo griálico es todo lo evidente que podía ser: en este cántico feminista Yael, casada con un descendiente directo de Moisés, ofrece leche «en copa de príncipes» a su enemigo Sísara, para luego atravesarle la cabeza, y así acaba con la maldición que pesaba sobre aquellos campos yermos; allí aparece el nombre de Galaad, el virginal hijo de Lancelot y de la princesa del Grial, que logra recuperar la sagrada copa según algunas versiones; el abad cisterciense Guillermo de Holanda no duda en relacionar directamente con Jesús a este Galaad griálico en sus *Sermones sobre el Cantar de los cantares...*

- Resulta indudable la importancia que los monasterios y conventos cistercienses otorgaron a las traducciones de documentos hebreos como éste, en el siglo XII, al tiempo que estos mismos centros participaban, todo lo activamente que las circunstancias les permitían, en la difusión de las gestas griálicas que giran en torno a una familia de claro origen judío y que presentan como descendiente de José de Arimatea, a quien muchos consideran tío de Jesús.

Es posible, por tanto, que Langdon tuviese razón y que la misión que condujo a los templarios a Tierra Santa estuviera estrechamente relacionada con lo que se oculta tras el símbolo del Grial y con los cultos paganos a la Diosa primordial.

La labor de investigación que realizaron los templarios en fuentes judías parece haberles conducido a una vía alejada de la ortodoxia cristiana y próxima a los cultos a la antigua Diosa que Salomón parecía practicar en el Templo nominalmente consagrado a Yahvé.

No parece casual que fueran los templarios —entre cuyo simbolismo y el de algunas antiguas diosas se han establecido diversos paralelismos— quienes, emulando a san Bernardo, promovieron secretamente el culto de las vírgenes negras, en las que muchos investigadores ven una cristianización de Isis o, genéricamente, de la Diosa Madre primordial.

LAS VÍRGENES NEGRAS

En casa de Teabing es donde Sophie toma conciencia de lo que, según *El código*, sería el Grial. Frente a la chimenea, Langdon le explica que este símbolo, más allá de la copa utilizada por Jesús en la Última Cena, es un arquetipo presente en las más diversas culturas.

Allí le pone algunos ejemplos demostrativos de que la simbología cristiana está repleta de vestigios paganos, como las imágenes que muestran a Isis amamantando a su hijo Horus, modelo de las representaciones de la Virgen María con el Niño Jesús.

Como el culto a las diosas agrícolas había sido rechazado por las patriarcales autoridades judías y cristianas, éstas fueron finalmente encarnadas por la Virgen María. Hoy se acepta que las vírgenes negras difundidas por los templarios —cuya piel oscura simboliza la Tierra primigenia que se convierte en fuente de vida, tras ser fecundada por el Sol— son una evocación cristianizada de la Isis egipcia, esposa de Osiris, dios muerto y resucitado.

Las diosas indígenas fueron trasformadas en vírgenes madres; muchos de sus lugares de culto fueron cristianizados y finalmente consagrados a vírgenes negras que nadie sabe de dónde surgieron. Se sospecha que los autores de esta sustitución habrían sido iniciados, como san Bernardo y otros druidas que se convirtieron en patriarcas de la Iglesia celta, que se habían integrado en grandes órdenes religiosas o en las filas templarias.

Por ejemplo, en 1191, los templarios tomaron posesión de la isla de Chipre. Los ciudadanos bizantinos de Pafos rendían culto en esta isla a una piedra negra, que —como tantas otras en toda la cuenca mediterránea— personificaba a la diosa de la fertilidad. El Temple erigió allí una iglesia dedicada a Nuestra Señora y puso sobre su altar a una virgen negra, en cuyo trono guardaron la venerada piedra meteorítica, que supuestamente habría de prestar su «mágica influencia» a la imagen de María.

De manera similar, los templarios cristianizaron los símbolos heterodoxos de la tradición ancestral y reconvirtieron la veneración a diosas paganas en diferentes advocaciones de Nuestra Señora, a quien veían como protectora de su orden.

Veamos otro ejemplo ilustrativo. En torno a muchas de estas negras imágenes, veneradas por los campesinos, se repite la presencia simbólica del toro, animal solar. Y descubrimos que nuestra anual *entrada* en el signo zodiacal de Tauro coincide con el segundo mes de la primavera, cuando comienzan a germinar las plantas. Al mediodía del 21 de junio, solsticio de verano, la catedral de Chartres —pieza clave de la arquitectura gótica europea, repleta de sabiduría hermética— se convierte en escenario de un fenómeno sorprendente: un rayo de sol penetra por una vidriera e ilumina una espiga dorada, que está situada en el enlosado del crucero sur. Este mismo fenómeno se aprecia en algunos templos egipcios, una razón más para sospechar que los constructores de esta increíble catedral quisieron recrearlo deliberadamente. Según una tradición milenaria, en Chartres fue hallada una virgen negra, que aún goza de enorme veneración entre los esoteristas y es conocida como Virgen de la Soterranía (Notre-Dame Sous La Terre).

CATEDRALES EN HONOR A LA DIOSA

Como ha demostrado Louis Charpentier, las principales catedrales góticas francesas erigidas entre los siglos XII y XIII bajo la advocación de la Virgen y con el apoyo de los templarios, reflejan fielmente la distribución en el firmamento de las diferentes estrellas de la constelación de Virgo.

Descubrimos así que la catedral de Chartres era el reflejo terrestre de la estrella *Gamma virginis* y que la de Reims correspondía a *Alfa virginis*. Más al norte se encuentra la catedral de Bayeaux, representando a *Épsilon virginis* y finalmente Evreux y Amiens ocupaban respectivamente los lugares correspondientes a *Virginis 484* y *Zeta virginis*. Si trasladamos al mapa la localización de estos templos góticos, construidos entre los años 1194 y 1248, y los unimos mediante líneas, obtendremos una figura romboidal, característica de la constelación que representa: Virgo.

Parece que san Bernardo y otros altos iniciados, previos y posteriores, intentaron diseñar métodos cargados de simbolismo, con los cuales conseguir vías de transformación interior de individuos y colectividades. Ésa fue una de las finalidades perseguidas mediante la construcción de grandes catedrales, que obedecían a los nuevos principios arquitectónicos cistercienses, pero también jugaban de manera bien precisa con las fuerzas cosmo-telúricas, con símbolos y alegorías herméticas, con la influencia de las formas y de vidrieras fabricadas con métodos alquímicos que hoy son irreproducibles. Y también lo fue el de grandes rutas de peregrinación, como el Camino de Santiago, donde descubrimos estos mismos elementos, además de numerosas iglesias dedicadas a Vírgenes Negras y otras Señoras y santos que no son sino imágenes cristianizadas de antiguas divinidades paganas.

Como ya hemos señalado, los gnósticos veneraban a una Sabiduría divina, un Principio Femenino al cual denominaban *Sophia*, la madre divina. Por ello, Dan Brown elige ese nombre para la coprotagonista de *El código*. Su representación parece corresponderse con la visión que tuvo san Juan, y describe en el *Apocalipsis*, de una mujer vestida con el Sol, con la Luna a sus pies y una corona de doce estrellas sobre su cabeza.

12

Misterios templarios
en *El código da Vinci*

Mientras los protagonistas de *El código* circulan en un taxi por los alrededores del Bois de Boulogne parisino, Langdon habla a Sophie de los templarios y, especialmente, de su legado esotérico que les valió una terrible persecución.

Cuando la Orden del Temple confirmó su regla y obtuvo el reconocimiento oficial de la Santa Sede, la nueva milicia recibió enormes privilegios e interminables donaciones.

Sus efectivos también aumentaron de forma espectacular. En pocos años, empezaron a intervenir de forma decisiva en la lucha contra los musulmanes, decididos éstos a vengar la terrible matanza que se produjo durante y tras la toma de Jerusalén. No sólo se multiplicaron sus fortalezas en Oriente. También en Europa empezaron a contar con un entramado de castillos, encomiendas y privilegios económicos que, en algunos reinos, incluían el monopolio del comercio de la sal, la custodia de los bienes de particulares, principados y reinos, así como la recaudación de tributos propios y a cuenta de terceros.

Sus riquezas adquirieron tintes de leyenda, pero eran reales. Estos monjes guerreros hacían voto de pobreza, de modo que toda donación y recaudación, así como la herencia de sus miembros nobles cuando morían, iba íntegramente a engrosar las arcas de la orden. Entre otras muchas cosas, los templarios lograron financiar así la construcción de las grandes catedrales góticas en Europa y dotarlas de elementos simbólicos que sirvieran para perpetuar la antigua sabiduría.

El Temple siguió aumentando su poder sin rendir cuentas a ninguna autoridad, aparte del Papa. La orden operaba como un ente internacional con jurisdicción y soberanía propias, incrustado en el territorio de los incipientes estados nacionales. Ello la transformó en la depositaria más segura de cosechas y bienes, evitando el riesgo de rapiña por parte de señores inescrupulosos; pero también le ocasionó grandes enemistades.

Puesto que tenían encomiendas repartidas por toda la cristiandad, se convirtieron en los primeros banqueros internacionales y en los inventores del pagaré. A comerciantes y viajeros les bastaba con entregarles el dinero en una ciudad y el documento recibido a cambio bastaba para que ellos u otra persona cobrase esa cantidad en cualquier otra ciudad, sin correr el riesgo de desplazarse con grandes cantidades encima.

Utilizaron su bien dotada flota para comerciar y transportar pasajeros; muy probablemente también para llegar hasta América en secreto y aprovechar algunas de sus riquezas. Mantuvieron subrepticiamente el proyecto de crear un gobierno sinárquico que se encargaría de dirigir una suerte de federación de los reinos europeos. Un proyecto paralelo al supuestamente urdido por la Orden de Sión, de la que —como veremos— se habían separado bruscamente tiempo atrás. Junto a las envidias que suscitaban, dicho proyecto posiblemente fue su perdición.

LAS INTRIGAS DEL REY FRANCÉS FRUCTIFICARON

En el siglo XIII comenzaron a surgir en la Santa Sede suspicacias sobre la lealtad a la Iglesia de estos caballeros. En 1238 se formularon las primeras acusaciones de herejía contra ellos.

Dichas acusaciones hicieron que Roma empezase a considerar la necesidad de investigar y reformar en profundidad la orden, decisión que confirmó un concilio en 1272. También se estudiaron fórmulas para restarle poder económico y militar, como el proyecto de asignar algunas de sus prerrogativas y privilegios a otras órdenes monástico-militares, a fin de establecer un contrapeso efectivo a su enorme influencia.

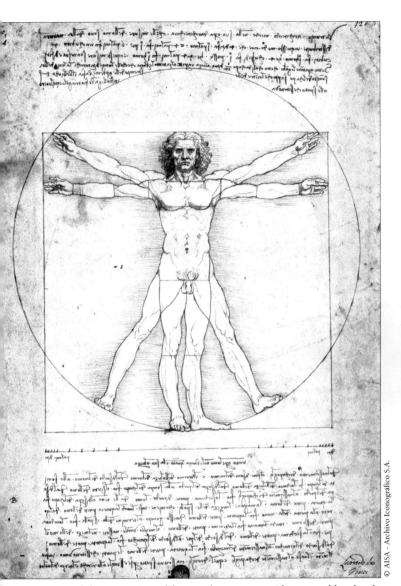

Canon o esquema de las proporciones del cuerpo humano, conocido como «el hombre de Vitruvio», de Leonardo da Vinci

La Última Cena, Leonardo da Vinci

La Gioconda, Leonardo da Vinci

La Virgen de las rocas,
Leonardo da Vinci

© AISA - Archivo Iconográfico S.A.

© Corbis / Cover

La Virgen de la granada,
Sandro Botticelli

Juan Bautista, Leonardo da Vinci

Vista interior de la *Pirámide invertida* del Museo del Louvre, París

Capilla de Rosslyn, Escocia

Iglesia de Saint-Sulpice, París

Iglesia de Saint-Sulpice, París

Berenguer Saunière, párroco de Rennes-le-Château a finales del siglo XIX

Acceso al cementerio de Rennes-le-Château

El Temple se había convertido en una fuerza demasiado poderosa y autónoma que, en un momento crítico, podía resultar inmanejable y decidir ante sí misma su política, prescindiendo de Roma. El papado debía extremar la prudencia, puesto que sus sugerencias al Temple sobre la necesidad de la mencionada reforma hallaron siempre una decidida oposición por parte de la orden.

Los caballeros eran conscientes de que constituían una fuerza vital para que el Papa pudiese aspirar a un poder temporal creíble como respaldo de su poder espiritual y para contrarrestar las pretensiones de los monarcas europeos, sobre todo los de Francia. Estos estados deseaban sacudirse la tutela de Roma y aspiraban a poner bajo su jurisdicción el nombramiento de las autoridades eclesiásticas, nacionalizando el poder espiritual para utilizarlo al servicio de sus propios objetivos.

A comienzos del siglo XIV, el rey francés Felipe el Hermoso se enfrentó violentamente con el papa Bonifacio VIII, que le excomulgó en 1303. Sólo unos meses después, el Sumo Pontífice moría de forma sospechosa. Su sucesor persistió en el mismo conflicto y fue envenenado en 1305. Felipe IV consiguió entonces imponer como papa a un hombre de su total confianza, Bertrand de Got, que accedería al trono de Pedro con el nombre de Clemente V.

A lo largo de estos mismos años se puso en marcha una campaña de acoso y derribo contra el Temple. Una ofensiva de rumores proyectó fuertes sospechas sobre su lealtad a la fe, que pronto se convirtieron en acusaciones cada vez más abiertas de herejía y de aberraciones sexuales. Algunos ministros de Felipe el Hermoso, enormemente endeudado con el Temple, estaban detrás de dicha campaña, que sirvió para crear el clima psicológico adecuado y dar razones a este monarca, que le permitieron presionar al Papa, a fin de que disolviese la orden.

Aunque estaba en deuda con el rey, Clemente V se mostró vacilante. Pero el monarca francés aprovechó esta actitud pusilánime y decidió dar un audaz golpe de mano, erigiéndose en campeón de la ortodoxia y poniendo al papado ante una política de hechos consumados.

En 1307, se produjo el arresto masivo de dignatarios y dirigentes de la orden. El Temple fue finalmente condenado por herejía y disuelto, primero en Francia y, con la complicidad del romano pontífice, más tarde en toda Europa.

Tras el más que irregular proceso a los templarios se adivinan las intrigas de Felipe el Hermoso y por su consejero, el abogado Guillermo de Nogaret. Ambos tejieron la mayoría de sus acusaciones en torno a las prácticas iniciáticas —y, por lo tanto, secretas— del Temple. Les culparon de negar los dogmas de la fe cristiana, de escupir u orinar sobre la cruz durante sus rituales secretos de iniciación, de ungirse con la sangre o el sebo de niños sin bautizar, de cometer actos de sodomía e, incluso de venerar al diablo mediante un cráneo o cabeza llamada Baphomet.

¿Qué era el Baphomet?

Esta misteriosa pieza es identificada por Teabing como una «lápida por templarios venerada». Langdon explicará luego que era un dios pagano de la fertilidad asociado a la fuerza creativa de la reproducción. La cabeza del Baphomet —añade— era representada por un carnero o una cabra, un símbolo frecuente de procreación y fecundidad, al que supuestamente también adorarán las brujas. Venerarían a esta misteriosa efigie situándose en torno a una réplica en piedra de su cabeza y recitando oraciones.

Pero nadie sabe, a ciencia cierta, qué era ese Baphomet. Los propios inquisidores estaban sumamente interesados en presentarlo como un ídolo. Las declaraciones tomadas bajo tortura resultan cuanto menos contradictorias. Durante las mismas, algunos templarios negaron saber nada de aquel icono. Otros aseguraban haberlo visto, añadiendo que en su ceremonia de admisión se les dijo que el Baphomet era la imagen del Salvador y debía ser idolatrado como tal, ya que a él debía la orden toda su riqueza y su poder. Si hacemos caso a estas declaraciones, cabría suponer que dicho ídolo era objeto del culto principal y ocupaba el lugar de Cristo en ocasión de los capítulos secretos.

Lo más sorprendente de las actas inquisitoriales es, sin duda, la gran variedad de descripciones del Baphomet que hicieron los procesados. Unos lo describían como una calavera, otros como un busto con barba y horrible aspecto; unos terceros como una cabeza con dos o tres caras, de las cuales una era femenina y otra masculina, una indudable representación del andrógino. Ni siquiera hubo acuerdo en que se tratase de una cabeza, puesto que unos pocos procesados dijeron que el Baphomet era un gato negro, animal sagrado de los egipcios que —no lo olvidemos— se convertiría en compañero tradicional de las brujas y al cual anteriormente se había acusado de adorar a algunos herejes.

El notable ocultista del siglo XIX que adoptó el seudónimo de Eliphas Lévi, estudió en profundidad este ídolo templario. Basándose en una supuesta efigie del mismo, que aún podemos observar en el pórtico de la comandancia templaria de Saint Bris le Vineux, realizó una ilustración —muchísimo más temible que el original— de una figura barbada, cornuda, con pechos femeninos colgantes, alas y pies partidos. La representó sentada sobre un cubo con las piernas cruzadas, similar a las estatuas celtas del dios ciervo, llamado el Cornudo, venerado en la Galia antes de la ocupación romana.

Lévi consideraba al Baphomet una figura mágica panteísta que simbolizaría lo absoluto. La cabeza del ídolo por él recreado combina las características de un perro, un toro y una cabra, que representan las tres fuentes de la tradición pagana de los misterios. Entre sus cuernos dibujó una antorcha que representa la iluminación espiritual.

En la frente de este ser, indicando la llamada glándula pineal o «tercer ojo», Lévi dibujó una estrella de cinco puntas, símbolo de la diosa Ishtar o Astarté, bien conocido por los lectores de *El código* y adoptado por los templarios como representación de la humanidad en su estado de imperfección.

El Baphomet de Lévi es una figura andrógina. Es mujer, por sus pechos evidentes, pero a la vez es hombre, por el fálico caduceo que surge de su entrepierna, una vara en la que se enroscan dos serpientes.

UNA CABEZA ORACULAR

Sin embargo, las descripciones originales del Baphomet que conocemos hablan insistentemente de una cabeza. Pese a que éstas fueron realizadas bajo tortura y pudieron estar inducidas por los inquisidores para acumular falsos indicios de adoración satánica, la coincidencia entre muchas de ellas es tal que probablemente reflejen la apariencia del ídolo templario. Si recapitulamos podemos obtener un perfil que respondería a los siguientes rasgos:

- Esta cabeza era objeto de un culto secreto, que sólo conocían una serie de iniciados. De las declaraciones realizadas por los templarios interrogados, cabe deducir que el misterio del Baphomet se iba conociendo progresivamente.

- Algunos decían que dicha cabeza proporcionaba riqueza, protegía, garantizaba la fertilidad de la tierra y tenía una capacidad de salvación que, en un contexto cristiano, podría aludir a un vínculo del Baphomet con la redención, la transformación interior y la iluminación.

- A la misma se le atribuían los mismos poderes mágicos que al Santo Grial. Resulta significativo que en las fuentes celtas en las que bebió el ciclo griálico cristiano, la procesión de las doncellas en el castillo del Grial las presenta transportando una bandeja sobre la cual hay una cabeza cortada, que Chrétien de Troyes sustituyó por el Grial.

- Desde la antigüedad, y en culturas de todo el mundo, algunos cráneos y cabezas cortadas han sido objeto de una veneración especial, desde la de Juan el Bautista a la de san Dagoberto, el último gran merovingio.

- Durante la Edad Media existió una creencia muy extendida en la existencia de cabezas mágicas, que podían servir como oráculos y responder a las consultas. Se habla de numerosos personajes que poseían una, especialmente alquimistas, entre ellos Silvestre II, el anómalo papa que gobernó la Iglesia en el año mil. No sabemos a qué se referían los rumores concernientes a las mismas, pero es muy probable que estuviesen directamente relacionados con los baphomets templarios.

El *CÓDIGO* A*TBASH*

Dan Brown utiliza el nombre del Baphomet o, mejor dicho, sus letras para que Teabing y Langdon consigan abrir el Criptex mediante el llamado *código Atbash*.

Éste es uno de los sistemas de codificación criptográfica más antiguos que se conocen. Descubrimos la utilización del mismo en la cábala, en los manuscritos del mar Muerto e incluso en algunos pasajes del Antiguo Testamento. Actualmente se emplea como ejemplo de un sistema elemental de sustitución por rotación. Es decir, la forma de codificar un mensaje mediante el mismo es sustituyendo la primera letra del alfabeto por la última, la segunda por la penúltima, y así sucesivamente.

Al ser un sistema ideado por judíos y muy utilizado por los esenios, los elementos originales del *Atbash* eran las veintidós letras del alfabeto hebreo. Así, la *alef* se reemplaza por la *tau* y la *bet* por la *sin* o, lo que es lo mismo, la A del alfabeto latino sería sustituida por la Z, la B por la Y, etcétera.

Los protagonistas de *El código* aplican el *Atbash* a la palabra Baphomet y, sorprendentemente, la clave convierte estos caracteres en un término griego que designa la suprema sabiduría y el Principio femenino de la divinidad: Sophia.

La etimología del término Baphomet ha sido objeto de profundos debates entre los especialistas y una de las hipótesis planteada curiosamente se acerca a la traducción que se da en *El código*.

Por un lado, están quienes piensan que puede ser una corrupción del nombre *Mahomed*. Como ya hemos apuntado, durante la Edad Media proliferaron una suerte de autómatas que asustaban a quienes no conocían su naturaleza ni cometido. Probablemente fueron creadas o al menos difundidas por los sabios musulmanes de al-Andalus, por lo que recibieron el nombre de «cabezas de Mahomed»; y, como a las mezquitas se las llamaba «bafomerías», cabe la posibilidad de que estos artilugios «animados por el diablo» terminaran llamándose *baphomets*. Pero esta explicación parece poco probable, ya que los templarios no serían tan insensatos como para aludir directamente al nombre del profeta del islam, Mahoma; para los inquisidores sería una mención tan clara que les hubiese permitido condenar a los templarios como traidores y renegados, por abrazar la religión del enemigo.

Hay otra explicación etimológica que resulta más plausible: baphomet provendría de los términos griegos *baphe* (que significa bautismo) y *metis* (sabiduría). Según ésta, deberíamos interpretar el Baphomet en clave gnóstica e interpretarlo como un «bautismo de la sabiduría» que conduciría al iniciado a la iluminación.

Tras estudiar las principales líneas conocidas del esoterismo templario, esta interpretación parece la más consistente.

LA MALDICIÓN DE JACQUES DE MOLAY

La mayoría de las declaraciones obtenidas por los inquisidores fueron obtenidas de los templarios a base de tortura en los largos procesos. No es de extrañar, por tanto, que el último gran maestre de los templarios, Jacques de Molay, terminara confesando los cargos que les imputaban ante una reunión de académicos de la Universidad de París. Más tarde, Molay terminó retractándose, pero ello no le evitó ser condenado a morir en la hoguera junto al preceptor de Normandía Geoffroi de Charney. Entonces nació una de las leyendas más persistentes tejidas en torno a la poderosa orden de monjes guerreros.

Se dice que, cuando iba a ser consumido por las llamas, emplazó ante el tribunal de Dios, antes de un año, a quienes les habían condenado injustamente. Un mes después de la ejecución, el Pontífice fue presa de «un dolor insufrible que le mordía el vientre». Sus médicos comunicaron que había muerto «a merced de unos horribles sufrimientos». Aunque los historiadores atribuyen su deceso a un cáncer de píloro, no hay que descartar que fuese envenenado.

Ocho meses más tarde fallecía el rey francés. Se dice que la muerte le sobrevino como consecuencia de la gangrena de las heridas ocasionadas por la caída de su caballo durante una cacería, aunque hay quienes aseguran que cayó enfermo aquejado de dolores gástricos, acompañados por vómitos y diarrea, sequedad en la boca y sed insaciable, síntomas inequívocos de un envenenamiento.

Ese mismo año, cuatro colaboradores de Felipe IV, que habían jugado un papel muy activo en el acoso y derribo del Temple acabaron apuñalados o ahorcados de forma misteriosa.

Muchos vieron en ello la mano de Dios y otros el cumplimiento de una maldición lanzada por el gran maestre.

No había duda de que la amenaza de Jacques de Molay se había cumplido. Pero, con toda seguridad, no por un proceso mágico, sino porque alguien se encargó de llevar a cabo la venganza. Muy probablemente fueron antiguos templarios o aliados suyos, que demostraron así que, pese a haber sido suspendida la orden, sus miembros seguían operando en la clandestinidad.

Un hecho bastante posterior nos indica que la idea de una venganza templaria contra sus destructores se mantuvo viva en el inconsciente colectivo durante largo tiempo. Se asegura que, cuando la cabeza de Luis XVI cayó bajo la guillotina durante la Revolución francesa, un personaje anónimo saltó al cadalso y dirigiéndose a la multitud exclamó: «¡Jacques de Molay ha sido vengado!».

Huelga decir que el último monarca francés descendía de Felipe IV, aunque por vía indirecta. En sólo catorce años su dinastía se había extinguido, tras la muerte de sus tres hijos; uno de sus nietos, convertido en rey de Inglaterra, se lanzó a una devastadora guerra contra Francia; la esterilidad se cebó con las estirpes de su hermano y de su tío, los Valois y los Borbones de Francia. Se supone que el último descendiente de esta dinastía, el joven vigésimo segundo sucesor de Felipe IV, que habría reinado como Luis XVII, murió en la Torre del Temple donde fue torturado el vigésimo tercer gran maestre del Temple; aunque muchos sostienen que el muchacho logró sobrevivir, entre ellos algunos ocultistas y visionarios con los que más tarde mantuvo relaciones el cura Saunière.

Muy probablemente haya que ver en todo ello un conjunto de esas coincidencias significativas que no son atribuibles a la voluntad humana. Pero la creencia en que la Revolución francesa tenía que ver con la maldición templaria caló profundamente entre los paranoicos de las conspiraciones de aquella época. Era un indicio de hasta qué punto habían penetrado entre las gentes de la época las leyendas sobre la continuidad del Temple. Como veremos, al conspirar contra la monarquía francesa, muchos masones creían contribuir a que se cumpliese la maldición lanzada por el gran maestre. Y no cabe duda de que los templarios que no desaparecieron junto a él guardaron esos secretos y proyectos que tanto parecían incomodar a la Iglesia.

Sobre la naturaleza de los mismos se han propuesto multitud de teorías. Algunas de ellas tienen que ver con la Sábana Santa.

LA SÁBANA SANTA, EN MANOS DE FAMILIAS TEMPLARIAS

La Sindone, como se la conoce técnicamente, es un lienzo de 4,36 metros de longitud por 1,10 de ancho que se conserva y venera en la catedral de Turín como la mortaja que envolvió el cuerpo de Cristo. En uno de sus lados es visible la imagen de un crucificado que ha sido castigado brutalmente.

El primer cirujano que comprobó que las señales de heridas se correspondían con las que —según los Evangelios— sufrió Jesucristo, fue un agnóstico convencido, Yves Delage, profesor de anatomía comparada de la Sorbona. Para él no había la menor duda de que sólo un hombre que hubiese padecido los tormentos físicos que se atribuyen a Jesús podría haber dejado tales huellas en el lino.

Algunos investigadores han especulado con la idea de que el sudario pudo ser sustraído del Santo Sepulcro por María Magdalena o alguno de los apóstoles y conservado luego por las comunidades cristianas de Jerusalén, hasta la llegada de los templarios a Oriente Próximo.

Una reciente investigación, llevada a cabo por el investigador español César Barta Gil, demuestra que la Sindone estuvo en posesión de caballeros templarios durante mucho tiempo, hasta que oficialmente apareció en Lirey en 1357.

El lino con el que ha sido tejida no posee restos de pigmentos, pinturas, ni otras sustancias que permitan explicar la naturaleza de la imagen; hay una cantidad abrumadora de pruebas que apoyaban la tesis de que podía corresponderse con el sudario que envolvió el cuerpo de Jesús. Estas y otras circunstancias animaron a las autoridades eclesiásticas a permitir que se realizase una prueba definitiva: datar la antigüedad de la reliquia mediante la prueba del carbono 14, un isótopo radioactivo que se encuentra en toda materia orgánica en una proporción fija y que se va deteriorando gradualmente a medida que pasa el tiempo.

Cuando, en 1988, el cardenal Ballestero divulgó los resultados del análisis, estalló una verdadera tormenta entre los creyentes en la autenticidad de la Sindone. La Universidad de Oxford estableció la antigüedad del lienzo en 750 años; la Universidad norteamericana de Tucson la estimó en 646 y la Universidad de Zurich calculó que el pedacito de lino analizado por ellos tenía una antigüedad de 675 años. Es decir que, contra todo pronóstico, la Sábana que contiene la presunta imagen de Cristo habría sido tejida entre los años 1238 y 1342. En otras palabras: era un fraude medieval.

¿QUIÉN ES EL CRUCIFICADO QUE APARECE EN ESTA IMAGEN?

No vamos a detallar aquí las numerosas circunstancias que podrían haber invalidado la datación de estos laboratorios. Tampoco enumeraremos las pruebas que parecen demostrar que el lienzo es del siglo I. Ambas tareas requerirían entrar en detalles que nos apartarían del propósito de este libro.

Si citamos la datación realizada mediante radiocarbono es porque, a partir de la misma, dos investigadores norteamericanos, Christopher Knight y Robert Lomas, vertebraron una sorprendente hipótesis: que el hombre cuyo cuerpo aparece reflejado en la Sábana Santa sería el último gran maestre templario, Jacques de Molay.

La tesis fue expuesta pormenorizadamente en su libro *El segundo mesías*.* Pero antes de entrar en detalles conviene saber algo acerca de este líder templario.

Jacques de Molay nació en Besançon, en 1244, en el seno de una familia de la nobleza media. Fue introducido en la Orden del Temple a los veintiún años. Su rito de iniciación fue dirigido por el maestro del Temple inglés, con la ayuda del maestro del Temple de Francia, circunstancia bastante excepcional. Según M. L. Bar-

---

* Planeta, Barcelona, 1998.

bour, llegó a las tierras levantinas cuando tenía unos treinta años. Luego se estableció en Inglaterra y fue maestre del Temple británico, antes de ser nombrado gran maestre de la orden.

Su elección tuvo lugar en 1293. Después Molay visitó al papa Bonifacio VIII, recién instalado en Roma.

Lomas y Knight son dos destacados masones que presumen de conocer los entresijos de los rituales secretos templarios. Entre ellos destaca el de la resurrección, para el cual el capítulo de iniciados del Temple emplearía un cráneo humano, dos fémures y un sudario blanco. Aseguran que todos estos elementos se utilizan aún hoy en los ritos de ingreso a las logias masónicas.

Los investigadores británicos suponen, pues, que el inquisidor que interrogó a Molay tenía la intención de hacerle pasar por la misma tortura que a Jesús, habida cuenta de que a su juicio era ultrajante la ceremonia de resurrección que celebraban los templarios.

Según ellos, la Sábana mostraría el cuerpo de Jacques de Molay, pero no cuando estaba muerto, sino en estado de coma, lo cual ayudaría a provocar un fenómeno químico conocido como autooxidación, debido a la emanación de calor del cuerpo amortajado. Los daños físicos infligidos al templario habrían producido un aumento del ácido láctico en su sangre, lo que provocó una acidosis metabólica; unido a la subida de la temperatura corporal y el sudor, esto pudo originar la imagen de la sábana. Dicho proceso fisiológico ha sido ampliamente estudiado por el doctor Alan Mills, del Departamento de Física y Astronomía de la Universidad de Leicester.

Aseguran que, en realidad, el inquisidor Imbert de Salles tenía órdenes estrictas de no matar al gran maestre de los templarios, por lo que puso el deteriorado cuerpo de Molay y el de Geoffroi de Charney en manos de la familia de este último. De lo que no cabe duda es de que la viuda de uno de sus descendientes directos fue quien donó posteriormente la Sábana Santa a la iglesia de Lirey en 1357.

LA IGLESIA DEL TEMPLE EN LONDRES

El barrio del Temple de Londres está situado entre el Támesis y Fleet Street, y fue un antiguo terreno de los caballeros templarios. Hoy está ocupado por bufetes de abogados (*Inn of Courts*), cuyo origen se remonta al siglo XIII.

Las plazas y callejones del Inn of Courts son una suerte de refugio del bullicio del centro londinense. Allí podemos llegar a tener la sensación de haber retrocedido un poco en el tiempo. Especialmente durante la noche, puesto que gran parte de este laberinto de patios y pasillos se iluminan con faroles de gas.

Pero lo más interesante de Fleet Street se halla en el cruce con Inner Temple Lane: la iglesia del Temple en Londres, uno de los escenarios más significativos de *El código*, puesto que allí se define el desenlace de la novela.

La iglesia se erige discretamente entre edificios mucho más altos. Se trata de un lugar viejo y misterioso, con un estilo arquitectónico totalmente pagano.

Hasta allí se dirigen Sophie, Langdon y Teabing, en el capítulo 82, para resolver el enésimo acertijo propuesto por Saunière. Esperan de este modo acceder a la clave que permita abrir el segundo criptex y acercarles al Grial.

Langdon explica que nunca había visitado la iglesia del Temple, aunque durante sus investigaciones sobre el Priorato se había topado con numerosas referencias a ella. No es extraño porque, en otro tiempo, ésta fue epicentro de todas las actividades de los templarios en el Reino Unido. Había recibido aquel nombre en honor al Templo de Salomón, igual que los templarios. Circulan todo tipo de historias sobre caballeros que celebraban rituales extraños y secretos en ese atípico santuario.

Es atípica por su planta circular, como la de otras iglesias templarias. Dispone de una fachada algo tétrica, con un cimborrio central y una nave que sobresale a uno de los lados. Se asemeja más a una plaza militar que a un lugar de culto. Los templarios dejaron de lado la planta tradicional de cruz latina de las iglesias a favor de una circular, probablemente en referencia al Sol, una posible alusión a las creencias paganas que quizá profesaran secretamente.

La antigua iglesia del Temple había sido construida totalmente con piedra de Caen. Fue consagrada en 1185 por Heraclio, patriarca de Jerusalén. Ha sobrevivido a los ocho siglos de avatares que azotaron a esta ciudad, aunque las bombas incendiarias de la Luftwaffe la dañaron seriamente en 1940. Tras la contienda, fue restaurada para devolverle su severo esplendor.

En su interior se encuentra un panteón también circular que quiere recordar el Santo Sepulcro de Jerusalén. En él se hallan esculpidas nueve efigies de piedra a tamaño real, correspondientes a nueve caballeros. El más famoso es William Marshall, conde de Pembroke, que fue el mediador más importante entre el rey Juan Sin Tierra y los barones en 1215.

Sir Leight Teabing explica a sus anfitriones que tendrán que examinar minuciosamente las tumbas que en *El código* son de diez caballeros y no nueve, pues con suerte —dice— habrá alguna a la que le falta una esfera.

Las estatuas están tendidas de espaldas al suelo. Han sido minuciosamente labradas, con sus armaduras, escudos y espadas. Cada una muestra rasgos faciales personalizados, marcas únicas en los escudos y posturas diferentes.

Este templo fue residencia de numerosos monjes, militares y novicios, pero también preceptoría de la orden y lugar de entrenamiento militar. También fue utilizado regularmente por los nobles del reino como caja de seguridad, por lo cual resulta probable que los templarios guardasen allí sus documentos secretos.

Tras la disolución de los templarios la iglesia pasó a manos de los caballeros hospitalarios quienes, a su vez, la alquilaron a las dos universidades de derecho de la ciudad. Ambas compartieron el uso de la capilla hasta el día de hoy.

GISORS, EL ENCLAVE DEL PRIORATO

En *El código* no encontramos ninguna mención explícita al castillo de Gisors. Pero Brown nos cuenta que Saunière viajaba a menudo a su castillo de Normandía. Es en esa residencia rural donde Sophie presenció el extraño rito sexual al que su abuelo se entrega, en compañía de otros personajes enmascarados. Una vez más, Brown no sitúa los escenarios de su novela de forma azarosa. Se trata de una clave más, para los lectores iniciados, que nos remitiría al más célebre y misterioso castillo de Francia: Gisors, a unos 60 kilómetros de París, sobre un alto montículo que domina la villa de Eure, en el Vexin normando.

Las intrigas relativas a esta construcción cobraron un inusitado interés tras la publicación, en 1962, del libro de Gérard de Sède, *Los templarios están entre nosotros,* en el que explica con detalle la aventura de un jardinero de la fortaleza que aseguró haber localizado el tesoro de los templarios en una cripta desconocida situada a varios metros de profundidad, bajo una torre del castillo.

Pese a que cuando se construyó Gisors, en 1096, aún no existía oficialmente la Orden del Temple, su historia está estrechamente ligada a la misma y, supuestamente, al Priorato de Sión.

Ello no sólo se debe a que el rey de Inglaterra confiase la custodia del castillo a Thibaud de Payns, descendiente de Hugues de Payns, sino porque la toponimia del lugar incluye nombres alusivos al clan de los Saint Clair —estrechamente ligado al Priorato— y, además, porque una de las torres del edificio, conocida como la del Prisionero, encierra otras claves relacionadas con los templarios y con el culto a la diosa primordial.

La fortaleza de Gisors fue construida por orden del rey de Inglaterra, Guillermo el Rojo, quien ordenó levantar un torreón de dos plantas protegido por una muralla fortificada. Con posterioridad se vería ampliado con otra gran muralla exterior flanqueada por cuatro torres cuadras. En 1145 pasó a ser propiedad del rey francés Luis VII, después de que el conde de Anjou, yerno del inglés Enrique I, se viera obligado a cedérselo para hacer valer su derecho a la corona británica.

El castillo de Gisors fue cedido a los templarios no antes de 1193, aunque no existe ninguna mención histórica. Por el contrario, la presencia de la Orden del Temple en la zona está ampliamente probada. Michel Lamy cita muchas encomiendas en los alrededores.

Sabemos, también, que en 1158, Othon de Saint Omer, Richard de Hasting y Robert de Pirou, todos ellos dignatarios de la Orden del Temple, se instalaron en Gisors, de donde tuvieron que huir a Tierra Santa, tres años más tarde, después de que Luis VII se enfureciera con ellos porque según decía respetaban la letra pero no el espíritu de la misión que les había sido encomendada.

EL TEMPLE Y LA ORDEN DE SIÓN SE SEPARAN

De hecho, si damos crédito a los documentos del Priorato de Sión, en 1188 tuvo lugar la definitiva separación entre esta organización secreta y la Orden del Temple.

Un año antes, la ciudad santa de Jerusalén había caído en poder de los sarracenos debido, al parecer, a la traición del gran maestre templario, a la sazón Gérard de Ridefort. Esta circunstancia motivó el regreso forzoso a Francia de la mayoría de iniciados de la Orden de Sión. Su nueva base se establecería en el Vexin normando.

Según los autores de *El enigma sagrado* la ruptura entre los templarios y la Orden de Sión se conmemoró con la tala de un olmo casi milenario a las afueras de Gisors.

En efecto, a las puertas de la ciudad, se extendía un terreno conocido como Campo Sagrado. Desde tiempos inmemoriales, se erigía allí un olmo fuera de lo común. Se dice que cuatro hombres podían a duras penas rodearlo con sus brazos. Con el fin de protegerlo, su tronco se había cercado con una carga de hierro y mucho plomo lo que le valió el nombre de *Ometeau ferré*, que podría traducirse como olmo herrado.

Como en Gisors, también en París había un olmo célebre y antiguo que se alzaba ante la iglesia de San Gervasio y San Protasio, a algunos pasos de la Île de la Cité, donde sería ajusticiado el último gran maestre templario en 1314. La sombra de ese árbol era un lugar tradicional de reunión de los albañiles y talladores de piedra.

- Bajo el olmo de Gisors, Guillermo de Tiro (el cronista que se encargó de perpetuar ciertos símbolos templarios en su obra) predicó la Tercera Cruzada.

- El escudo de la localidad ofrece una particularidad: En su parte superior es visible el número 1188, año en el que según *Les dossiers secrets* del Priorato de Sión se produjo la escisión entre templarios e iniciados de la sociedad secreta.
- Según los autores de *El enigma sagrado*, la tala de este árbol debió llevar aparejado algo más, pero las crónicas no lo han reflejado, y se convirtió en una suerte de alegoría de un acontecimiento tan importante como misterioso.
- A partir de 1188 la Orden de Sión habría sufrido una severa reestructuración y los templarios fueron libres de perseguir sus propios objetivos.
- Hasta ese año ambas organizaciones compartieron el mismo gran maestre. Después de la «tala del olmo» el Priorato elegiría a su propio mandatario, el primero de los cuales fue, precisamente, Jean de Gisors.
- La organización secreta también cambiaría su nombre a partir de aquel momento pasando a llamarse Priorato de Sión, con el sobrenombre de Ormus. Este subtítulo sería utilizado hasta siglo y medio más tarde. Su divisa era un anagrama parecido al signo de Virgo, combinado con símbolos clave.

EL TAROT ¿UN LEGADO EGIPCIO, JUDÍO O TEMPLARIO?

El tarot es otro supuesto legado templario del que se habla en *El código*. Según explica Langdon a Sophie en los capítulos 20 y 95, esta baraja habría surgido en la Italia medieval como un vehículo o «catecismo visual» utilizado por el Temple para transmitir soterradamente la tradición oculta del Grial.

Los mazos de cartas más antiguos que hoy se conservan son del siglo XV y se atribuyen a Mantegna y a Gringonneur. De los naipes encargados a este último por Carlos VI se dice que eran un completo catecismo herético.

Las versiones más populares de este juego adivinatorio derivan del tarot de Marsella, bien conocido desde el siglo XVI en el herético y magdalenista sur de Francia. Sus 78 cartas se dividen en dos grupos bien distintos: los 22 «arcanos mayores» y los 56 «arcanos menores». El simbolismo de estos últimos, que se corresponden con los naipes ordinarios usados en diversos juegos, es suficientemente detallado por Brown.

Cada uno de los 22 *mayores* representa un personaje o escena simbólica. Todos menos uno están numerados y llevan un título descriptivo en su parte inferior.

El tarot fue prohibido por algunos monarcas, pero sobre todo por la Iglesia, para la cual los 22 arcanos mayores eran «los peldaños de una escalera que conduce al infierno».

Pese a ello, su diseño básico ha permanecido inalterable, al menos durante seis siglos, y su herético simbolismo aparece en algunas construcciones eclesiásticas como la catedral de Siena.

El origen de este juego es muy oscuro. Las diversas teorías atribuyen su introducción en Europa a los cruzados, a los árabes instalados en Toledo, a los cabalistas judíos, o a los gitanos que lo habrían importado de Egipto.

La hipótesis según la cual los 22 arcanos mayores se inspiran en los dioses egipcios fue apuntada en 1773 por el notable iniciado Court de Gébelin y defendida brillantemente por Sebastián Vázquez, quien ha diseñado un bello mazo de cartas inspirado en la misma.

Desde hace muchos siglos se asegura que algunas enseñanzas esotéricas egipcias —supuestamente combinadas con las caldeas, en las que habría sido iniciado Abraham— fueron transmitidas al pueblo judío a través de ese alto iniciado que fue Moisés. Este cuerpo doctrinal, tras sucesivas transformaciones, acabaría recibiendo el nombre de Cábala, y su influencia en la estructura y simbolismo del tarot parece clara, comenzando por el hecho de que sus 22 arcanos mayores coinciden con las 22 letras del alfabeto hebreo y con los 22 senderos que entrecruzan el árbol de la vida cabalístico.

Al ser dispersado el pueblo judío, y para que no se perdiese dicha sabiduría, la pusieron por escrito en un código que resultaba ininteligible al profano, en textos como el *Sefer Yetsirah* o las *Clavículas de Salomón*. Enel sostiene que estas últimas podrían identificarse con los *triunfos* de la baraja del tarot.

Según Julio Peradejordi, quien ha detallado magistralmente el simbolismo griálico y templario que podemos encontrar en el tarot, es muy probable que los templarios pudieron haber importado el simbolismo del tarot de Tierra Santa, donde entraron en esotérico contacto con los cabalistas judíos y los sufís musulmanes que allí vivían.

UNA HERÉTICA *PAPISA* Y UN MISTERIOSO *PAPA*

En opinión de la polémica teóloga Margaret Starbird, sólo las barajas más antiguas conservarían su simbolismo original, relacionado con la herejía del Grial. Pero un análisis somero de las usadas hoy también nos permite descubrir numerosas alusiones a la historia de la Orden del Temple, el Grial, los antiguos dioses egipcios y a la propia Magdalena.

Veamos tan sólo unos pocos ejemplos, sin olvidar que las diversas significaciones pueden estar superpuestas, sin anularse unas a otras.

Generalmente se dice que el arcano *la Papisa* o *la sacerdotisa*, estaría inspirado en una leyenda medieval, según la cual la Iglesia estuvo regida durante algún tiempo por una mujer, cuyo sexo tan sólo se descubrió cuando dio a luz en pleno Vaticano… Esta mítica papisa se llamaba Juana, nombre simbólico que adoptan los dirigentes ocultos de la Iglesia esotérica, como ya apuntamos al hablar de la Magdalena.

Por ello, algunos sostienen que esta carta representaría a Magdalena, en su función de sacerdotisa suprema, como regente secreta de la «Iglesia interior». Pero también podría ser una alusión al papel crucial que las mujeres representaban en la Iglesia herética.

La Papisa también está asociada a Isis, mientras que su oponente masculino, *el sumo sacerdote*, ostenta la mitra del dios egipcio Amón-Ra. Tras él se ven dos pilares, que serían las dos columnas del templo de Jerusalén, Jachin y Boaz, que son un símbolo fundamental de la tradición masónica y también los dos pilares del Árbol de la Vida cabalístico.

Este último personaje, también conocido como *el Papa*, tiene en su mano izquierda una triple cruz de oro y lleva un guante en el que se adivina la cruz templaria. El guante significa disimulo y al estar en la mano izquierda —*sinistra* en latín— habla de sus malvadas intenciones, por lo que podría asociarse con el papa Clemente, que propició la caída de los templarios.

Los dos personajes de *los enamorados* representarían, según Starbird, la creencia herética en el matrimonio de Jesús. En la baraja de Mantegna la mujer del centro ostenta un tocado que forma una letra M. Es el mismo símbolo que encontraremos oculto en obras de Leonardo da Vinci y otros artistas iniciados. ¿Representa a María Magdalena y su amor supremo?

Historia de una caída

También en *el carro* aparece esta M, acompañada de una S. ¿Una S de silencio y de secreto? ¿Son ambas iniciales una directa alusión al verdadero tesoro que los templarios habrían traído desde Tierra Santa? ¿Se trataba de los registros genealógicos de Jesús y otras familias sacerdotales, encontrados bajo el Templo de Jerusalén, como apunta *El código*?

El ermitaño sostiene una lámpara con una estrella de ocho puntas, cuyo brillo se expande desde un epicentro: un signo de identidad templaria, pues en el blasón de esta orden hay ocho líneas divergentes que parten de un punto central y sus iglesias más renombradas son octogonales. Peradejordi argumenta que puede tratarse de san Bernardo, por las similitudes que hay con los símbolos que aparecen en el sello de este monje que impulsó la creación del Temple.

El colgado representa al hombre que muere por un ideal y se halla entre dos columnas, formando con sus piernas una tau egipcia, emblema de Isis y de los templarios.

Las letras S y M

Un homenaje a esta última carta lo hallamos, tal y como detalla Peradejordi, en una famosa obra de Durero, gran admirador de Leonardo, repleta de simbolismo herético. En ella también aparece la S y es conocida como *El caballero, la muerte y el diablo*, tres palabras que coinciden con tres arcanos del tarot.

La templanza es, por su propio nombre, una clara alusión a la Orden del Temple. Y, sobre la cabeza de la mujer representada en la misma, destaca una rosa de cinco pétalos, símbolo del Secreto en diversas tradiciones y que, según *El código*, representa el principio femenino.

En *la torre* vemos una fortaleza es desmochada por un rayo. Para algunos representaría la destrucción del Temple y otros ven en ella una referencia a la Magdalena, cuyo sobrenombre significa precisamente *la de la Torre (Migdal)* y está presente en las letras M que forman las almenas de la atalaya que es derribada, las cuales tienen además forma de corona. ¿Un símbolo de la supuesta descendencia merovingia de Jesús y de la Iglesia de la Magdalena, decapitadas por Roma?

La estrella podría ser una alusión a la era de Acuario. Para muchos, en esta edad astrológica en la cual estamos adentrándonos, lo femenino —representado por el agua y por la mujer que la escancia en esta carta, al igual que lo hace el aguador de dicho símbolo astrológico— estará en equilibrio con lo masculino.

13

El número de oro
y los secretos del pentáculo

Algunos de sus detractores acusan a Dan Brown de simplismo a la hora de elaborar las adivinanzas de *El código*. Pero nada más lejos de la realidad.

El primer mensaje cifrado al que se enfrentan los protagonistas de esta novela resume y reúne, en una magnífica síntesis, las claves del código secreto al que se refiere el título del libro y toda su línea argumental.

El lector recordará que Jacques Saunière, durante su agonía, piensa en una forma velada, rápida y eficaz de transmitir el secreto del que es depositario. Se desnuda, con su propia sangre esboza sobre su abdomen una estrella de cinco puntas (pentáculo), escribe en el suelo una serie de números (13-3-2-21-1-1-8-5) seguidos por dos anagramas (*«Diavole in Dracon, Límala asno»*), y traza un círculo en cuyo interior se sitúa. Finalmente, forma —con sus brazos y piernas extendidos— una figura pentacular parecida a la del *hombre de Vitruvio*, el célebre dibujo de Leonardo da Vinci que refleja la perfección de las proporciones anatómicas.

Se trata, cómo explica el autor en el capítulo 20, de «un conjunto simbólico coherente». Pero ¿por qué?

Porque cada uno de sus elementos, igual que las muñecas rusas, alberga en su interior secretos que encierran a su vez otros secretos, arcanos guardados celosamente por el saber esotérico a través de los tiempos. Y porque, además, todos los ingredientes, desde el pentáculo al anagrama (cuya solución, recordémoslo, es «Leonardo da Vinci, La Mona Lisa»), pasando por la secuencia de números y por el *hombre de Vitruvio*, giran en torno a un canon geométrico llamado en el Renacimiento Divina Proporción o sección áurea, y marcado por una cifra mística donde las haya.

Números, rectángulos y espirales áureas

Nos referimos al número de oro (1,618…), bautizado en el siglo xx como número phi en recuerdo de Phidias, escultor ateniense que dirigió la construcción del Partenón, quien lo tuvo muy presente en todas sus obras.

Los antiguos no conocían los decimales, por lo que expresaban los valores fraccionarios con números quebrados. Para nosotros, phi es un número irracional, es decir, un guarismo con infinitos decimales, en el cual no existe una secuencia de repetición que lo convierta en un número periódico. Así que nos resulta imposible conocer todos los dígitos que lo componen y, al aplicarlo, nos contentamos únicamente con unos cuantos.

Pues bien, este número inimaginable es uno de los mayores misterios de la creación. Como explica Langdon, «constituye uno de los moldes constructivos de la naturaleza». De hecho, el número phi se prodiga inexplicablemente en las más diversas construcciones vivas: minerales, vegetales, animales y cósmicas.

¿De dónde sale y por qué se le llama número de oro?

La historia del arte nos explica que su descubrimiento tuvo lugar en la época de la Grecia clásica, cuando se empezaron a estudiar las proporciones y la media geométrica de un segmento para obtener la máxima armonía en construcciones arquitectónicas como los templos.

Fue así como se encontró la que luego fue denominada por Leonardo *sección áurea*. Para saber a qué nos referimos digamos que sólo existe un punto que divida una línea en dos segmentos desiguales, de modo que la proporción del menor respecto al mayor sea comparativamente igual a la medida del segmento mayor respecto a toda la línea. Para hallar ese punto basta dividir la longitud total de la línea por phi (1,618).

Los arquitectos clásicos hallaron que el «rectángulo de oro», el más bello y proporcionado, es aquel en el cual la relación entre la altura y la anchura da como resultado el número phi. Este rectángulo, hoy utilizado en el diseño de diversos objetos de uso frecuente, que van desde el documento nacional de identidad y las tarjetas de crédito hasta las cajetillas de tabaco, tiene uno de sus máximos exponentes en el Partenón ateniense, cuya armonía y equilibrio son un paradigma de belleza arquitectónica.

UN MUNDO MUY RETORCIDO

Una curiosa propiedad de este tipo de rectángulos, es que resulta posible construir a partir de ellos una espiral áurea. Esta última es un diseño presente en el universo hasta extremos inconcebibles.

En el reino mineral se manifiesta en la cristalización de sustancias inorgánicas como la parafina.

En el vegetal domina desde la distribución de las semillas de los girasoles o la formación de las piñas hasta el crecimiento de numerosas plantas cuyo tallo tiene forma de hélice, dando lugar a algo que es conocido en botánica como filotaxia, relacionado con la distribución de las hojas a lo largo del tallo, un fenómeno único que intrigó a genios como Leonardo o Goethe.

La espiral áurea aparece también en el reino animal en infinidad de formas como los colmillos del mamut, los cuernos de los carneros o la lengua de las mariposas y la concha del fósil nautilo, por citar sólo algunas.

Dentro del propio cuerpo humano la encontramos en el cordón umbilical del feto, en la doble hélice del ADN, en nuestra arquitectura ósea o en la estructura interna del oído.

Y también está presente en las espléndidas espirales que crean algunas galaxias o en las que se originan con el movimiento de los ciclones, el agua y los remolinos.

El matemático italiano Leonardo de Pisa, más conocido por el apodo de Fibonacci, descubrió en el siglo XIII la secuencia de números que lleva su nombre y la relación íntima de la misma con la espiral áurea, también llamada por ello espiral de Fibonacci.

Secuencia en espiral

Por esas paradojas que tiene la ciencia, este hallazgo se produjo al intentar resolver un prosaico problema relacionado con la reproducción de los conejos.

La pregunta era: ¿cuántas parejas de gazapos tendremos en doce meses, partiendo de una pareja de gazapos recién nacidos? Para responderla había que partir de estos supuestos: sólo pueden reproducirse sexualmente los conejos con más de un mes de edad, cada embarazo dura un mes, cada pareja de conejos produce una nueva pareja cada mes y ningún gazapo se muere.

El resultado sería: 144 conejos. Lo sorprendente es la forma en que se alcanza esta cifra: durante el primer mes (lo que tardan en alcanzar la madurez sexual) sólo hay un par de conejos, igual que durante el segundo (tiempo que tardan en reproducirse), pero al tercer mes habrá dos pares, en el cuarto tres, en el quinto cinco, en el sexto ocho, etcétera. La secuencia arroja la serie: 1-1-2-3-5-8-13-21-34... Y, al analizarla, se comprende que no hace falta continuar el cálculo, porque la sucesión de números sigue una pauta según la cual cada cifra es el resultado de la suma de las dos anteriores.

¿Qué tiene que ver esto con el número de oro?

Pues que, al dividir cualquiera de las cifras de esta secuencia por el número anterior, el resultado tiene tendencia a acercarse a la cifra 1,618 o número phi. Y que siguen esta misma secuencia todas las espirales áureas de las que acabamos de hablar, desde la formación de las piñas hasta el crecimiento de las hojas en tallos helicoidales de árboles como el manzano, castaño o almendro.

La omnipresencia del número phi en la naturaleza trasciende la casualidad. Debido a ella, según Langdon explica a sus alumnos en una clase magistral (capítulo 20), los filósofos antiguos llegaron a creer que ese número había sido predeterminado por el Creador del universo. Y es que, como apunta mi amigo el célebre muralista mexicano José Reyes Meza tras haber dedicado muchos años al estudio del *hombre de Vitrubio*, «si para los clásicos la naturaleza era Dios, no es extraño que el número de oro fuera pensado como un templo, es decir, un lugar sagrado». Esta convicción, según Meza, «fue depositada en las arcas de lo oculto» y recorrió como un saber secreto las principales corrientes esotéricas a través de los tiempos, dejando su impronta en el arte y monumentos del mundo antiguo.

Los egipcios, por ejemplo, conocían la armónica simetría que origina la sección áurea, como podemos observar en el templo de Luxor —que algunas escuelas esotéricas como los modernos rosacruces consideran su cuna— o en la Gran Pirámide de Gizá. En esta última, el resultado de dividir la altura de uno de los cuatro triángulos que la forman entre el lado es de dos veces phi; y, en la llamada Cámara del Rey que culmina esta construcción, la altura de la pared más la mitad de la anchura del suelo equivale a 16,18 *codos reales* egipcios, una cifra que también incorpora los dígitos esenciales del número de oro.

PENTÁCULO: CLAVE DE SOCIEDADES SECRETAS

Pero aún hay más. Existe otra forma geométrica que atañe especialmente a nuestro estudio: la estrella pentagonal regular, llamada también pentagrama o pentáculo. En ella, la relación entre su diagonal y uno de sus lados arroja de nuevo el número phi, por lo que —como explica Langdon— este símbolo «se convierte en la máxima expresión de la Divina Proporción», nombre que se da en el Renacimiento a la sección áurea.

¿Sería éste el motivo por el cual los pitagóricos eligieron la estrella pentagonal como santo y seña para reconocerse entre ellos?

Es sabido que los números y la geometría tenían, para Pitágoras, la clave de la proporción, orden y armonía en el universo. Símbolos geométricos y aritméticos eran, según su doctrina, modelos anteriores a la creación, principios eternos cuya mera contemplación podía procurar a los iniciados la visión del orden y la armonía de los ritmos del universo. Es decir, que bastaba meditar sobre ellos para que actuaran como una especie de talismanes o condensadores mágicos que, por sugestión, contagiaban al ser humano del orden, el amor y la armonía naturales en el cosmos.

Este célebre filósofo y matemático griego, nacido en la isla de Samos y contemporáneo de Gautama Buda, Zoroastro, Confucio y

Lao Tsé, fue considerado por sus discípulos como la encarnación de un dios.

Diógenes Laercio nos cuenta que el joven Pitágoras «se inició en todos los misterios griegos y bárbaros». Viajó hasta Egipto, donde también se inició en los misterios de Menfis, Dióspolis y Heliópolis, templos cuyos sacerdotes le habrían instruido en la geometría sagrada y el culto a Isis y Osiris. Algunos autores aseguran que también estudió con los magos caldeos en Babilonia.

El hecho es que tenía más de cincuenta años cuando regresó a Samos. Allí fundó una sociedad secreta en la que impartía lecciones que atrajeron a una creciente multitud de adeptos, así como la enemistad del tirano Polícrates, que le obligó a exiliarse a Crotona.

Los pitagóricos vivían en comunas y se regían por unas normas extraordinariamente estrictas, vestían siempre de blanco, tenían prohibida la ingestión de ciertos alimentos como entrañas de animales y judías, aconsejaban la obediencia y el silencio, así como el hábito del autoanálisis. Creían en la inmortalidad y en la transmigración del alma.

Su preocupación por mantener en secreto sus enseñanzas era tal que condenaban la divulgación de sus enseñanzas con la excomunión de la secta y, según ciertas leyendas, incluso con la vida. Este afán por el secreto, que nos impide conocer a ciencia cierta su doctrina y sus prácticas, llevó a los pitagóricos a utilizar una clave cifrada para reconocerse entre ellos. Cuando querían averiguar si alguien que acababan de conocer pertenecía también a su secta, le ofrecían una manzana. Y confirmaban que estaban entre hermanos si la persona cortaba la fruta por el centro, donde puede verse como las semillas forman un estrella perfecta de cinco puntas.

Conexión Venus-Isis

¿Fue la presencia del número de oro en esta figura geométrica el único motivo por el que los pitagóricos la eligieron como seña de identidad?

Cabe suponer que no. Sobre todo porque los pitagóricos sentían debilidad por el número entero, al que veneraban como esencia de todas las cosas. Además el pentáculo tiene significados simbólicos conectados con los Misterios iniciáticos de Isis y Osiris, estrechamente relacionados con la vida, la muerte y la resurrección, elementos que constituían también una parte fundamental de la doctrina pitagórica.

Como explica Langdon en el capítulo 6 de *El código*, entre otras cosas, las cinco puntas del pentagrama simbolizan la unión de los principios masculino (el 3) y femenino (el 2). Esta fusión mística convierte al pentagrama en emblema del Andrógino, ser mitológico que posee los dos sexos, algo que lo convierte en una figura autosuficiente en la cual están presentes los dos principios opuestos y complementarios que hacen posible el ciclo de la renovación de la vida en la Creación.

Además, desde la más remota antigüedad el pentáculo está asociado con el planeta Venus, considerado en todo el Mediterráneo como una divinidad que recibía diferentes nombres: Ishtar, Astarté, Afrodita, Venus... Una asociación que, según Langdon, tiene su origen en el conocimiento que los antiguos astrónomos tenían de la eclíptica de este planeta, que cada ocho años dibuja en el firmamento una forma parecida al pentáculo.

Emblema de perfección y belleza, diosa del amor e intercesora entre el Sol y los seres humanos, Venus es además —dada su condición de estrella vespertina y matutina— un símbolo esencial de la muerte y del renacimiento. En este sentido resulta lógico que esté vinculada a Isis y que el signo astrológico mediante el cual se la representa sea igual que la cruz ansata o *anj*, principal atributo de esa diosa egipcia que detenta el secreto de la vida eterna.

Sólo para iniciados

Pero ¿por qué Saunière dibuja un pentáculo sobre su abdomen?

Para dar a entender que pertenece a una sociedad secreta que practica los antiguos Misterios, relacionados con las escuelas pitagóricas y las creencias gnósticas que acompañaron al cristianismo primitivo.

Como explica el príncipe Matila Ghyka, gran estudioso del

número de oro,* las figuras geométricas pitagóricas y en concreto la pentacular, han sido transmitidas desde la antigüedad hasta nuestros días. Primero, por las células neopitagóricas formadas en Alejandría en los primeros siglos de nuestra era. Luego, por los gnósticos, los neoplatónicos, los hermetistas y muy especialmente por esas cofradías de artesanos y constructores medievales que conservaron un conocimiento iniciático en el cual la geometría desempeñaba un papel preponderante. De estas últimas se consideran herederos los modernos masones, cuyo principal símbolo es precisamente la estrella flamígera de cinco puntas.

El tremendo potencial del pentáculo ha sido utilizado también por corrientes subterráneas de conocimiento como la cábala, la alquimia o la magia.

Pero ¿con qué fin?

Primero, con el mismo objetivo que parecían perseguir los pitagóricos: para atraer las influencias benéficas que esa imagen lleva implícitas.

En segundo lugar, como un código alegórico, como un medio de reconocimiento y comunicación entre los practicantes secretos de una religión primigenia que estaba conectada con los antiguos Misterios de Isis y Osiris. Una religión de tintes gnósticos, que —como hemos visto— fue declarada herética en los albores de nuestra era por la Iglesia triunfante de Roma y que pone el énfasis en la iluminación y transformación espiritual del individuo mediante una serie de prácticas iniciáticas. Su esencia puede resumirse en una frase de Pitágoras: «los mortales a quienes la naturaleza sagrada revela todas las cosas pueden contar con su parentesco con los dioses»; o esta otra: «¿es que no sabéis que sois dioses?».

Por último, un breve y necesario apunte: en el siglo IV a.C. los pitagóricos ya declararon que la Tierra era una esfera que giraba alrededor del Sol. Esa visión fue confirmada hacia el año 250 a.C. por Eratóstenes. Pero fue negada sistemáticamente por la Iglesia, que prefirió adoptar el modelo tolemaico durante 1.500 años y condenar a quien le llevase la contraria. Así que parece muy probable que el signo del pentáculo fuera también un guiño para quie-

---

* *El número de oro*, Poseidón, Buenos Aires, 1968.

nes estaban en posesión de éste y otros conocimientos sobre el funcionamiento del universo, que aparecen reflejados en la disposición de las catedrales y de otros muchos templos distribuidos por todo el mundo, cuya construcción fue dirigida por diversas élites de iniciados.

EL *HOMBRE DE VITRUVIO*

Durante el Renacimiento, la sección áurea cobró una gran importancia en el arte pictórico. A ello contribuyeron varios hechos.

En el siglo XV se descubrió la magna obra *De Arquitectura*, compuesta por diez tomos dedicados al emperador Augusto por el arquitecto Vitruvio en el siglo I a.C. En ella se ensalza la armonía de la proporción geométrica basada en el número dorado.

Presionado por un papado muy influido por la tradición hermética que sin embargo requería que los nuevos conocimientos se adaptasen a los dogmas eclesiásticos preexistentes, en 1509 el monje y matemático Luca Paccioli presentó el número de oro en su libro *La divina proporción*. La portada del mismo fue ilustrada por *Las proporciones de la figura humana*, el famoso dibujo de Leonardo conocido como «el hombre de Vitruvio».

Se trata del diseño que el propio Saunière forma con su cuerpo y que, como dice Langdon se ha convertido en un moderno icono cultural. En él se ve un cuadrado inserto en un círculo, dentro del cual hay un hombre desnudo con los brazos abiertos y sus piernas en dos posiciones: cerradas y abiertas. Pues bien, todas las medidas de este dibujo han sido elaboradas teniendo en cuenta el número de oro. El cuadrado tiene la misma altura que el cuerpo humano, el cual —según Leonardo—, para que sea armonioso, ha de coincidir con la longitud existente entre los extremos de los dedos de ambas manos, cuando éstas se hallan extendidas formando un ángulo de 90° con el tronco. En un cuerpo así, el cociente entre la altura del hombre (determinada por el lado del cuadrado) y la distancia que va desde el ombligo a la punta de la mano (que coincide con el radio de la circunferencia) se corresponde con el número de oro.

COSME DE MÉDICIS RECUPERA LA TRADICIÓN HERMÉTICA

Pero el interés renacentista por el número áureo no es un hecho aislado. Se enmarca en el contexto de la fascinación general que los intelectuales de la época sintieron por un pasado dorado, en el cual las teorías pitagóricas, platónicas y gnósticas brillaron con luz propia.

A esta seducción contribuyó notablemente la traducción al latín de un prestigioso manuscrito griego, llevada a cabo en 1464 por el astrólogo Marsilio Ficino: el *Corpus Hermeticum,* obra atribuida a Hermes Trismegisto (*el tres veces grande*), un personaje legendario al que los griegos habían identificado con el dios egipcio Thot, escriba de los dioses y gran depositario de la sabiduría esotérica.

Era tal el interés renacentista por el antiguo conocimiento que por orden de Cosme de Médicis el trabajo en esta obra, que constaba de catorce tratados, dejó postergada la traducción de los *Diálogos* de Platón.

¿Quién era realmente este Hermes Trismegisto y de qué trataban sus escritos?

Bajo ese nombre aparecieron, a partir del siglo I de nuestra era, numerosas obras sobre magia astral y filosofía. De ellas nos han llegado dos: el *Asclepius* y el *Corpus Hermeticum*, al que Ficino puso el nombre de *Pimander* por ser el del primero de los tratados que la componen. En *Asclepius* se describe la religión egipcia, sus ritos y las fórmulas mágicas mediante las que conseguían transmitir a las estatuas de sus dioses el espíritu y los poderes del cosmos. En la segunda se nos habla de la creación del mundo y se describe la ascensión del alma a través de las esferas celestes hasta llegar al reino divino: una teoría del viaje *post mortem* que nos permitiría entender mejor la gran importancia que los antiguos egipcios concedían a la orientación estelar de las grandes templos y pirámides, con el fin de facilitar el viaje hacia el más allá de los faraones y grandes iniciados.

LEY DE CORRESPONDENCIA

Durante siglos se consideró que estos textos habían sido escritos en tiempos anteriores al cristianismo. Y, aunque ambas obras fueron datadas en el siglo XVII como escritas entre los años 100 y 300 d.C., durante el Renacimiento se persistió en suponer que eran textos antiquísimos. Una creencia que, por otra parte, compartían algunos Padres de la Iglesia, san Agustín y Lactancio, quienes veían a Hermes como un gran profeta pagano, pues creían que sus obras anunciaban veladamente la llegada del Hijo de Dios.

Lo cierto es que la influencia de los textos herméticos está presente a través de los siglos en toda corriente esotérica: desde las filosofías de Pitágoras, Platón y Plotino, hasta la alquimia árabe o los tratados mágicos de Paracelso y Agrippa, así como en el pensamiento de muchos genios renacentistas, desde Botticelli, Durero o Leonardo a Giordano Bruno, Marsilio Ficino y Pico della Mirandola, por citar solo algunos.

Una de las claves esenciales para comprender esta doctrina está sintetizada en la frase con la que comienzan todas las obras atribuidas a Hermes: «lo que está arriba es como lo que está abajo». Y también en esta otra sentencia hermética: «todo es Uno y todas las cosas han nacido de esta cosa única por adaptación».

Partiendo de este principio de correspondencia que, en realidad, fue la clave de la magia natural utilizada en la Edad Media y el Renacimiento, lo único que tenía que hacer el adepto al hermetismo era mantener abierto el circuito que conecta el mundo divino superior con el alma sensible.

¿Cómo lo hacía?

Sencillamente, mediante la creación y contemplación de imágenes simbólicas cuyo significado aprendía de memoria. Las representaciones reunían todos aquellos elementos positivos de la naturaleza y las estrellas que los practicantes deseaban atraer. Y se convertían así en canales a través de los cuales se difundía el influjo de las cosas superiores hacia las inferiores. Del mismo modo que la contemplación de las formas geométricas podían inspirar en los pitagóricos la armonía y el orden.

De ahí la importancia que para sus propios autores tuvieron

cuadros como la *Mona Lisa*, del cual Leonardo nunca se separó. Y otras tantas obras renacentistas de cuyo significado oculto hablaremos en los siguientes capítulos, para acabar de comprender las implicaciones ocultas en el mensaje del primer acertijo de *El código*, que es el hilo conductor de todo su argumento.

14

Leonardo, sembrador de mensajes ocultos

«Diavole in Dracon, ¡Límala asno!»

Como el lector bien sabe, la solución de este anagrama, que Saunière escribe con su sangre, es: «Leonardo da Vinci, ¡La Mona Lisa!».

Merece la pena detenernos en este genial artista y en su obra más celebrada, porque ambos son los protagonistas en la sombra de El *código*.

Leonardo pintó este cuadro en una ciudad y una época hechizados por la nostalgia de la antigüedad clásica. En un brillante momento histórico donde imperaban conceptos como belleza, amor y perfección; y eran expresados, bajo el sello de la Divina Proporción, por artistas como Rafael, Miguel Ángel, Durero, Correggio, Botticelli o el propio Leonardo.

Florencia era, a finales del siglo XV, una ciudad próspera y liberal, paradigma de las ideas humanistas. Estaba regida por una democracia singular y elitista, en la cual los ciudadanos más ricos —entre quienes destacaban los poderosos Médicis— accedían al poder mediante un sistema electoral a su medida. También era un hervidero cultural y humano pues, además de sus 125.000 habitantes, se daban cita en ella peregrinos procedentes de todo el mundo.

MAGIA CABALÍSTICA Y CÓDIGOS CIFRADOS

Basta con pensar en todo lo sucedido en esa ciudad, durante un espacio de tiempo relativamente corto, para comprender por qué se la ha llamado «manantial del Renacimiento». Allí se realizaron obras inmortales, como los frescos de la capilla Sixtina, o la *Mona Lisa*. También se llevaron a cabo gestas arquitectónicas como la cúpula del Duomo y se elevaron los maravillosos palacios que aún hoy nos deslumbran, a orillas del río Arno. Y otras de carácter netamente cultural, como la ya mencionada traducción del *Corpus Hermeticum*, la de los *Diálogos* de Platón y otros textos neoplatónicos, llevada a cabo por la Academia de Florencia, bajo la dirección de Marsilio Ficino y el mecenazgo de Lorenzo de Médicis.

Auspiciado por dicha institución, Pico della Mirandola, alumno de Ficino entusiasmado por la magia natural y la cábala, propuso en Roma, durante un debate público, sus novecientas tesis. Con ellas intentaba demostrar que magia y religión eran reconciliables, y proponer un método que permitiese alcanzar los poderes espirituales superiores. Los teólogos le condenaron a la cárcel. Pero su propuesta se granjeó la simpatía de intelectuales y artistas.

Influidos por las tesis de Pico y por las ideas mágicas de Ficino, genios como Miguel Ángel, Donatello, Botticelli o Leonardo, supieron cómo infundir en sus obras el aliento divino. Pero, al igual que los políticos se vieron obligados a utilizar códigos secretos en sus cartas, también los artistas debieron expresar sus convicciones heterodoxas en clave cifrada. Ocultaron mensajes en sus obras, valiéndose de criptogramas que eran inteligibles sólo para los iniciados, lo cual les mantenía a salvo de la persecución eclesiástica, que controlaba con mano férrea todas las manifestaciones artísticas.

El lema de aquel momento venía a ser: «El pasado siempre fue mejor». Así, los reformadores religiosos volvían a estudiar las Escrituras, traduciendo al latín los Evangelios con la sensación de estar recuperando un tesoro genuino. Algunos intelectuales intentaban recuperar la tradición hermética del antiguo Egipto e incorporar la cábala judía en un contexto cristiano. Pintores e intelectuales volvían sus ojos hacia la filosofía neoplatónica, donde se describía un mundo ultrasensible de formas perfectas y eternas frente a lo efímero y corruptible de la materia...

ARTISTAS RENACENTISTAS CONVERTIDOS EN MAGOS

¿Y sí se pudiera penetrar lo impenetrable y obtener un conocimiento de lo eterno? ¿Y si fuera posible conocer a Dios a través de la intuición o de la iluminación?...

Ése era el tipo de preguntas que se hacían. Y, en la búsqueda de las respuestas fueron de crucial importancia los *Diálogos* de Platón, las *Enéadas* de Plotino o la *Tabla Esmeralda*, atribuida a Hermes, cuyo principio básico recordamos: «Lo que está arriba es como lo que está abajo» y viceversa. ¡Toda una fórmula que muestra el sendero gnóstico para acceder al mundo divino!

Siguiendo esta pauta, los artistas —mediante un proceso de contemplación alquímico— podían elevarse, gracias a su imaginación interior, desde la tierra al cielo, hasta sentirse llenos de luz. En esa condición de éxtasis iluminado invocaban a los poderes superiores y se ponían a trabajar, convirtiendo sus obras en visiones de conceptos puros, como lo eterno, el amor, la perfección o la amistad.

Podemos rastrear la huella de esta estratagema en numerosas obras renacentistas, que están marcadas por símbolos geométricos pitagóricos como la Divina Proporción o bien por la presencia —simbólica o no— de la diosa Venus, emisaria de la belleza. Este último es el caso de célebres pinturas de Alessandro Filipepi, conocido por el sobrenombre de Sandro Botticelli, como *La primavera* o el *Nacimiento de Venus*.

La perfecta armonía de las dos obras mencionadas reside en la Divina Proporción, presente tanto en las medidas de la figura central, como en los lienzos rectangulares donde fueron realizadas y cuyas medidas se acercan mucho a Phi. Probablemente este detalle es ya un primer mensaje críptico, en recuerdo del pentáculo pitagórico que era emblema tanto del número de oro como de Venus, como ya explicamos en el anterior capítulo.

Dos cuadros talismán

En opinión de Frances A. Yates, la principal experta en la explosión ocultista de aquella época, es muy probable que el contenido de *La primavera* fuera diseñado por Marsilio Ficino. De hecho, éste fue quien la encargó para la boda de su discípulo, Lorenzo Pierfrancesco de Médicis, que llevó a Florencia a su máximo esplendor, sobre todo tras salir victorioso de la conjura contra su familia urdida por el papa Sixto IV.

Como ya hemos dicho, Ficino fue traductor de las obras de Hermes; además, estaba versado en astrología, magia natural, simbolismo, filosofía neoplatónica y gnóstica. Hay razones para suponer que concibiese *La primavera* como una forma de enseñanza sobre el amor o bien como un auténtico talismán cuyos símbolos ejercerían una influencia benigna y vivificante sobre la nueva pareja y sobre cuantos la contemplasen.

Los autores de *El enigma sagrado* sostienen que este complejo cuadro es «una ampliación del tema de la Arcadia», epicentro mitológico del Priorato de Sión. Con Venus como motivo central, está plagado de figuras de la mitología clásica, aunque éstas no componen ninguna escena conocida. Pero si algo llama la atención es su tamaño (203 × 314 cm), enormes dimensiones que se reservaban entonces para temas sacros. Esto sugiere que Ficino y Botticelli tuvieron la intención de sacralizar así un tema profano, como un paso más en el velado intento que se dio en aquel enclave espacio-temporal de restaurar el culto pagano a la naturaleza y a la divinidad femenina.

Algo similar puede decirse del *Nacimiento de Venus*, también de gran tamaño y pintado para decorar un palacio del propio Lorenzo el Magnífico. Como ocurre con la anterior, el objetivo de dicha obra es proseguir la educación de este último. Y la prueba está en una carta que Ficino escribió a su pupilo, rogándole que meditara sobre Venus como si se tratara de *Humanitas*, figura en la cual se compendiaban todas las virtudes. Estas palabras sugieren que esa *Humanitas* es la misma Venus que aparece en *La primavera*.

La presencia de Mercurio en ambas obras induce a considerarlas como alegorías que describen un proceso de alquimia, dado que este dios romano no es otro que el Hermes griego y se le considera el elemento vivificante de toda transformación mágica o alquímica.

UN ESOTERISTA INDUDABLE

El código presenta a Botticelli como gran maestre del Priorato, desde 1483 hasta su muerte en 1510. En ese momento supuestamente le habría sucedido en el cargo Leonardo, según la primera lista de sus presuntos dirigentes divulgada por el Priorato de Sión.

Para los autores de *El enigma sagrado*, no hay duda de que la mayoría de su obra «refleja una encarnación de principios esotéricos». De hecho, su predisposición hacia los mismos ha sido defendida por notables estudiosos académicos del ocultismo renacentista, como Yates y Wind.

Pero la mísera situación en que pasó los últimos días de su vida no nos invitan a verle precisamente como máximo mandatario de una sociedad poderosa como el Priorato. No olvidemos que sus presuntos predecesores en ese cargo habrían sido nada menos que la muy noble Iolande de Bar y su padre, el todopoderoso Renato de Anjou, rey, conde y duque de multitud de tierras.

Ignoramos si Botticelli perteneció a una sociedad secreta, que en el mejor de los casos no era conocida entonces por este nombre. Pero en lo que Langdon no se equivoca (capítulo 61) es al asegurar que sus obras intentaban restaurar el culto a la prohibida divinidad femenina.

Además, durante el período exacto en que supuestamente habría sido gran maestre del Priorato, Botticelli pintó *La Virgen de la granada* y *La Virgen del Magnificat*, en las que parece haber reflejado sus creencias gnósticas. En una, el Niño Jesús sostiene una granada abierta, símbolo de la fertilidad física y sexual, en la cual algunos ven una alusión a su posible descendencia. En otra, un ángel mira hacia el espectador con un aspa roja cruzándole el pecho, símbolo de la «verdadera iluminación» para los herejes de aquella época.

Otra obra suya de ese mismo período es *Derilecta*, en la cual se ve a una mujer sollozando, lo que algunos suponen es una alusión a María Magdalena.

Tampoco debemos olvidar que Botticelli pudo ser el autor de una de las barajas de tarot más antiguas que se conservan, aunque generalmente se atribuye a su preceptor Mantegna. Y aún menos olvidaremos las fascinantes ilustraciones que Botticelli realizó para ilustrar la *Divina Comedia* por encargo de la familia Médicis. Porque esta obra es un auténtico viaje iniciático a través de los diversos niveles de conciencia en los que podemos vivir los seres humanos. Y porque su autor, el trovador y esoterista florentino Dante, glorificó como nadie el ideal femenino, simbolizado por su amada Beatriz, sosteniendo que el amor podía permitirnos renacer a una *vida nueva*, ideas que resultarán muy familiares a quienes hayan profundizado en *El código*. Como político güelfo, Dante se opuso a la dominación pontificia y propuso la unión de los seres humanos bajo un gobierno universal, dos ideas por las que varias sociedades secretas lucharían siglos después.

UN GENIO HERÉTICO

Leonardo da Vinci y Botticelli trabajaron juntos en la *bottega*, el taller, del gran artista y alquimista florentino Andrea Verrocchio. Compartieron, pues, la misma música, ideas filosóficas herméticas y conceptos de ciencia natural que allí se enseñaban. Los dos artistas tuvieron entre otros mecenas a los Médicis, en cuya corte imperaban las ideas herméticas y gnósticas, como hemos visto. Todo ello apoyaría la tesis de su conexión con una sociedad secreta, aunque ésta no fuese la predecesora del actual Priorato de Sión.

Pero, al margen de este hipotético vínculo, no cabe duda de que Leonardo profesaba en secreto una herejía relacionada con el gnosticismo o el maniqueísmo, y que también practicaba la magia natural de Ficino, al igual que Botticelli. Al menos es lo que cabe deducir tras analizar los abundantes detalles heterodoxos que encontramos en sus obras de contenido cristiano. En algunas de ellas, como la *Adoración de los Magos* o *La Última Cena*, el pintor se retrató a sí mismo dando la espalda a la figura de Jesús, una actitud de negación que da a entender que no estaba de acuerdo con la doctrina cristiana ortodoxa. Por éste y otros motivos, su biógrafo Vasari dijo de él que tenía una «mentalidad herética» y Yates le califica como «rosacruz primitivo»:

Leonardo nació en 1452, en el pueblo toscano de Vinci. Hijo natural de un rico notario florentino, se dice que el hecho de ser un bastardo le marcó psicológicamente. Tenía sólo ocho años cuando su familia se trasladó a Florencia, donde pudo recibir una exquisita educación.

Era elegante, persuasivo en la conversación y un extraordinario músico. Y logró un saber polifacético que abarcaba numerosos campos, desde las matemáticas a las ciencias naturales, anatomía, óptica, mecánica, artefactos de guerra o ingeniería hidráulica —que puso al servicio de Ludovico Sforza— y, por supuesto, la pintura.

Leonardo también pudo poner su genialidad al servicio de la criptografía. Obsesionado con la idea de que alguien pudiera plagiar sus geniales ideas tomaba siempre sus notas con la mano izquierda y en sentido contrario, de modo que sólo al poner sus textos ante un espejo eran descifrables. Y, según afirma Brown, también habría sido inventor de un sistema que el abuelo de la protagonista de *El código*, Jacques Saunière, habría hallado en los diarios secretos de Leonardo y al que él mismo bautizó con el nombre de criptex (cap. 47).

En realidad, no conocemos ninguna referencia a este supuesto invento del genial Leonardo; es más bien un invento de Brown cuya introducción resulta indudablemente legítima en una novela.

En la novela de Brown, el criptex sería un cilindro que hace las veces de caja fuerte y permite a la información confidencial viajar entre fronteras sin peligro de caer en manos enemigas. En su interior van ocultos los mensajes escritos en un papiro y un tubo de vidrio con vinagre líquido. Si se fuerza el criptex, el tubo se rompe y libera el vinagre, el cual a su vez disuelve en cuestión de segundos el papiro. Por tanto es necesario abrir el criptex sin forzarlo y ello sólo se consigue, como en el caso de las cajas fuertes, hallando una clave que, en el argumento del libro, siempre es una palabra simbólica.

Pero de todos los talentos de Leonardo, el que más nos interesa aquí es su arte pictórico, pionero en las singulares técnicas del *sfumato* y el claroscuro, de las que fue uno de los primeros grandes maestros. Técnicas que crearían escuela entre otros pintores contemporáneos y posteriores al él, como Rafael, Andrea del Sarto, Fra Bartolomeo o Correggio.

El *sfumato* consiste en eliminar los contornos netos y precisos de las líneas y diluir o difuminar éstos en una especie de neblina que produce el efecto de inmersión en la atmósfera. Algo muy adecuado para sugerir misterio, crear efectos de lejanía en los paisajes, e incluso ocultar en ellos mensajes crípticos.

El claroscuro, a su vez, es la técnica que permite modelar las formas a través del contraste de luces y sombras.

Ambos procedimientos cobran gran trascendencia en sus pinturas más enigmáticas como *La Virgen de las rocas*, *Juan el Bautista* y *La Gioconda* (o *Mona Lisa*). Obras estas dos últimas de las que el pintor nunca se separaría y de cuyo velado significado nos ocuparemos más adelante.

La Virgen de las rocas

Nada más trasladarse a Milán, y probablemente por no traicionar a sus convicciones heréticas, Leonardo declaró que no doblegaría su voluntad ante ningún capricho de su clientela, y mucho menos en temas religiosos.

Dejó inconcluso, entre otros, su primer pedido, un retablo sobre la *Adoración de los Magos* para los monjes de San Donato de Scopeto. Y luego, cuando la Cofradía de la Inmaculada Concepción le encargó *La Virgen con el Niño y dos profetas*, en lugar de ajustarse al tema requerido, lo interpretó a su manera y realizó la famosa *Virgen de las rocas*.

Esta tabla de casi dos metros es, como el lector recordará, el cuadro elegido —y es una elección nada azarosa— para que Sophie encuentre en él la llave del Priorato escondida por su abuelo. Aquí realmente comete Brown uno de sus errores, no tan abundantes como pretenden algunos críticos. Pues, aunque hace una correcta descripción del contenido del cuadro (cap. 32), cuando Sophie lo utiliza como chaleco antibalas para protegerse del guardia de seguridad (cap. 30), dice de la pintura que sólo es un trozo de tela, y amenaza con romperla con la rodilla, algo difícil de ejecutar con una tabla de ese tamaño.

El caso es que, por motivos poco claros, los clientes de Leonardo no quedaron nada contentos con esta pintura. El artista tuvo que hacer otra versión de la misma, llamada también *La Virgen de las rocas*, actualmente en la National Gallery de Londres. Mientras que la primera y más herética es la que podemos ver en el Louvre.

En todo caso, sobre ambas se han vertido numerosas especulaciones. Para empezar es la primera obra en la que Leonardo utiliza el *sfumato*. Y, según Langdon insinúa (cap. 40), algunos grupos de buscadores del Grial creen que la técnica habría servido aquí para sugerir un paisaje escocés de colinas cavernosas, donde podría hallarse la célebre reliquia. Mientras otros creen que una de las rocas con forma de columna que puede verse en el ángulo derecho recuerda a otra situada en la cara norte de las montañas donde está enclavado el castillo de Blanchefort, en las proximidades de Rennes-le-Château, localidad fundamental en esta trama, de la que hablaremos más adelante.

Por otra parte, no faltan interpretaciones que la vinculan a una herejía relacionada con san Juan el Bautista. Y otras con la posible creencia de Leonardo —que también se deja entrever en su *Última Cena*— en que Jesús tuvo hermanos. Esto último es algo que afirman los evangelios canónicos, aunque la Iglesia de Roma haya mantenido —sin base filológica seria— que dicha palabra debe ser interpretada como *primos*. Hoy esto es aceptado como la interpretación más correcta del Nuevo Testamento por los protestantes y por la mayoría de los modernos expertos católicos, pese a que la inmensa mayoría de los creyentes lo ignoren y se nieguen a aceptarlo.

POSICIONES EQUÍVOCAS

En un principio, el encargo realizado por la cofradía tenía como finalidad representar un acontecimiento que no está presente en los evangelios pero sí en las tradiciones cristianas. Se trata del momento en el que, durante su huida a Egipto, la Sagrada Familia se refugia en una cueva del desierto, donde encuentran al infante Juan Bautista bajo la protección del arcángel Uriel.

La intención de esta leyenda era justificar que el Bautista hubiera bautizado a Jesús cuando —si éste había nacido libre de pecado— no necesitaba tal rito, siendo algo que además parecía conferir a su primo cierto ascendiente sobre él. Según dicha tradición, fue precisamente durante ese encuentro cuando Jesús habría concedido, bendiciendo a su primo, el privilegio de bautizarle cuando ambos fuesen mayores.

Sabiendo que Leonardo tenía debilidad por el personaje de Juan el Bautista es de suponer que este trabajo le fascinó. No puede decirse lo mismo de las monjas que eran sus clientes. Es más, su disgusto al ver la obra terminada fue tal que sus relaciones con el pintor acabaron en un pleito prolongado durante dos décadas. Pero ¿por qué? ¿Tan sólo porque el pintor representó una escena muy realista y escueta, en lugar de una pintura fastuosa cargada de los dorados tan al uso en aquella época?

La respuesta no es tan sencilla. Analicemos primero qué ocurre en la obra.

En ella no aparece san José, sino tan sólo la Virgen vestida con una túnica azul y rodeando con un brazo protector a un supuesto Niño Jesús, mientras que el ángel Uriel, con una túnica roja, hace lo mismo con Juan. Pero la identidad de ambos niños es incierta pues, además de que son prácticamente iguales, el que aparece con la Virgen está de rodillas y en posición de ruego, mientras el que está junto al ángel hace la señal de bendecir.

EL «GESTO DE JUAN»

Posiciones y ademanes que, según Picknett y Prince, han llevado a los historiadores del arte a suponer que Leonardo eligió colocar a los niños al revés: Juan al lado de María, y Jesús junto al ángel, ya que sólo el niño con más autoridad (Jesús) puede bendecir al otro (Juan). Un argumento al que *El código* también hace referencia (cap. 32).

Partiendo de esta última hipótesis (Juan con María y Jesús con el ángel), encontramos en el cuadro otros detalles nada ortodoxos, por ejemplo que la mano de María se alza sobre la cabeza de Jesús, como si sujetara un objeto invisible (¿una corona o una cabeza?). Mientras tanto, el ángel, que no tiene su mirada puesta en la escena sino más bien en el espectador, como si quisiera hacerle partícipe de un secreto, dirige su mano derecha con el índice extendido, en un gesto amenazador que apunta al cuello de san Juan Bautista (el niño que está con la Virgen).

Este ademán del ángel, llamado «el gesto de Juan» porque es el mismo que hace el apóstol en el cuadro de Leonardo que lleva su nombre (*Juan el Bautista*), es un ademán clave en muchas de las obras de este genio. Podría tratarse de un mensaje críptico en alusión a toda una corriente herética, presente ya en el cristianismo gnóstico primitivo, cultivada por la llamada Iglesia de Juan, de la que muchos esoteristas y sociedades iniciáticas se consideran continuadores, aunque la inmensa mayoría están convencidos de que se trata de Juan el Evangelista.

Autores como Picknett y Prince sostienen que Juan el Bautista fue un destacado dirigente político, y que su doctrina, contaminada por influencias neopitagóricas y egipcias importadas por los esenios, representaba una gran amenaza para el poder establecido. Jesús, cuyas supuestas aspiraciones dinásticas estarían apoyadas por ser descendiente directo de David y poseer sangre real, habría pertenecido en principio a su grupo. Pero, por motivos oscuros, hubo un cisma en el interior del movimiento, originado por una conspiración. El trágico desenlace de ésta habría sido la decapitación injusta de Juan, que habría allanado el camino de Jesús hacia el trono de Israel. Una hipótesis que resulta tan ofensiva como gratuita, por no apoyarse en base documental alguna.

Curiosamente, en la segunda versión del citado cuadro que las monjas aceptaron, la que hoy está en Londres, la diferencia más patente es que falta el «gesto de Juan» (la alusión velada a la decapitación injusta del Bautista) y la mirada del ángel se dirige más hacia la escena que hacia el espectador. Al mismo tiempo, el niño que está junto a María lleva la cruz larga asociada al Bautista, no habiendo duda de que quien bendice es Jesús, situado junto a Uriel.

Estas diferencias dejan muy claro qué cosas disgustaron a las monjas en la primera.

¿QUÉ NOS ESTÁ DICIENDO LA ÚLTIMA CENA?

No menos misteriosa, compleja y herética es La Última Cena de Leonardo, tan importante para el argumento de El código y en la cual, entre otros muchos detalles heterodoxos, también aparece «el gesto de Juan».

Aunque la leyenda dice que le llevó muchos años pintarla, lo cierto es que sólo tardó tres. Leonardo realizó este cuadro, considerado su obra maestra, por encargo de Ludovico el Moro, quien lo destinó al monasterio milanés de Santa Maria delle Grazie.

Desafortunadamente realizó con ella un experimento utilizando óleo sobre yeso seco, lo cual hizo que ya estuviese gravemente deteriorada sólo tres años después. Durante siglos se ha intentado restaurarla, pero hasta 1977, gracias a las nuevas tecnologías, no se ha conseguido al fin mejorarla notablemente, lo cual nos permite observar mejor la fisonomía de los personajes.

Vayamos por partes.

Lo primero que destaca en ella es la ausencia del cáliz y del cordero pascual, y el hecho de que los panes estén sin partir, lo cual parece contradecir la doctrina tradicional de la Iglesia.

La interpretación académica más aceptada asegura que ello es debido a que reproduce la Última Cena tal como es descrita en el Evangelio de san Juan, sin institución de la Eucaristía, y concretamente el momento en que Jesús avisa a sus apóstoles de que «uno de vosotros me traicionará» (Juan 13, 21).

Pero en realidad, tal y como Langdon y Teabing explican a Sophie (caps. 55 y 56), el cáliz está presente, aunque de forma muy sutil, en la V que el cuerpo de Jesús forma con el apóstol sentado a su derecha. Esta figura, que siempre se creyó que era la del joven Juan, muestra una cabellera pelirroja, manos muy femeninas, un collar y una curva en los pechos que inducen a pensar se trata de una mujer.

Los partidarios de la tesis según la cual el Santo Grial es en realidad la sangre de Jesús, perpetuada a través de los hijos que habría tenido de su matrimonio con María Magdalena, defienden que este apóstol supuestamente tan afeminado, no es sino la Magdalena. De ahí que sus vestiduras tengan los colores invertidos en relación a la figura de Jesús. Éste con túnica roja y capa azul, la mujer con una túnica azul y capa roja, en un juego de espejos que hace del uno el complemento del otro. Ambos parecen además unidos por la cadera y se inclinan en direcciones opuestas, de modo que entre ellos hay un espacio triangular, una V que simbolizaría el vientre femenino, el verdadero cáliz del Santo Grial.

¿QUIÉN ES QUIÉN?

No acaban aquí los elementos desconcertantes sembrados en esta obra y que Brown recoge en el capítulo 58 de *El código*.

Habitualmente, cuando se pintaba la Última Cena en una mesa rectangular, se disponían seis apóstoles a cada lado de Jesús. Pero aquí se hallan en grupos de tres, mostrando ira, asombro y desconfianza ante el anuncio que acaba de hacerles su Maestro. Habitualmente se suele identificar las figuras en este orden: Bartolomé, Santiago el Menor, Andrés, Judas Iscariote, Pedro, Juan, Jesús, Tomás, Santiago el Mayor, Felipe, Mateo, Judas Tadeo y Simón. Pero la única identidad que queda clara es la de Iscariote, porque tiene una bolsa con las monedas.

Pues bien, si observamos con detenimiento el grupo, veremos que Leonardo se retrató a sí mismo en la figura de Judas Tadeo (segunda figura por la derecha), dando la espalda al grupo y al propio Jesús. Nos encontramos con Santiago el Mayor (a la derecha de Jesús) haciendo «el gesto de Juan», que esta vez apunta al Maestro como un anuncio de la muerte inminente que se cierne sobre él. Luego, la mano derecha de Pedro que corta directamente el cuello de la supuesta María Magdalena. Este ademán parece revelar la gran animadversión que, según los evangelios gnósticos, el considerado Padre de la Iglesia sentía hacia la mujer que es descrita en algunos de éstos como el discípulo predilecto de Jesús y en otros como su compañera; incluso el peligro en que se encontraría la Magdalena si Jesús desaparecía.

Esta última es una hipótesis que en el cuadro parece avalada por otro detalle inquietante: una daga que no empuña nadie —¿o la empuña Pedro en un alarde de contorsionismo?— y se adivina sobre la mesa, entre los apóstoles Andrés y Judas Iscariote.

¿Tenía Jesús un hermano gemelo?

Por si todo esto fuera poco, la penúltima figura (o la segunda empezando por la izquierda), que supuestamente corresponde a Santiago el Menor, es un calco de Jesús y señala a éste con su mano izquierda extendida. ¿Se trata de una alusión a un presunto hermano gemelo de Jesús? ¿O de aquel que, según una creencia que los musulmanes heredaron de varias corrientes heréticas, habría sido crucificado en su lugar?

Sin embargo, en el evangelio griego de Juan (20:24), se llama Dídimo (que en griego quiere decir *gemelo*) al apóstol conocido en los tres evangelios sinópticos como Tomás (sobrenombre que en arameo significa *gemelo*), una denominación que podríamos suponer simbólica en ese contexto. Pero en el *Evangelio de Tomás*, un apócrifo de elevada espiritualidad que parece remontarse a finales del siglo I, se identifica a este apóstol como «Judas *Tomás*» (Judas el Gemelo), idéntico nombre que recibe en el apócrifo *Hechos de Tomás*, donde hay alusiones muy directas a la similitud física entre Jesús y Judas «el gemelo».

Quizá aludan crípticamente a esta vieja creencia herética —muy perseguida por la Iglesia— tantos cuadros en los que se ve a la Virgen acompañada de dos niños muy parecidos entre sí, entre ellos el de la *Virgen de las rocas* de Leonardo y su bosquejo conocido como *La Virgen con san Juan Bautista y santa Ana*, o la *Madonna* de Correggio, que también está en el Louvre.

Normalmente se interpretan esas escenas como si se tratara de Jesús y de Juan el Bautista. Pero existe otra teoría fascinante, defendida por Rudolf Steiner, el brillante clarividente, filósofo y fundador de la escuela antroposófica. Éste interpreta dichos cuadros y la tradición heterodoxa relativa a un gemelo de Jesús sosteniendo que existieron dos niños Jesús dotados de muy diferentes virtudes y que habrían acabado por fusionarse en uno solo.

Según Steiner hubo en realidad dos parejas formadas por dos hombres llamados José y dos mujeres llamadas María. Una de estas últimas vivía en Nazaret, era virginal y descendía de David por la línea de Natán. Y otra vivía en Belén, era una mujer más mayor y descendía de David por la línea real que pasa por Salomón.

Las dos familias habrían coincidido en Nazaret, haciéndose amigas. Ambos niños crecieron juntos pero eran muy distintos. El salomónico, pletórico de sabiduría. El natánico, como un ser angelical incapaz siquiera de hablar normalmente ni adaptarse a la vida humana. Pues bien, según Steiner, durante el episodio evangélico en el cual Jesús se pierde en el Templo, lo que realmente ocurrió es que se realizó una fusión mística entre ambos. El niño natánico murió, mientras Jesús sobrevivió, reuniendo —a partir de ese momento— las diferentes cualidades que necesitaba para su misión excepcional: la inteligencia de un hombre sabio y la pureza espiritual de un ángel.

LA IMPORTANCIA DE LA LETRA M

Por último, este análisis detenido de *La Última Cena* nos revela que los cuerpos de Jesús y la supuesta Magdalena forman una letra M enorme que es interpretada por los defensores de la conexión Grial-Magdalena como la inicial de quien habría sido la esposa de Jesús e incluso la M de matrimonio.

Esta letra M aparece también en el frontispicio del altar de Notre-Dame-de-France, en Leicester Place (Londres), así como en el mural que hay tras él, y que representa la Crucifixión. Una obra que, para añadir mucha más intriga a este enigma, fue realizada en 1960 por el pintor francés Jean Cocteau quien, según los *dossiers secrets,* habría sido también gran maestre del Priorato de Sión.

En dicho mural sólo se ve al crucificado de rodillas para abajo, pese a tratarse del personaje central. Mientras que el propio Cocteau se autorretrata como un testigo presencial de la escena, que sorprendentemente se vuelve de espaldas a la cruz con un gesto decepcionado, como si estuviera dudando de la veracidad de lo que ve, al igual que hizo Leonardo.

15

¿Qué secretos oculta la sonrisa de la Gioconda?

¿Quién es esta mujer de legendaria sonrisa y frente ancha? ¿Qué alianzas sigilosas oculta su impasible mirada?

Tal y como dice Langdon (cap. 26), la celebridad de esta obra no es debida a su enigmática expresión, ni al misterio de la identidad de la modelo, sino a que el propio Leonardo nunca se separaba de este cuadro, por considerar que en él había conseguido su mejor expresión de la belleza femenina.

Son muchos, sin embargo, los que no se han conformado con esta explicación sencilla, y que creen adivinar, bajo las capas de óleo que cubren esta pequeña tabla, un secreto velado por su sonrisa. Un secreto cuya clave podría tener el nombre que popularmente se le da al cuadro: *Mona Lisa*.

Nada es lo que parece

El mayor y mejor custodiado enigma del mismo es la identidad de la modelo. Se cree que Leonardo lo pintó tras haber regresado a Florencia, entre 1503 y 1506. En ese tiempo realizó varios retratos más, pero sólo conservamos éste.

El nombre por el cual es conocido, Mona Lisa, ha invitado a creer que se trata de Lisa Gerardini, la joven esposa de un rico comerciante florentino, Francesco Giocondo. De ahí que se le llame también *La Gioconda*. Sin embargo, en esta pintura, como en tantas otras de Leonardo, nada es lo que parece.

La primera referencia a la Mona Lisa la hizo, en 1517, Antonio de Beatis, secretario de un cardenal que visitó a Leonardo en su última residencia en el castillo francés de Cloux, donde vivía invitado por el rey Francisco I. En la habitación de Leonardo, Beatis pudo contemplar el retrato de una mujer. Y, ante su interés, el pintor le habría explicado que se trataba del retrato de una dama florentina, realizado a instancias del fallecido Juliano de Médicis, muy amigo de Leonardo.

Un testimonio de primera mano que ha hecho creer a algunos que la modelo bien podría ser la favorita de Juliano. De hecho, la única fuente que atribuye el retrato al encargo del rico comerciante florentino Francesco Giocondo es el historiador Giorgio Vasari.

Pero, de ser cierta la información de Vasari, cabría preguntarse por qué Leonardo se quedó con el cuadro. La explicación más socorrida es que invirtió tanto tiempo en su realización que su cliente murió antes de finalizarlo. Otra sostiene que se lo entregó, pero la obra original desapareció en un incendio en el palacio de Giocondo. En todo caso, la solución a este enigma sería que el genio hubiera realizado varias versiones de la obra, algo verosímil, teniendo en cuenta que tardó tres años en completar el retrato.

LAS OTRAS VERSIONES DE ESTA OBRA

Algunos indicios apoyan esta última teoría. El primero es un boceto del mismo que el célebre Rafael Sanzio llevó a cabo tras visitar, en 1504, el estudio de Leonardo y quedar fascinado por la pintura. En la ilustración de Rafael se ven al fondo unas columnas griegas que no han podido descubrirse en la obra del Louvre, ni siquiera tras sucesivas radiografías.

Por otro lado, Vasari dice del retrato que abundaba en detalles fascinantes, como las cejas saliendo de cada poro de la piel o las pestañas. Claro que el historiador no había visto la pintura, por lo cual resulta probable que su opinión estuviera basada en las de otros o en copias realizadas por artistas menores.

El caso es que la «mujer del Louvre» no tiene ni cejas ni pestañas. Se ha querido argumentar que el paso del tiempo las habría borrado pero, como ocurrió con las columnas de Rafael, las modernas técnicas han revelado que nunca las tuvo. Basándonos en estos dos datos cabe pensar que hubo al menos dos Giocondas distintas.

Curiosamente, en el Museo del Prado de Madrid es posible contemplar un retrato llamado Gioconda. Se trata de una copia realizada en el siglo XVI por un pintor español, en el que la modelo sí tiene cejas y pestañas.

Un hallazgo efectuado en 1914 por Hugh Blaker, experto en arte renacentista, añade más misterio al asunto. Tal y como cuenta el historiador Nacho Ares, se trata de un cuadro muy parecido a la Mona Lisa, descubierto por este erudito en la ciudad de Bath, una población del suroeste de Inglaterra.

En este retrato se pueden ver no sólo las columnas sino también las cejas y pestañas, y la mujer es muy joven, como lo era Lisa Gherardini, mientras que la del Louvre parece haber sobrepasado la treintena.

Blaker lo compró y se lo llevó a su estudio de Isleworth. Allí fue adquirido, en 1962, por el multimillonario Henry F. Pulitzer. Unos años después, éste publicó su libro *¿Dónde está la Mona Lisa?*, en el cual defiende que la mujer representada en la Gioconda de Isleworth sería en realidad la esposa de Francesco Giocondo.

Pero, entonces, ¿quién sería la Gioconda del Louvre?

Las hipótesis apuntan hacia la duquesa de Francavilla, Constanza de Ávalos, una mecenas de Leonardo que, si bien tenía entonces cuarenta y cinco años, habría convencido al artista para que éste realizase un retrato suyo mejorado. O hacia Isabel de Este, conocida aristócrata de la época, quien rogó insistentemente a Leonardo que la retratara, algo a lo cual accedió finalmente el artista, aunque se cree que dejó inconcluso el cuadro. Y, por supuesto, no falta quien asegura que se trata de algún joven anónimo del que se habría enamorado Leonardo, habida cuenta de su condición homosexual, que en su juventud estuvo a punto de costarle la cárcel, a causa de las estrictas leyes de la época.

EL ANDRÓGINO

En todo caso, la interpretación que más coherencia parece guardar con el resto de la obra pictórica de Leonardo, sus mensajes heréticos y su gusto por el equívoco, es la que cree descubrir la pista del secreto en el nombre Mona Lisa.

Como sostiene Langdon en *El código*, estas ocho letras forman el anagrama de Amon Lisa. Y algunos ven en ellas una alusión a los dos dioses egipcios de la fertilidad: Amón (aunque no aclara que se trata de Amon-Min, antiguo dios de la magia sexual egipcia, representando con un pene en erección) e Isis. Aunque tampoco falta quien ve en este Lisa una referencia a la flor de lis, símbolo de la casa real francesa, protectora del artista, pero que también identificaría a la dinastía mítica, cuyo derecho al trono es defendido por el Priorato de Sión.

De acuerdo con dicha hipótesis, Leonardo habría entonado en esta pintura un canto a los antiguos cultos de la naturaleza y la divinidad femenina. Y, si el genio hubiese pertenecido a una sociedad secreta que profesara estos ritos y creencias, ello explicaría la preferencia que siempre tuvo por este cuadro.

Una pequeña broma que, según Langdon, reforzaría esta teoría, es el hecho de que Leonardo pintó el horizonte de la parte izquierda más bajo que el de la derecha. Se trata de un truco óptico para que la Gioconda se vea más majestuosa desde la izquierda. Pero, si tenemos en cuenta que a lo femenino y lo masculino se ha atribuido respectiva y tradicionalmente las partes izquierda y derecha del cuerpo, puede que sea un guiño para expresar la necesidad que tiene el hombre de dar más preponderancia a su lado femenino si desea alcanzar el equilibrio.

Otra teoría sostiene a que la dama del cuadro no es sino el autorretrato de Leonardo, en definitiva un emblema del andrógino, anunciado veladamente en el anagrama de Mona Lisa (masculino-femenino). Posibilidad que tendría algún fundamento según la investigación publicada, en 1995, por los estadounidenses Swartz y Hoizman, en la revista *Scientific American* (editada en castellano como *Investigación y Ciencia*). Estos expertos informáticos, hicieron un análisis comparativo entre el único autorretrato reconocido del pintor y el rostro de la Gioconda. Y el resultado demostró que existe un gran paralelismo entre ambos rostros.

Lo cierto es que esta hipótesis concuerda con el gusto por el equívoco que manifestó el artista. Y, al mismo tiempo, explicaría su amor hacia esta obra, con la cual nos habría gastado una última broma, permitiéndose contemplarnos maliciosamente desde la misma a través de los siglos.

¿Refleja su paisaje el de Rennes-le-Château?

El paisaje que enmarca a la Gioconda ha sido también objeto de numerosas interpretaciones. Es muy posible que el *sfumato*, evidente en toda la obra, tanto en las gasas del manto como en la sonrisa, no fuera aquí una concesión de orden estético. Y cobra en el paisaje un valor añadido, ya que Leonardo habría podido encubrir, mediante esta técnica, otros mensajes velados y no tan crípticos.

El más claro de ellos es el formado por las aguas turbias del río que se ve en el lado derecho. Aguas que, en opinión de Franck Zöllner, representan el río subterráneo del Conocimiento, un símbolo platónico-hermético al que Leonardo no era ajeno, como ninguno de los pintores de su época.

La identidad enigmática de dicho paisaje se ve reforzada por el hecho de que, como señala Richard Khaitzine, no se corresponde con ningún paraje toscano. Algunas de sus rocas, como las que se hallan a la izquierda de la Gioconda, guardan una asombrosa similitud con el «Sillón del Diablo», un promontorio próximo a la pequeña localidad de Rennes-le-Château que, como ya hemos explicado, está íntimamente ligada al argumento central de *El código*.

El hecho de que el *sfumato* otorgue a los paisajes un aspecto neblinoso hace pensar a Richard Khaitzine que su elección para esta obra, y tal vez para otras, no fue de orden estético. Resulta que durante el Renacimiento existió en Europa una sociedad secreta, literaria y artística conocida como La Niebla o Sociedad Angélica, que fue reactivada en la Francia del siglo XIX, y a la cual han pertenecido notables figuras, como Julio Verne, que conoció bien el misterio de Rennes-le-Château. Ésta parece formar parte de una antigua tradición esotérica que se remonta a Grecia y entronca con los cátaros, con Dante y con la familia Albizzi de Florencia.

Los herederos

El 23 de abril de 1519 Leonardo redactó su testamento. El mejor parado fue Francesco Melzi, un joven aristócrata y su discípulo favorito, a quien no sólo dejó su dinero, sino también las obras más importantes y manuscritos que este noble habría de ordenar más tarde en el *Tratado de pintura*. El otro beneficiado era su discípulo y asistente Giacomo Salai, un joven de extraordinario atractivo, al cual había adoptado cuando apenas tenía diez años, en el verano de 1490 y justamente en el día de María Magdalena, como el propio artista relata en sus cuadernos.

Aunque Salai tenía un carácter difícil y pendenciero, Leonardo le aguantaba todas sus travesuras y robos domésticos. Y el joven le acompañó toda su vida. En el testamento le dejó la mayoría de sus cuadernos y muchos de sus cuadros más preciados, incluida *La Gioconda*, *Juan el Bautista* o *Leda y el cisne*, entre otros, aunque nada de dinero.

¿Fue por no haberle legado dinero por lo que, seis meses antes de que Leonardo muriera, Salai le abandonó para regresar a Lombardía? No es probable, puesto que el testamento se hizo en el último momento. Sin embargo choca tanto este abandono como el hecho de que nada se sepa de las actividades posteriores del joven, salvo que, en 1523, cuatro años después de morir el artista, Salai falleció atravesado por una flecha en circunstancias nunca aclaradas. ¿Acaso era depositario de una revelación que había de costarle vida? ¿Tienen razón quienes sostienen que Leonardo creía en un secreto relacionado con la familia de Jesús y lo plasmó parceladamente en muchas de sus obras? ¿Qué ocurrió con los cuadernos de Leonardo que Salai heredó?

Lo único que sabemos es que poco después el rey de Francia adquirió algunas de las obras legadas a Salai, que hoy se hallan en el Louvre.

El 2 de mayo Leonardo murió en Cloux, según la leyenda en

presencia del rey Francisco I. Se cumplía su deseo de ser enterrado en la iglesia de Saint-Florentin, en Amboise, que resultó destruida durante la Revolución francesa.

Según la lista de supuestos grandes maestres del Priorato de Sión, que reproduce *El código*, le habría sucedido en este cargo el condestable de Francia, Charles de Montpensier y Borbón, virrey de Milán y de ese Languedoc tan íntimamente relacionado con nuestra historia. Lo único que sabemos de cierto es que ambos se conocían porque, dos años antes, Leonardo había participado como ingeniero agregado en el ejército del condestable, cuyo palacio estaba en Amboise, muy cerca de donde el genio fue a morir.

16

Los oscuros orígenes
de la masonería

Antes del necesario paréntesis histórico para detallar los secretos simbólicos que se observan en la obra de los pintores renacentistas, hablábamos de los templarios y de la supervivencia de su sabiduría tradicional.

En pocos lugares resulta tan evidente que ésta perduró más allá de la disolución de su orden como en la capilla escocesa de Rosslyn. Sophie Neveu, la protagonista de *El código*, se reencuentra allí con su abuela y toma conciencia de quién es realmente.

El desenlace de *El código* se produce en Escocia, lugar donde se refugiaron la mayoría de los templarios que se salvaron de la persecución inquisitorial a la que fueron sometidos tras la disolución de la orden en 1307.

ROSSLYN, UN ESPEJO DEL TEMPLO DE SALOMÓN

La capilla de Rosslyn —llamada con frecuencia *la catedral de los enigmas*— se alza a poco más de diez kilómetros al sur de Edimburgo, en el mismo sitio en el que se había erigido un antiguo templo mitraico. Fue construida en 1446 por orden de William Saint Clair con la intención de convertirla en una colegiata, pero sólo se terminó el coro y la capilla que hoy pueden admirarse. Este edificio nimbado de leyenda está lleno de desconcertantes símbolos de las tradiciones hebrea, cristiana, egipcia, masónica y pagana.

Una tradición masónica dice que la capilla fue construida a partir de los planos del Templo de Salomón, y en la misma podemos encontrar muchos motivos templarios y masónicos. De ella se ha dicho que contiene, en su versión original, una copia de las bóvedas del mítico templo y su tesoro oculto. Andrew Sinclair, descendiente del fundador del recinto, sostiene que en una de sus columnas se halla oculto el Santo Grial, probablemente en el denominado Pilar del Aprendiz, que es uno de los tres que separan el coro del cuerpo central de la capilla. Está adornado con ocho serpientes que se muerden la cola así como otros símbolos paganos y masónicos, como el dragón, asociado a la alquimia. Su diseño, según la leyenda, le fue revelado en sueños a un aprendiz que lo modeló mientras el maestro constructor se hallaba en Roma. A su regreso, al ver una obra de tal belleza, el maestro mató de un mazazo al aprendiz, encolerizado de pura envidia. La leyenda guarda una estrecha relación con la muerte de Hiram Abiff, el legendario arquitecto del templo de Salomón que murió asesinado tras recibir tres golpes de tres aprendices que le exigían que desvelara el secreto de los maestros constructores.

¿Oculta el Grial y documentos secretos?

Knight y Lomas opinan también que en el interior de este pilar se hallan ocultos el Grial y los documentos secretos de la Orden del Temple. Según su tesis, los manuscritos se encuentran bajo la capilla de Rosslyn y en los subterráneos de ciertas construcciones anteriores a la edificación de la capilla, porque la intención de William Saint Clair era distribuir los manuscritos tal y como fueron encontrados por los templarios en el Templo de Jerusalén, entre 1118 y 1128.

En realidad, esta afirmación parece parte de la leyenda, puesto que ante ella resulta inevitable preguntarse cómo es que nadie ha intentado recuperar esos valiosísimos documentos y la sagrada copa, si los indicios parecen tan rotundos.

Sin embargo, hay que considerar un elemento objetivo que podría avalar la creencia expresada por estos autores. Existe una férrea oposición a todo tipo de prospecciones por parte del comité de conservación de la capilla. No olvidemos que Rosslyn recibe todos los años la visita de miles de turistas llenos de curiosidad por conocer la última morada del Grial. Pese a ello, en 1999 dicho comité decidió contratar un grupo de arqueólogos para que realizaran un estudio mediante técnicas no invasivas.

Sin embargo, la iniciativa se quedó en una declaración de intenciones, porque no se ha llevado a cabo ninguna excavación hasta la fecha.

Todos los intentos de verificar las hipótesis que apuntan a Rosslyn como la morada del Grial han sido vanos. Cabe señalar, en este sentido, la intentona de uno de los administradores de la capilla quien, en 1996, coincidiendo con la aparición en Inglaterra de *La clave de Hiram*, se mostró conforme a iniciar una investigación con el asesoramiento de especialistas.

Para ello recabó los servicios de un geólogo de la Universidad de Cambridge, a fin de que, bajo la dirección de un profesor de ingeniería de minas, se efectuara un estudio del edificio mediante el GPR, un sistema de prospección no invasiva que propaga en el suelo ondas electromagnéticas de alta frecuencia y mide el tiempo de refracción de las mismas, determinando las incoherencias de los materiales detectados. Sin embargo, una semana antes de dar inicio a la operación les fueron denegados los permisos por considerar que la investigación era «antiacadémica».

Pero ¿por qué habrían de estar escondidos aquí el Grial y el legado templario? ¿Qué impulsó a su promotor a construirla como si fuese un espejo del Templo de Salomón?

Para responder a estas preguntas debemos remontarnos en el tiempo.

LOS GRANDES MAESTRES HEREDITARIOS DE LA MASONERÍA ESCOCESA

Cuando Godofredo libró la batalla final en las calles de Jerusalén, tan cruel como desesperada, a su lado combatió el caballero Henry Saint Clair.

Treinta y tres años antes, en 1066, otros nueve miembros de la familia Saint Clair habían participado en la batalla de Hastings, que dio el control de Inglaterra al monarca Plantagenet que la posteridad conoció como Guillermo el Conquistador.

Recordemos aquí que a Godofredo se le ha presentado como un descendiente del último merovingio y *El código* sostiene que el apellido Saint Clair acredita la pertenencia a dicha dinastía, aunque supuestamente a través de alianzas matrimoniales.

Como nos explica Andrew Sinclair en un fascinante libro en el cual narra la asombrosa saga de esta familia, el apellido Saint Clair, adoptado en el siglo x por un miembro de la familia More, procede del latín Sanctus Clarus (Claridad o Luz Santa). De origen vikingo y normando, esta familia controlaba una parte de la costa noruega —las islas Orcadas, las Shetland y la región de Caithness (en Escocia)— y llegaron a conquistar la mayor parte de Bretaña y Normandía. Muchos de sus miembros destacaron en la gestación de la historia noreuropea, estableciendo alianzas políticas y matrimoniales con varias dinastías reales.

Luego acogieron a los templarios que huyeron de Francia tras la prohibición de su orden, llevando consigo «sus tesoros» y enseñanzas secretas. Junto a ellos combatieron a los ingleses en Bannockburn, en apoyo del monarca escocés Roberto I Bruce. La hija de éste se casó con el hijo de uno de sus incondicionales, Walter Stewart, y sus descendientes dieron lugar a la Casa Real de los Estuardo, que se considera descendiente de la dinastía del Grial, al igual que sus incondicionales súbditos los Saint Clair.

Durante cinco siglos los miembros de esta familia serán los grandes maestres hereditarios de los oficios, gremios y órdenes de Escocia. Después lo serán de la masonería escocesa, surgida de aquéllos, que apoyará el derecho de los Estuardo a ocupar el trono de Inglaterra.

A los Saint Clair se les otorgó el señorío de Rosslyn, que protegía a Edimburgo de cualquier ataque procedente del sur. De este modo se convirtieron en custodios de reliquias sagradas que pretendían confirmar el derecho divino de los reyes escoceses, como un trozo de la Vera Cruz y la Piedra del Destino, que la tradición asegura era la roca sobre la que Jacob soñó el destino del pueblo judío. Más tarde ésta sirvió para coronar a los monarcas de Israel y, mucho después, a los reyes escoceses y británicos.

El tercer conde Saint Clair construyó en Rosslyn una capilla octogonal, de inspiración templaria y repleta de simbolismo esotérico, que sería venerada por masones de todo el mundo como su lugar sagrado y en la que se dice enterraron los templarios sus tesoros, incluido el Santo Grial. En ella hay esculpidas mazorcas de maíz y otras plantas americanas.

Ésta es una de las numerosas pruebas de la autenticidad de la expedición realizada a América en 1398 por el «príncipe» Henry Saint Clair, con el apoyo de los hermanos Zeno, avezados navegantes venecianos. Estos expedicionarios habrían desembarcado en Nueva Escocia y dejado sus huellas en la costa de Massachusetts. Su intención manifiesta era ¡fundar una nueva Jerusalén en aquel continente!

Según Bradley en época precolombina se construyó un castillo en Nueva Escocia como refugio canadiense para los miembros de la dinastía griálica, uno de cuyos agentes secretos habría sido el explorador francés Samuel de Champlain. Cuando en el siglo XVII este territorio peligraba ante los ataques de los seguidores de Cromwell, la ciudad de Mont-réal, fundada por la Compañía del Santo Sacramento, se convirtió en su nuevo refugio.

AMÉRICA, ¿SECRETUM TEMPLI?

Todo apunta a que los Saint Clair conocían la existencia de América a través de sus aliados templarios y de sus vasallos vikingos. Investigadores como Jacques de Mahieu han documentado sobradamente la presencia del Temple en el Nuevo Mundo.

Éste sería el *Secretum Templi* al que alude un sello que muestra a un indio y la tierra de donde extraían buena parte de la plata con la que financiaban la construcción de las catedrales góticas, que bajo inspiración de la Orden del Císter creada por san Bernardo se levantaron por toda Europa, sin que nadie sepa de dónde procedía el metal precioso con que se pagaba a los constructores. La plata y otros bienes habrían sido transportados por barcos hasta el secreto puerto atlántico de La Rochelle. De allí partió la flota templaria, tras la disolución de la orden, con rumbo desconocido, probablemente hacia México.

Según las investigaciones de Mahieu, la primera llegada histórica a América —en el año 877— fue la de los monjes irlandeses pertenecientes a la orden columbita de los culdeos. Les siguieron los vikingos, quienes descubrieron primero México y luego Sudamérica, donde se instalaron en torno al año 1000, hasta que sintieron la necesidad de reanudar el contacto con su tierra y regresaron al puerto de Dieppe. Allí permitieron que los normandos copiaran el mapa que habían trazado tras explorar el continente y sus costas durante 150 años y que más tarde sería ampliado mediante las informaciones recogidas por los vikingos noruegos sobre las costas de América del Norte. No obstante, al no disponer de capital ni de flota, hasta 1250 no lograron establecer intercambios comerciales con el actual Brasil.

El mapa permitió al Temple, que era todopoderoso en esa región, confirmar las informaciones recabadas en diversos lugares sobre la existencia de un nuevo continente, rico en metales preciosos. Los templarios negociaron un acuerdo con los vikingos de América, viajando hasta allí con sus naves y organizando la explotación de varios yacimientos mineros.

Tras la caída del reino de Jerusalén, ante la inquietud de ciertos monarcas europeos por el poder y la heterodoxia del Temple, la orden pensó en establecer un Estado soberano en Centroamérica, donde su expedición fue acogida con entusiasmo por los indígenas y estableció una colonia junto al lago de Chalco. Cuando fueron perseguidos en Francia, su escuadra desembarcó en Pánuco los archivos del Temple e impuso su autoridad en toda la región, pero dado que los templarios tenían que mantenerse célibes murieron sin dejar descendencia.

Los templarios portugueses, que sobrevivieron como Orden de Cristo, probablemente conservan en sus archivos una copia del mapa de Dieppe, que les habría permitido viajar a Brasil antes de su descubrimiento «oficial», manteniéndolo en secreto para preservar ese territorio de la codicia de otros países.

Colón heredó posiblemente el secreto templario a través de su suegro, gran maestre de la Orden de Cristo portuguesa. Y seguramente sirvió a «la causa del Grial» o, al menos, estaba informado parcialmente del secreto, puesto que anteriormente había trabajado al servicio del genial Renato de Anjou. Este supuesto gran maestre del Priorato de Sión y miembro prominente de su dinastía, había heredado de Godofredo el título de rey de Jerusalén, al que sumaba otros muchos condados y ducados, además del de rey de Hungría, Nápoles, Sicilia, Cerdeña, Mallorca, Aragón y Valencia. Precursor del Renacimiento, era un entusiasta de los relatos del ciclo artúrico y del Grial, además de esoterista erudito, y tuvo a su servicio a un cabalista y astrólogo judío que sería el abuelo de Nostradamus.

DE LOS TEMPLARIOS A LOS ROSACRUCES

¿Qué puede haber de cierto en la pretensión de los Saint Clair de ser depositarios de los secretos templarios?

Se asegura que, antes de morir, el gran maestre del Temple nombró a un sucesor, encargándole que reorganizase la orden en secreto. Resulta indudable que la tradición templaria sobrevivió, a través del cambio de nombre de la orden en algunos países, la integración en otras órdenes militares o en grupos clandestinos.

Uno de estos apoyó a Robert Bruce en la conquista de Escocia, se mantuvo siempre fiel a la causa jacobina de la dinastía Estuardo y se constituyó posteriormente en Orden de San Andrés del Cardo, con cuyos caballeros se fundó la Rosa Cruz Real, que acabó transformándose en el Colegio Invisible.

Este colectivo reunió a algunos de los principales sabios británicos con el propósito de promover la ciencia. Luego se hizo eco de la *Fama Fraternitatis Rosaecrucis*, el primer manifiesto rosacruz que, en 1614, trescientos años después de suprimirse el Temple, comenzó a circular por Europa. En él se hablaba de una sociedad secreta de sabios que pretendían renovar la especie humana valiéndose de la ciencia.

Las primeras referencias a los rosacruces aparecieron en 1597. Durante aquel año cierto alquimista viajó por diversas partes de Europa, pretendiendo hallar una sociedad que llevara a cabo investigaciones alquímicas. Sabemos poco acerca de si su búsqueda obtuvo resultados o no, pero ocho años más tarde veía la luz un libro que puede ser calificado de auténtico documento constitucional rosacruz y que llevaba por título *La restauración del templo en ruinas de Palas*, en referencia a Atenea, la diosa griega de la sabiduría.

Cuatro años más tarde, en 1610 apareció una historia de la Orden de la Cruz Rosada, escrita por un misterioso personaje de origen alemán llamado Christian Rosenkreutz. En realidad se trataba de un opúsculo enmarcado en una obra mayor titulada *Reforma general del mundo*.

Según este libro, Rosenkreutz era un noble alemán, fundador de la orden en el siglo XIV. En 1378 habría sido enviado a un monasterio para que aprendiera griego y latín. Después viajó a Chipre acompañado por un monje que murió en el camino y a los dieciséis años llegó a Damasco, donde estudió con un grupo de adeptos cabalísticos.

Con los conocimientos adquiridos regresó a Europa pasando primero por el norte de África. Allí aprendió el arte mágico de invocar a los espíritus elementales y los secretos de la alquimia.

Pero no todos están de acuerdo en que este sea el verdadero origen de la Sociedad Rosacruz. Algunos aseguran que se remonta miles de años atrás, durante el reinado del faraón Tutmosis III, cuando, en algún momento indeterminado del siglo XV anterior a nuestra era, reunió a todos los sacerdotes, estudiosos, filósofos y eruditos de su tiempo para practicar ritos en un templo situado a orillas del Nilo.

Quienes así lo creen intentan suprimir de la leyenda de la fundación de la hermandad toda referencia a Christian Rosenkreutz y su viaje a Oriente, lo que evidencia un deseo de ligarse, no a una tradición árabe (pues éste habría estudiado en Damasco y Fez), sino a una tradición egipcio-cristiana transmitida por los templarios.

FUNDADORES DE LA CIENCIA MODERNA

En 1660 los miembros del Colegio Invisible fundaron la Royal Society británica, primera institución científica oficial. Durante los veintiocho años siguientes, ésta permaneció ligada a la masonería jacobina y a los rosacruces, inasible sociedad entre cuyos adherentes y simpatizantes se contarían los grandes precursores de la ciencia experimental y del propio racionalismo, corrientes que desarrollaron en los siglos sucesivos el programa trazado por la *Fama*.

Cuando esta institución oficial comenzó a alejarse de sus objetivos iniciales, un notable rosacruz recordó a los miembros de la Royal Society como heredera de los trabajos realizados años antes por él y sus colegas, advirtiéndoles que, si no se trazaban metas que trascendieran el cultivo de las ciencias naturales, su obra podría acabar produciendo «una Babilonia construida no hacia el cielo, sino hacia la tierra».

Su nombre era Comenius y no se trataba de un charlatán. Amigo de Descartes, el padre del racionalismo de quien muchos sospechan su secreta filiación rosacruz, la Unesco le reconocerá como su pionero y como genial anticipador de la pedagogía moderna. Basándose en las utopías descritas por Francis Bacon y Campanella, sus hermanos en la tradición hermética, entre otras cosas propuso: la unificación del saber y la universalidad de su propagación, bajo la dirección de una academia de sabios; la creación de un parlamento y de otras instituciones que acabaran con los males de la humanidad; y todo ello como parte de un plan de reforma universal en línea con la utopía rosacruz.

En cualquier caso, este vínculo de las sociedades secretas con la revolución científica de la Era Moderna, que abarca los siglos XVII y XVIII, incluye también a otra figura destacada que los *dossiers secrets* del Priorato de Sión consideran uno de sus grandes maestres.

Nos referimos a Isaac Newton, el fundador de la física clásica con sus *Principia mathematica*. Es verdad que no existen pruebas definitivas que demuestren que Newton perteneció a una sociedad secreta. Pero también lo es que sí pueden aducirse numerosos indicios circunstanciales que hacen creíble una filiación de este tipo.

Entre dichos indicios destacan los siguientes hechos:

- Newton era un heterodoxo que sustentaba ideas próximas al arrianismo, en la misma tradición que Miguel Servet: rechazaba el dogma trinitario, y concebía el mundo como un alambique de principios divinos y matemáticos.

- También dedicó mucho tiempo y esfuerzo al estudio de las antiguas monarquías, convencido de la primacía de Israel, pero también de la importancia del legado egipcio.
- Investigó detalladamente toda la información disponible sobre el Templo de Jerusalén.
- Numerosos escritos suyos están dedicados a la búsqueda de un código secreto de la Biblia, sobre todo a través del Libro de Daniel y del Apocalipsis de san Juan. Estaba convencido de que el alfabeto hebreo había sido empleado como una forma de comunicar mensajes cifrados, siguiendo así uno de los axiomas de la Cábala hebraica.
- También dedicó varias decenas de obras al estudio de temas esotéricos, alquimia y teología.
- Entre sus relaciones cabe destacar que mantuvo vínculos estrechos con los camisardos refugiados en Inglaterra para huir de la persecución en su Francia natal. Estos herejes del sur de Francia podrían haber sido herederos de los cátaros y hay autores que les identifican como los descendientes de los últimos resistentes de Montségur frente a los ejércitos de la Iglesia al final de la cruzada albigense.

DE LOS CONSTRUCTORES A LA MASONERÍA MODERNA

Newton, protagonista invisible de *El código*, vivió en la misma época en la cual la vieja masonería operativa de los gremios medievales —cuya decadencia se inició con el Renacimiento y la aparición de las primeras academias de arquitectura europeas, que acabaron con el monopolio del conocimiento del arte de construir de dichos gremios— se transformó en masonería especulativa.

Esta transición tuvo lugar a partir de 1666, cuando con posterioridad al gran incendio que destruyó prácticamente Londres se dieron cita los constructores de toda Europa para emprender la reconstrucción de la ciudad. En estas décadas, los viejos gremios de albañiles y canteros en decadencia empezaron a admitir como miembros de pleno derecho a sus mecenas aristocráticos y burgueses, que no pertenecían al oficio y hasta entonces sólo habían actuado como patrocinadores. Poco a poco estos nuevos miembros acabaron por copar el poder en las logias.

En 1717, cuatro de las logias francmasónicas —que hasta entonces no habían contado con una estructura organizativa formal— se organizaron bajo la autoridad única de la Logia de Londres. Ésta sería conocida por muchos masones como «la Gran Logia Madre del Mundo», e introdujo un ritual ocultista de oscura naturaleza que formalizó la moderna masonería especulativa.

Con su carácter exclusivamente místico y fraternal ésta vino a reemplazar a la verdadera y antigua masonería operativa, conformada por logias gremiales integradas por los constructores que, desde finales del primer milenio, habían trabajado en las catedrales y edificios pétreos europeos, dotados de un bagaje esotérico y con una misión tan trascendente como desconocida.

En relación a la masonería original importa tener en cuenta que:

- Existe cierto consenso en lo relativo a que la arquitectura de las catedrales góticas potencia el telurismo del lugar sobre las que se erigen. Sus constructores seguramente pretendían con sus estructuras el domino de ciertas fuerzas de origen cósmico. El conocimiento de estos lugares telúricos determinó hasta bien entrado el siglo xv el emplazamiento de los principales monumentos religiosos así como de buena parte de las ciudades.

- El gótico no es un estilo arquitectónico más. Desde finales del siglo xii hasta principios del siglo xvi se suceden en la arquitectura una serie de variantes con dos características comunes, el arco y la bóveda ojival, que comportan una visión etérea del espacio. A diferencia de las románicas, las catedrales góticas dirigen sus fuerzas hacia arriba: la bóveda románica cae, mientras la gótica salta hacia lo alto. De este modo las corrientes telúricas sólo pasan a través de la columna vertebral del hombre si está erguido. No cabe arrodillarse en una iglesia gótica: la sensación de altura impele a levantarse; recorriendo sus naves se consigue, mediante una impregnación de dichas corrientes, alcanzar una fase superior de conciencia.

- Para Fulcanelli, seudónimo de un célebre ocultista que escribió *El misterio de las catedrales* y *Las moradas filosofales*, la proporción armónica de los templos góticos no buscaba otra cosa que propiciar, precisamente, estados de percepción especiales que favorecían la «trascendencia». San Bernardo debía de saberlo muy bien puesto que muchos de los artesanos que participaron en la construcción de las catedrales se formaron en los monasterios cistercienses y, también, en los benedictinos.

- Esta legión de artesanos se especializó en el trabajo de la piedra, del vidrio y la madera de forma anónima. Jamás destacó un solo hombre en estos gremios o corporaciones en las cuales se imponía el anonimato, porque el más sabio unía su sabiduría a los demás compañeros con el objetivo de levantar o adornar el templo, que debía actuar como un inmenso atanor para incidir sobre la sensibilidad humana mediante una alquimia psicoespiritual.

La creación de la «Santa» Inquisición, la cruzada contra los albigenses y la caza a los templarios debió sumir a la sociedad medieval en una negra atmósfera de fanatismo contra cualquiera que profesara estas ideas heterodoxas o practicara creencias ocultas. Es de suponer, por lo tanto, que las órdenes que custodiaban los secretos del Temple, entre los cuales destacaba el simbolismo arquitectónico de carácter esotérico, debieron ocultarse en la más absoluta clandestinidad. Y de esta matriz los recogería la nueva masonería nacida en el siglo XVIII.

CLEF DE VOÛTE, LA LLAVE DEL MISTERIO

En *El código*, las referencias a los gremios de albañiles se limitan únicamente a su relación con la clave de bóveda que, según Langdon, es uno de sus secretos mejor guardados. La clave de bóveda o *clef de voûte* es un término arquitectónico muy común. *Voûte* es la bóveda que remata un arco. Todo arco precisa de una dovela: una piedra en forma de cuña en su parte más elevada que sirve para mantener unidas las demás piedras y que es la que recibe las cargas contrapuestas de los arcos.

El conocimiento secreto en relación al uso de una clave en forma de cuña para la construcción de un arco abovedado era en parte lo que había convertido a los constructores en ricos artesanos, y lo guardaban celosamente. Las claves de bóveda siempre habían estado rodeadas de un halo de misterio.

Este conocimiento era custodiado celosamente por los gremios de albañiles (*maçons* en francés) que dieron origen, posteriormente, a la masonería.

Langdon, sin embargo, entiende que, según la tradición del Priorato, la clave de bóveda es un mapa codificado que revela el lugar donde se halla oculto el Santo Grial.

Los buscadores del Grial, perfectos conocedores de la tradición de juegos de palabras y dobles sentidos, propios del Priorato, habían llegado a la conclusión de que la clave de bóveda debía ser literalmente eso: una cuña arquitectónica, una suerte de piedra con inscripciones codificadas insertada en el arco de alguna iglesia «bajo el signo de la rosa».

En arquitectura, las rosas no escaseaban. Rosetones en las ventanas, rosetones en las molduras. Y, claro, abundaban las rosas de cinco pétalos rematando arcos. Como escondite, aquel punto de una iglesia posee una sencillez aplastante. Según Langdon, el mapa para encontrar el Santo Grial se encontraba oculto en lo más alto del arco de alguna remota iglesia, burlándose de los ciegos feligreses que caminaban por debajo.

De nuevo, no le falta razón al protagonista de *El código*. El signo de la rosa se halla presente en la simbología masónica y en el movimiento rosacruz.

El alba de la modernidad

Con la llegada de la Edad Moderna, la masonería operativa —conformada por los gremios de albañiles— comenzó a sumergirse y dejó paso a la masonería especulativa, que conservaría el simbolismo y los rituales de aquélla.

Pronto, logias similares a la inglesa empezaron a extenderse por toda Europa, rodeadas por un halo de misterio que acabó por sembrar la inquietud. En 1738 el papa conservador Clemente XIII publicó una encíclica por la cual excomulgaba a cuantos ingresaran en sociedades secretas y un año antes Luis XV prohibió a todos los franceses tener relación con la masonería.

La causa de estos temores debemos buscarla en el apoyo encubierto que los masones británicos prestaban a la Casa Real de Hannover, que defendía la causa protestante.

Jorge I, el primer rey de esta dinastía había comenzado a reinar en Inglaterra sólo tres años antes de que se crease la Gran Logia, apoyado por la monarquía alemana, en un momento en que buena parte de los británicos se oponían a la misma. El reverendo Desagulliers, gran maestre de la Logia Madre y amigo de Newton, no tardó en declarar formalmente que los Hannover eran los únicos soberanos legítimos de Inglaterra. De hecho, muchos miembros de esta Casa Real han sido grandes maestres de la masonería inglesa.

Este monarca había sido aupado al poder por los protestantes británicos, que no admitían ser gobernados por los Estuardo, esceses de tradición católica.

La tradición escocesa

Pero los Estuardo contaron también con su propia organización masónica. Como hemos dicho, ésta pretendía ser la continuadora de la tradición del Temple, que se remontaba a los caballeros templarios franceses que cuatrocientos años antes habían ayudado en la conquista de Escocia a Robert Bruce. Desde entonces, los herederos de la misma mantuvieron su fidelidad a la causa jacobita de la dinastía Estuardo, iniciada por Bruce.

En 1668, el Estuardo Jacobo II creó una logia masónica, la Orden de los Maestros de San Andrés, uno de cuyos miembros inició al fundador de la Estricta Observancia Templaria, que en el siglo XVIII controlaría a la masonería alemana, rindiendo obediencia a unos supuestos «Superiores Desconocidos» escoceses.

Por su parte, Michael Ramsay —preceptor escocés de los hijos del destronado Jacobo III y de los descendientes de Godofredo de Bouillon— se encargó de introducir en Francia la idea de que los templarios escoceses eran los auténticos creadores de la masonería, a la que habían legado sus enseñanzas.

Nació así la llamada masonería escocesa que, aunque oficialmente es posterior a la Logia de Londres, contaba con unas raíces históricas y con un contenido esotérico de las que aquélla carecía. Su sistema acabó imponiéndose en la masonería y su liderazgo europeo no tardó en ser ejercido por diversos príncipes alemanes. Inmediatamente fueron iniciados en ésta tanto Jacobo como su hijo Carlos Eduardo, quien en 1747 fundó en Francia el Capítulo Escocés Jacobita.

La Estricta Observancia Templaria

En 1756 apareció la Estricta Observancia Templaria, cuyos miembros eran apasionados estudiosos de la alquimia y las artes ocultas. Muy pronto se extendió entre la nobleza europea. Como sucede a menudo en el mundo de las sociedades secretas, mientras los intereses de algunos de sus miembros eran exclusivamente espirituales y esotéricos, otros buscaban beneficios materiales y poder.

En este escenario tuvo lugar una lucha soterrada de diversas sociedades que pugnaban por erigirse en legítimas herederas de la tradición de la Orden del Temple. Si bien la Estricta Observancia dominó pronto a la masonería germana, no tardó en tener que enfrentarse a la masonería templarista, que alcanzó su apogeo hacia 1772. En ella fueron iniciadas notables personalidades de las élites culturales europeas: escritores como Goethe, músicos como Mozart y Haydn y filósofos como Fichte y Lessing. Pero también nobles y monarcas como Gustavo III de Suecia y Federico el Grande de Prusia, entre otros muchos protagonistas del poder político de la época.

Los conspiradores del primero de mayo

Para completar el panorama de las sociedades secretas que en esta época emergen como uno de los factores más decisivos para entender las intrigas de la política europea, es indispensable hacer una mención a los Iluminati de Baviera, a los que también se refiere *El código*.

El 1 de mayo de 1776, el mismo año en que una élite de políticos y masones establecidos en Norteamérica crean los EE.UU. como nación independiente, el profesor Adam Weishaupt funda, con algunos de sus alumnos de derecho en la Universidad de Ingolstadt, la Orden de los Perfectibilistas, que luego cambiará su nombre y será universalmente conocida como los Iluminados de Baviera.

Iluminista, racionalista, anticatólico y radical, tanto en lo político como en lo religioso, Weishaupt fue un joven muy brillante, educado por los jesuitas, que le nombraron *curator* de la universidad con el propósito de que la reorganizase. Fascinado por la lectura de filósofos franceses como Voltaire, estudió en Francia, donde conoció a Robespierre y a otros notables personajes. Investigó en las enseñanzas gnósticas, pitagóricas, esenias, cabalísticas, la magia y los Misterios de Eleusis, y fue iniciado en el ocultismo egipcio por un misterioso mercader.

Oficialmente la orden fue disuelta tras denuncias que habrían hecho fracasar su conjura anticatólica, pero algunos autores aseguran que los Iluminados siguieron existiendo, que su actuación habría resultado decisiva en el desencadenamiento de la Revolución francesa y que han perpetuado su acción subversiva hasta nuestros días tanto en Europa como en América, infiltrándose en los más diversos estamentos con el fin de instaurar un Nuevo Orden Mundial: el mismo ideal de sinarquía que alentaban los templarios.

Aunque algunos pretenden reducir la orden creada por Weishaupt a un movimiento diabólico y materialista, manifestó desde un principio un enfoque iluminista similar al de otros muchos grupos de su época y parece haber guardado notables secretos esotéricos, muchos de ellos probablemente tomados de órdenes iniciáticas con las que establecieron estrechos contactos.

NAPOLEÓN, EL INICIADO QUE TRANSFORMÓ EUROPA

Con el comienzo del siglo XIX, la tempestad revolucionaria que convulsionó Francia desde 1789 cede paso al Imperio fundado por Napoleón Bonaparte. No es fácil saber qué incidencia tuvo en este advenimiento de un nuevo orden imperial el entramado de las sociedades secretas. En cualquier caso, si bien es discutible hasta qué punto éste fue un factor decisivo, no cabe duda de que tuvo una notable importancia.

En 1801 Napoleón restableció la libertad de cultos, lo que permitió a la Iglesia druídica manifestarse públicamente. Más tarde conquistó Malta, regida por una orden cuyos últimos grandes maestres apoyaban el florecimiento de la masonería esotérica de supuesta filiación egipcia.

En este escenario encontramos a algunas de las figuras legendarias del esoterismo europeo, como Cagliostro. Malta era un crisol y un lugar de encuentro de distintas tradiciones, donde se crean nuevos grados iniciáticos de la masonería egipcia, rescatados de la tradición hermética alejandrina.

Es muy probable que Napoleón recibiera en Malta algún tipo de iniciación que lo preparó para su posterior aventura en la cuna mítica de la tradición: Egipto. De la importancia que para él tenía esta cultura quedaron muchos testimonios arqueológicos indelebles en la ciudad de París, algunos de los cuales son claves en la historia que narra *El código* y a ellos nos referiremos en el próximo capítulo.

Javier Sierra, cuya espléndida novela *El secreto egipcio de Napoleón* ha sido traducida con éxito al francés, me ha confesado su convicción de que el objetivo de Napoleón era sustituir el catolicismo romano por una nueva religión de raíces egipcias.

No se trata de una simple opinión, sino de una hipótesis muy probable, sobre todo si tenemos en cuenta los siguientes hechos objetivos:

- A medida que conquistaba Europa, Napoleón llevó consigo las logias masónicas militares que sembraron las ideas liberales en todo el continente y tuvieron una profunda incidencia entre las élites, como ocurrió en España con los famosos afrancesados.

- Los dos apelativos de Napoleón, «el Águila» y «la Estrella», evocan la mitología egipcia del Fénix (el águila es una de sus formas y será recogida en la simbología del dólar norteamericano) y de Sirio, el astro de Isis.

- También ordenó a sus eruditos, concretamente al abate Pichon, estudiar detalladamente las genealogías para determinar la posible supervivencia de sangre real merovingia después de la caída de dicha dinastía. Dichas genealogías eran en gran parte las mismas que aparecen en los documentos del Priorato de Sión.

- Uno de los símbolos más sagrados de los merovingios, que también fue emblema real egipcio, era el de las abejas. En la tumba de Childerico I, hijo del legendario Meroveo y padre de Clodoveo, se encontraron trescientas abejas en miniatura fabricadas en oro macizo, como parte de un tesoro en el cual abundaban los símbolos que aludían al poder mágico de la realeza. Y al ser coronado emperador en 1804, Napoleón insistió en que esas abejas de oro fuesen cosidas en la vestimenta que lució en ocasión de dicha ceremonia.

17

Los secretos de París

Según sugiere Langdon, el nombre original de Rosslyn —Roslin— provendría del término Línea Rosa (en inglés Rose Line). Por este nombre se conocía antiguamente al meridiano de París que, como saben quienes han leído la novela, orientará al protagonista en su búsqueda final.

Como nos explica Brown, los navegantes necesitan tomar como punto de referencia una de las infinitas líneas imaginarias que pueden trazarse entre los dos polos de nuestro planeta, para orientarse, midiendo a partir de la misma las diferentes longitudes terrestres. Durante mucho tiempo convivieron varios «meridianos cero» que partían de diferentes países, hasta que hace poco más de un siglo el de Greenwich desplazó definitivamente a los demás como meridiano de referencia universal.

La Línea Rosa francesa atraviesa lugares de gran importancia en esta historia, como el pueblecito de Rennes-les-Bains o el cercano monte Cardou, en el que muchos han intentado buscar la clave del Secreto. También otros a los que el Priorato concede cierta importancia, como Barcelona o la tumba de san Sulpicio en Bourges. Esto y otras muchas consideraciones nos invitan a suponer que la importancia de este trazado telúrico era conocida desde la antigüedad: algunos iniciados en el secreto, de los que hablaremos a continuación, lucharon durante décadas hasta lograr que se oficializase definitivamente a comienzos del siglo XVIII. Una centuria después fue calculado de forma definitiva por el científico Arago.

Pero esta Línea no pasa por Rosslyn ni por Glastonbury, que

algunos identifican con la Avalon del rey Arturo, como podría entenderse a partir de los comentarios de Brown en el capítulo 104. Estos lugares de poder están unidos por otra «línea rosa» que sería uno de los pilares de la geometría sagrada británica.

El meridiano oficial de París partía de la iglesia de Saint-Sulpice. Una tira de cobre que, partiendo de un obelisco coronado por una bola dorada, atraviesa todo el templo, se encarga aún hoy de recordarnos su trazado.

Uno de los muchos aciertos de *El código da Vinci* ha sido elegir la iglesia de Saint-Sulpice como enclave secreto del Priorato, vigilado por sor Sandrine Bieil. Como el de los restantes personajes de la novela, el nombre de esta monja espía no obedece a un capricho: el abate Jean-François-Victor Bieil fue director del seminario de Saint-Sulpice y se dice que a él acudió el cura Saunière en busca de ayuda para descifrar los manuscritos que encontró en la iglesia de Rennes-le-Château.

En Saint-Sulpice, aseguraron a Silas los senescales, se esconde la clave de la Hermandad. Bajo el prominente obelisco que hay en dicho templo, este imposible «monje del Opus Dei» encuentra una tablilla de piedra, con una cita bíblica que le hace comprender la inutilidad de sus crímenes: «hasta aquí llegarás, no más allá»... Es curioso que Brown haya extraído esta frase de Job 38, porque tanto este capítulo como el resto del libro están cargados de claves simbólicas y proféticas, alguna de las cuales (38: 22-23, por ejemplo) han cobrado palpitante actualidad en los últimos tiempos.

La inesperada decisión de Richelieu

«Saint-Sulpice, alto lugar del Priorato de Sión.» Así se titula un capítulo del libro *Rennes-le-Château: capital secreta de la historia de Francia*. Se tiraron unos 200.000 ejemplares de esta obra, editada a todo color, y aún así no resulta fácil encontrar ejemplares de segunda mano. Su lanzamiento coincidió con el del best-seller *El enigma sagrado*, que dio a conocer a una audiencia internacional las pretensiones y la historia apócrifa de esta misteriosa organización. Sus autores, los periodistas Deloux y Brétigny, eran dos portavoces del Priorato de quienes se ha escrito que controlaban la edición francesa de *Lo inexplicado*, excepcional enciclopedia británica sobre temas misteriosos, donde habían aparecido previamente los contenidos del citado libro en forma de artículos. También se ha escrito que quienes financiaban el lanzamiento de este mito, en esa época supuestamente se habrían adueñado de la revista *Nostra*, un veterano semanario francés sobre *la actualidad misteriosa* con cuyo director tuve algún contacto y en el que entonces comenzaron a aparecer artículos que fomentaban los puntos de vista del Priorato sobre los temas históricos más variados.

Los tres autores de *El enigma sagrado* sostienen que encontraron dotada de cierto fundamento la afirmación del Priorato, según la cual uno de sus intentos fracasados de adueñarse del trono francés tuvo como epicentro la iglesia de Saint-Sulpice. Dicha tentativa pasó a la historia bajo el nombre de la Fronda: una serie de alzamientos que, a mediados del siglo XVII, acabaron convirtiéndose en una verdadera y prolongada guerra civil.

El ambiente de conspiraciones y secretos que vivió Francia en los años que precedieron y siguieron a la misma ha sido retratado en famosas novelas y películas, como *Los tres mosqueteros* o *El hombre de la máscara de hierro*.

Aunque el rey de Francia era Luis XIII, el país estaba bajo la certera dirección del cardenal Richelieu, quien le proporcionó una estabilidad inédita, mientras buena parte de Europa era consumida por la guerra de los Treinta Años. En ésta, los ejércitos católicos hispano-austríacos se enfrentaban con los protestantes suecos y alemanes.

De forma inesperada, en 1633, el famoso cardenal decidió que Francia participase en el conflicto, pero no precisamente en el bando católico. Richelieu intentaba acabar con la hegemonía centroeuropea de los Austrias, convirtiendo a su país en el nuevo árbitro del continente. Pero pocos eran capaces de comprender cómo un prelado católico ordenaba a sus tropas que luchasen contra otros católicos y a favor de los herejes luteranos.

LOS ROSACRUCES, LA REFORMA Y LA GUERRA DE LOS TREINTA AÑOS

Más allá de las razones puramente políticas, que las hubo y muy poderosas, hay algunos datos que nos permitirán reflexionar sobre si hubo algo más tras esta insólita decisión:

- Algunos investigadores han sugerido que la Reforma protestante se inspiraba en ideas rosacrucianas.
- Los sellos y escudos de Lutero muestran claramente una cruz en el centro de una rosa roja, con cinco pétalos, que aparece encerrada dentro de un círculo (símbolos en los que abunda *El código*). Se trata de un emblema idéntico al que posteriormente usaron algunos rosacruces.
- Tanto Lutero como sus continuadores contaron con el apoyo de personalidades cuyas familias estaban íntimamente vinculadas con el rosacrucianismo y la masonería, como Felipe el Magnánimo, jefe de la Casa de Hesse, en uno de cuyos principados —el de Hesse-Kassel— apareció el primer opúsculo que anunciaba públicamente la existencia de los rosacruces.
- El elector del Palatinado, como los príncipes alemanes que combatían junto a él, recibió un tratamiento excepcional por parte de los filósofos rosacruces, a raíz de sus esponsales con Isabel Estuardo. Como ha demostrado la historiadora Frances Yates, éstos aparecen simbólicamente reflejados en *Las bodas alquímicas de Christian Rosenkreutz*. Probablemente veían en ellos unos iniciados capaces de forjar una nueva alianza imperial que frenase el totalitarismo papista de los Habsburgo, facilitando así su tarea de transmutar la sociedad europea. Pero, cuando la pareja aceptó la corona de Bohemia, este principado fue invadido por las tropas católicas, lo que inició la devastadora guerra de los Treinta Años.
- Los autores de *El enigma sagrado* reconocen que «ningún historiador ha sugerido que Richelieu fuese rosacruz, pero habría sido imposible hacer algo más en consonancia con las actitudes de los rosacruces» que decidirse a luchar junto a los príncipes protestantes.

ASALTO AL TRONO DE FRANCIA

Baigent, Leigh y Lincoln aseguran que en esos momentos la casa de Lorena —que representaría a los herederos de la dinastía griálica— vio una nueva posibilidad de recuperar el trono de Francia. Justo un año antes de que Richelieu entrase en la guerra, la hermana del duque de Lorena se había casado con el hermano menor del monarca francés, Gastón de Orleáns. El hijo de la pareja tenía todas las posibilidades de convertirse en rey, por lo que el Priorato habría comenzado a mover sus piezas. Uno de quienes intentaron reemplazar a Luis XIII por su hermano fue el duque de Guisa, cuyo preceptor fue uno de los supuestos grandes maestres del Priorato, y que estaba casado con la propietaria de Couiza y de Arques, las dos grandes poblaciones más próximas a Rennes.

Aunque la primera tentativa resultó fallida, sólo necesitaban esperar porque, tras dos décadas de matrimonio, Luis XIII no había tenido ningún heredero. Pero, inesperadamente, su esposa quedó embarazada. Casi nadie creyó que fuese hijo del rey, sino más bien de los cardenales Richelieu o Mazarino, sucesor suyo.

La desconfianza en que el futuro Luis XIV llevase sangre real francesa creó un clima apropiado para que, tras la muerte del rey y de Richelieu, multitudes bien coordinadas intentasen impedir que el niño ocupase el trono, una de las causas del conflicto de la Fronda.

Entre los notables que apoyaron esta revuelta encontramos al duque de Bouillon y al de Longueville, nieto de otro supuesto gran maestre del Priorato, así como miembros de otras familias estrechamente relacionadas con el mismo. El epicentro de la misma estuvo en Stenay, lugar sagrado del Priorato donde había sido asesinado el último merovingio. El destino ofrecía una oportunidad excepcional para que uno de sus descendientes directos recuperase su herencia. Pero el intento fracasó finalmente.

La Compañía del Santo Sacramento, ¿predecesora del Priorato?

Según los documentos publicados por el Priorato, otro secreto foco de oposición al cardenal Mazarino habría estado constituido en torno a la Compañía del Santísimo Sacramento del Altar, tras la cual se escondería la antigua Orden de Sión. Era una sociedad secreta, de apariencia católica, organizada de forma muy eficaz y que contó con enormes recursos económicos. Lo que sabemos y podemos deducir acerca de su misteriosa historia ha sido ampliamente tratado por Jean Robin en su voluminosa e indispensable obra *Le royaume du Graal.**

Había sido fundada, seis años antes de que Richelieu entrase en guerra, por un noble íntimamente ligado a Gastón de Orleáns, hermano del rey y aspirante a la Corona.

Era dirigida secretamente por el Cenáculo Invisible y Fraternal, integrado por tres singulares personajes: el fundador del seminario de Saint-Sulpice, Jean-Jacques Olier; su amigo san Vicente de Paul, que en su juventud había desaparecido durante dos años y que cuando reapareció contó una inverosímil aventura que le habría conducido a ser secuestrado por los turcos y vendido en Túnez a un alquimista; y el obispo de Alet, de quien dependía la aldea de Rennes.

Algunos de sus miembros conocidos eran el hermano del superintendente de la hacienda real, el hermano de la duquesa de Longueville y el tío de Fenelon que luego influyó notablemente en la fundación de la masonería francesa. Pero, como suele ocurrir con las sociedades secretas, se desconoce quiénes estaban detrás de ellos. Hoy no cabe dudar de que tuvieron una importante influencia política, guiados por una oscura finalidad que se insinúa en sus secretos estatutos, en los cuales se lee:

> La primera vía que forma el espíritu de la Compañía y que le resulta esencial es *el secreto*… Siendo el alma de la Compañía, *el secreto* será guardado inviolablemente.

* Ed. Guy Tredaniel, París, 1992.

¿A qué secreto se refieren?

Yves Lierre sostiene que este secreto «está ineludiblemente ligado a los misterios de la Orden del Temple, de los que la Compañía era depositaria en parte, y no a un supuesto Priorato de Sión».

LOS PASTORES DE ARCADIA

Tal vez podamos encontrar una pista acerca del mismo en una enigmática carta escrita por uno de sus miembros, Charles Fouquet. La misiva estaba dirigida a su hermano, el superintendente de las finanzas de Luis XIV, y fue redactada en Roma, donde aquél le habría enviado:

> He entregado al Sr. Poussin la carta que le habéis hecho el honor de escribirle... Él y yo hemos proyectado ciertas cosas de las cuales podré hablaros pronto, que os darán por Poussin *ventajas que a los reyes les costaría obtener de él, y que según él es posible que nadie en el mundo vuelva a descubrir jamás en los siglos venideros*; y, lo que es más, ello sería sin muchos gastos y podría incluso ser aprovechable, y *éstas son cosas tan difíciles de descubrir que nada de lo que haya ahora sobre la tierra puede ser de mayor fortuna ni puede ser igual a ellas*...

¿De qué misterio puede estar hablando?

Ningún historiador ha logrado responder a esta pregunta. Por lo que debemos limitarnos a apuntar lo que ocurrió con el destinatario de la carta, con Poussin (a quien *El código* se refiere en dos ocasiones) y con su obra más sospechosa.

Nicolas Poussin fue el autor de varios cuadros que han sido estudiados en profundidad por muchos investigadores del enigma de Rennes, los cuales han encontrado en ellos multitud de claves evidentes, que están relacionadas con los misterios de esta zona y con otros arcanos esotéricos. El cuadro más comentado es *Los pastores de Arcadia*, cuya versión más conocida hoy podemos contemplar en el Louvre, donde el cura Saunière adquirió una reproducción del mismo, junto a otras dos.

Vemos en él a cuatro personajes que señalan a una antigua tumba, en la cual están inscritas unas palabras en latín: «Y en Arcadia Yo», frase que Pierre Plantard asegura fue el emblema de su familia desde el siglo XII.

El paisaje que refleja coincide asombrosamente con uno cercano a Rennes, donde —antes de ser destruida por el actual dueño de la finca— existía una tumba idéntica a la de este cuadro. Sobre los orígenes de este túmulo no existe consenso, aunque parece haber sido construido por su anterior propietario americano para enterrar a sus familiares, si bien los lugareños aseguran que todos sus mayores recuerdan haberlo visto allí, lo cual sugiere que podría haberse inspirado en uno anterior.

Esta pintura le fue encargada al artista por un cardenal librepensador y estudioso del pensamiento esotérico, que luego pasaría a la historia como papa Clemente IX. Blake y Blezard apuntan la posibilidad de que el bibliotecario de este pontífice, el célebre erudito Athanasius Kircher, hubiese descubierto secretos más profundos que los mantenidos por la tradición cristiana y los hubiese comunicado a su patrón. Éste habría decidido codificarlos a través de este y otros cuadros, cuyo significado fuese completamente inaccesible a los profanos. Y algunos sostienen que el secreto codificado en el mismo fue lo que despertó el interés de los hermanos Fouquet.

EL HOMBRE DE LA MÁSCARA DE HIERRO

Cinco años después de recibir la carta, el superintendente Nicolas Fouquet fue detenido por orden del joven Luis XIV.

Su largo proceso dio mucho que hablar en su tiempo, puesto que era el personaje más poderoso y adinerado de Francia, y las acusaciones contra él eran demasiado vagas. Acababa de morir Mazarino y el rey había ordenado la disolución de la Compañía, que contaba entre sus miembros tanto a Fouquet como a su hermano y a su madre. Pese a ello esta sociedad seguía ejerciendo clandestinamente su poderosa influencia y movilizó a la opinión pública. A la Compañía pertenecía también uno de los jueces que integraban el tribunal.

El rey exigía su muerte. Pero Fouquet fue condenado a destierro perpetuo. Luis XIV ordenó un nuevo juicio, dirigido por magistrados más sumisos que, en vista de los cargos, sólo pudieron condenarle a cadena perpetua en 1665.

El monarca prohibió terminantemente que nadie se comunicase con él, hasta el punto de que algunos guardianes que se atrevieron a hablarle fueron también aislados o incluso ahorcados.

Algunos historiadores sostienen que él fue el legendario prisionero de la máscara de hierro.

Ese mismo año fallecía Poussin. El rey francés fue presa entonces de una verdadera obsesión: adueñarse de *Los pastores de Arcadia*. Pese a que utilizó todos los medios a su alcance, tardó dos décadas en hacerse con este cuadro, que encerró en su palacio, prohibiendo a todos que lo viesen sin su permiso expreso.

¿A qué terrible secreto podía aludir el mismo?

Lo ignoramos.

Sólo sabemos que un insólito episodio tuvo lugar en la corte francesa, pocos meses después de ser condenado Fouquet y morir Poussin. Estamos en 1666, *annus terribilis* en el que toda Europa era presa de una conmoción milenarista y escenario de múltiples acontecimientos que no ha lugar narrar aquí. Mientras su madre agonizaba, Luis XIV la arrastró hasta el palacio del Louvre, donde murió a las pocas horas. Entonces ordenó a su canciller que registrara a fondo las dependencias de la fallecida.

¿Qué podía buscar? ¿Y a qué obedecía su obsesión por mantener controlada a la moribunda Ana de Austria?

Probablemente impedir que saliesen a la luz pruebas de que él no era hijo de Luis XIII, y por tanto no tenía derecho alguno a reinar. Bastaría con un documento comprometedor o con una confesión escrita por la reina para que su tío ocupase el trono y los conspiradores viesen realizado su sueño. Guiada por su confesor, el conspirador abate Olier, su madre no habría visto en ello una traición, sino una forma de morir con la conciencia tranquila. No sabemos que encontraran nada importante. Si hubiese existido, o bien lo destruyeron sigilosamente o antes la Compañía lo había puesto a buen recaudo a la espera de una nueva oportunidad, ante la evidencia de que su intento había fracasado.

Según el moderno Priorato, sus predecesores habrían financiado las actividades de la Compañía y las obras caritativas de Saint-Sulpice (para ganarse al pueblo) con oro procedente de Rennes, y que se cerró el grifo cuando vieron que todo era inútil.

Un año después de encarcelar a Fouquet, el rey hizo explotar las minas de Rennes-les-Bains, sin resultado alguno. Tres años antes había ordenado quemar el castillo de Barbarie, propiedad de los Plantard, como castigo por su participación en la Fronda. La ruina de esta prominente familia se remonta a ese momento. Pero, si fuese verdad lo que cuenta Plantard, ¿por qué no recurrieron al oro de Rennes para seguir financiando su «sagrada misión»?

SAINT-SULPICE, UN INDUDABLE LUGAR DE PODER

Ocupémonos brevemente de la iglesia de Saint-Sulpice, centro neurálgico de la Compañía.

En su libro sobre *Las vírgenes negras*, Ean Begg sostiene que san Sulpicio es uno de los santos más importantes de la «Orden Oculta», nombre con el que parece referirse al Priorato, en cuyas concepciones está fundamentada su obra. Nos explica que fue contemporáneo de san Dagoberto, el último monarca merovingio de Austrasia, quien —dos siglos después de su asesinato— fue el primer rey francés en ser canonizado por la Iglesia gala, que entonces aún no tenía que contar con el Vaticano para estas cosas. Siendo obispo de Bourges, consiguió convertir al cristianismo a todos los judíos de su diócesis, hazaña inexplicable a no ser que contara con argumentos muy convincentes.

Después de Notre-Dame, Saint-Sulpice es la iglesia más grande de la capital francesa. En 1643, cuando comenzó la construcción del edificio que ahora podemos contemplar, era la mayor parroquia de toda Francia. Junto a ella se alzaba hasta entonces una iglesia románica, de la que aún se conservan algunos restos. Bajo la plaza homónima donde se encuentra había un cementerio. Pero no hay ni rastro de un antiguo templo a Isis en ese preciso lugar, como sugiere Brown.

Hasta la Revolución dependió de la cercana abadía de Saint-

Germain-des-Prés, construida por el hijo merovingio de Clodoveo, para albergar algunas reliquias.

Tras una sobria fachada, Saint-Sulpice alberga una ornamentación cargada que creó estilo en su momento, y las personas más sensibles sienten en algunos de sus rincones una energía que parece indicar claramente que esa «Línea Rosa», que parte de aquí, no es una creación moderna, sino una forma de recordar la existencia de una poderosa línea telúrica, conocida desde la antigüedad por algunos iniciados y que la Compañía luchó por convertir en el «meridiano cero» francés.

Entre otros elementos poderosos en su interior descubrimos a la Virgen de Pigalle (barrio tradicional de las prostitutas parisinas), una representación del principio femenino que merece ser contemplada y sentida. También destacan los significativos frescos que adornan la capilla de los Santos Ángeles, obra de Delacroix (miembro de La Niebla, también llamada Sociedad Angélica, que guarda una estrecha relación con el misterio de Rennes). Y otros más que sería largo detallar...

Cuando lo visitó hacia 1891, el cura Saunière encontró en este templo buena parte de su inspiración para las reformas que había de emprender en la iglesia de Rennes-le-Château.

En aquella época su seminario era uno de los más importantes de Francia y fue el foco de irradiación del movimiento modernista católico, que puso a la Iglesia al borde de un cisma. También estudiaron allí el más conocido ocultista del siglo XIX, quien firmaría su obra como Eliphas Lévi, y el cura apóstata Boullan, que se autonombró luego sumo sacerdote de la iglesia del Carmelo, donde se practicaban ritos sexuales secretos.

París, la barca de Isis

Como vemos, Brown escogió con cuidado el escenario de su ficción novelesca. Por un lado, la trama se desarrolla en estos enclaves cargados de misterio, vinculados a las conspiraciones políticas y a las pugnas por el poder que constituyen las claves de la historia de Europa, en buena medida fruto de la actividad de las sociedades secretas. Por otro, el gran escenario en el cual transcurre la acción de *El código* es París, ciudad mágica especialmente asociada al principio femenino a través de la imagen de la Diosa pagana.

Debemos tener en cuenta a este respecto que el culto a la Diosa se asociaba al sexo sagrado (hierogamia) que también vincula a esta ciudad con otro tema central de *El código*.

Sin duda, podrían llenarse volúmenes con todas las claves mágicas y esotéricas de París. Aquí nos limitamos a señalar algunos puntos para ilustrar a los lectores de la novela sobre el hecho de que la imagen de la Diosa preside el escenario donde transcurre buena parte de la trama.

- El antiguo nombre de París era Lutetia, nombre que evoca la luz y al dios céltico Lug. Este vínculo con la religión autóctona de los antiguos druidas también evoca la imagen del principio femenino en la naturaleza a través de la mitología de las hadas y de las sacerdotisas celtas, poseedoras de un conocimiento mágico ancestral. Esta religión europea produjo una profunda impresión en los conquistadores romanos, que expresaron su admiración y respeto por los druidas. En las creencias de los francos, que serían la matriz de la dinastía de los merovingios, también hallamos el tema de la hierogamia y de una sangre real transmitida por la mujer fecundada por la divinidad, como hemos visto anteriormente.

- Los romanos introducen el nombre *Par Isis* (cerca de Isis), en referencia a un templo consagrado a la diosa madre egipcia, que construyeron en el lugar donde hoy se erige Saint-Germain-des-Prés.

- Otra etimología que vincula la ciudad a la diosa madre del antiguo Egipto es la de *Bar Isis* (la barca de Isis), que se asocia estrechamente con Isis Pharia, patrona de los navegantes en el período romano, representada en la masónica Estatua de la Libertad neoyorquina.

- París, conocida en todo el mundo como «la ciudad luz» es, por tanto, también «el Faro de Isis», evocación de esta Isis Pharia que fue objeto de una fervorosa veneración en la Roma imperial, cuyas élites se consideraron herederas del legado del antiguo Egipto y, como haría Napoleón con París, llenaron la capital del Imperio de obeliscos llevados desde el país del Nilo, hasta el extremo de convertirla en la ciudad que posee mayor número de obeliscos en todo el mundo. Isis disfrutó de una preeminencia notoria en Roma, que aún hoy podemos constatar.

- Esto indica que existe una continuidad que se extiende desde Egipto a París pasando por Roma, con la cual la capital de Francia compite como «centro del mundo» desde la época de Carlomagno, realizador de la primera unidad europea.

- Esta tradición se basa en la convicción de que existe un plan divino para constituir un Orden Mundial regido por una sinarquía o gobierno planetario invisible, a través de una nación escogida para realizarlo como potencia hegemónica. Después del antiguo Egipto, Israel tomó este testigo, como más tarde lo haría la Macedonia de Alejandro Magno, la Roma imperial, Francia y, ya en nuestra época, Estados Unidos.

- Cuando Napoleón pone las bases del Imperio francés, decide incluir a Isis en su trono y a su estrella de cinco puntas en el escudo de armas de la ciudad. La estrella evoca a Sirio, la más importante de la religión del país del Nilo, que determinaba el cómputo del tiempo en la cultura faraónica. Sirio era el astro de Isis y se identificaba con el Paraíso o «Campo de los Juncos». Esta estrella egipcia se transformará en un símbolo sublime de la tradición y la hallaremos también como Estrella Flamígera de la Masonería.

- Obsesionado con el simbolismo esotérico y mágico de la ciudad, Napoleón nombró una comisión integrada por historiadores masones para verificar el vínculo simbólico entre París y el antiguo Egipto.

- Muchos de los monumentos emblemáticos que acabarían por formar parte inseparable de las señas de identidad de la ciudad luz evocan este simbolismo, como puede verse en el Arco de Triunfo, situado precisamente en la plaza de la Estrella, localizada en el lado occidental del eje histórico de la ciudad, los Campos Elíseos, otra denominación pagana del Paraíso. Este eje histórico arranca al este del palacio del Louvre, punto cardinal que representa al sol naciente y a la resurrección en el antiguo Egipto. En este sentido, puede considerarse a los Campos Elíseos y al eje histórico de París como un Nilo simbólico.

- En la plaza de la Concordia, situada entre el Louvre y la plaza de la Estrella, se instaló un obelisco egipcio que fue traído especialmente desde Luxor.

- Esta tradición de simbolismo esotérico tiene continuidad hasta nuestros días. En 1989, para la celebración del bicentenario de la Revolución francesa, el presidente François Mitterrand, muy vinculado al pensamiento ocultista e interesado en Rennes y su misterio —centro del legado que reivindica el Priorato de Sión—, encargó la construcción de la famosa pirámide de cristal del Louvre, a la que tanta importancia da Brown en *El código* y que aparece como una clave simbólica al comienzo y al final de la novela.

- También se erigió una pirámide de metal al oeste del eje histórico de la ciudad, bajo el Gran Arco de la Défense, incluyendo un «Ojo de la Providencia» que emite luces láser y evoca al dios Horus, el hijo de Isis («hijo de la viuda», denominación que adoptaron los masones). No es casual que el hermano del presidente, Jacques Mitterrand, fuese entonces gran maestre del Gran Oriente de Francia.

- Desde los comienzos de su historia París aparece bajo la tutela de las grandes diosas paganas de la helenística, como Diana y Cibeles. Aunque en estos cultos mistéricos internacionales, contemporáneos del primer cristianismo, la Diosa es venerada bajo muchos nombres, según Apuleyo todos éstos no son sino distintos aspectos de la misma divinidad femenina, cuyo verdadero nombre es «Reina Isis, la madre del trigo» (*El asno de oro*).

París no es una excepción. La idea de que algunas grandes ciudades europeas habían sido construidas en función del antiguo culto a la Diosa pagana, en enclaves de especial significación telúrica relacionados desde los tiempos más remotos con la veneración universal de la Madre Tierra, se remonta a la antigüedad y ha sido defendida por numerosos investigadores.

No quiero cerrar este capítulo sin hacer un breve comentario final sobre Saint-Sulpice.

Si Brown hubiese examinado a fondo esta iglesia, habría descubierto, en mi opinión, un escenario más adecuado que el Louvre para el precioso final de su novela: la Virgen de Pigalle, bella representación de la Diosa Madre, cargada de simbolismo que, al mismo tiempo, establece un vínculo de continuidad entre la Diosa pagana y la Madre de Dios cristiana a través del símbolo universal del Grial.

18

El misterioso tesoro
de Rennes-le-Château

Jacques Saunière, conservador del Louvre, dirigente secreto del Priorato de Sión y abuelo de Sophie, toma su apellido de un personaje real, cuya historia tiene una importancia fundamental para entender la trama oculta en que se inspira *El código*.

Como el personaje de la novela, el cura Saunière llevó una doble vida, posiblemente influido por alguna sociedad secreta como el Priorato, si es que realmente éste existía en su época.

François Bérenger Saunière fue el primogénito de siete hermanos, circunstancia familiar que —según creencias populares muy extendidas en el sur de Europa— le predisponía a la manifestación de facultades especiales.

Nacido en 1852, en el seno de una modesta familia campesina francesa; sus padres le ingresaron en el seminario a causa de su notable inteligencia. Tras ser ordenado sacerdote en 1879, ejerció como vicario en Alet, después como párroco de Clat y finalmente como profesor en el seminario de Narbona, puesto que pronto abandonó debido a su carácter fuerte e independiente.

ANTIGUA CAPITAL DE LOS VISIGODOS

En junio de 1885, a la simbólica edad de treinta y tres años, fue desterrado a la parroquia de Rennes-le-Château, cercana a su lugar de nacimiento. Aunque este humilde pueblecito albergaba entonces tan sólo trescientos habitantes y aún hoy es de difícil acceso, parece tener poderosas raíces históricas. Está situado en pleno corazón del país cátaro, el Languedoc, donde los trovadores comenzaron a cantar al amor cortés y a los buscadores del Santo Grial.

La aldea se erige en lo alto de una colina que domina la confluencia de los valles del Aude y Salz. Muchos sostienen que se alza sobre las ruinas de un emplazamiento estratégico del que los visigodos hicieron su último bastión en el sur de Francia tras ser derrotados por el merovingio Clodoveo. Esta capital visigótica fue conocida históricamente como Rhedae, que, en latín, significa *el carro*. Se trata, probablemente, de una alusión simbólica tanto a los carros en los que viajaban los godos y que disponían en círculos para establecer sus campamentos, como a la constelación de la Osa Menor, *el carro celeste*, puesto que los godos se guiaban por la estrella Polar. La figura del oso era empleada como emblema en sus banderas.

Fue un historiador local quien propuso hace más de un siglo que Rennes-le-Château era de origen visigótico. Según su tesis, la ciudad habría desarrollado un papel muy importante desde el siglo IV de nuestra era. Aunque los hallazgos de la época visigótica y carolingia realizados allí son prácticamente inexistentes, la zona que la rodea está repleta de vestigios históricos.

El trazado de la aldea bordea antiguas tierras sarracenas y fue empleada por los templarios durante la Edad Media. A dos pasos de allí, en Rennes-les-Bains tenía su feudo Bertrand de Blanchefort, gran maestre del Temple, la tumba de cuyos descendientes, como veremos, se relaciona directamente con el misterioso «tesoro de Saunière».

UN EXTRAÑO DESCUBRIMIENTO

La vida en Rennes-le-Château no le resultaba muy cómoda al párroco Saunière, si bien dedicaba muchas horas a caminar, pescar, cazar y estudiar. Como consecuencia de un intempestivo sermón preelectoral de corte antirrepublicano, animando a sus parroquianos a votar a la Unión de la Derecha, que pretendía restaurar la monarquía, fue privado de su sueldo y se vio obligado a subsistir a costa de sus feligreses. En la sacristía donde malvivía las cosas no eran mejores, ya que la iglesia, consagrada a María Magdalena en 1059, amenazaba ruina.

Así que, harto de tener que soportar que la lluvia penetrara en su iglesia, en 1886 decidió llevar a cabo una serie de reparaciones indispensables, valiéndose de los fondos legados por su predecesor en el cargo y de un préstamo de la municipalidad. Se dice que un día, fueran los obreros o bien el campanero, se produjo un sorprendente descubrimiento que cambió definitivamente la vida del cura.

Uno de los dos pilares visigóticos sobre los que reposa el altar está hueco. En su interior se hallaba escondido un tubo de madera, cubierto de helechos secos. Al parecer, contenía antiguos pergaminos. Ahora se dice que, al menos algunos de ellos, parecían pasajes del Nuevo Testamento escritos en latín, pero la disposición de los caracteres le permitió al cura entrever que contenían mensajes ocultos. Algunos de ellos resultaban demasiado evidentes y al parecer pretendían atraer la atención de quien los descubriese, para invitarle a seguir investigando.

El contenido de estos pergaminos ha dado lugar a múltiples conjeturas y especulaciones en los últimos cincuenta años. Puesto que los originales desaparecieron, sólo conocemos el contenido de dos de estos documentos, y aún así sin ninguna certeza de su autenticidad. En 1964 el escritor Gérard de Sède se hizo con una copia de dos pergaminos que, hasta entonces, se hallaban en posesión del hotelero Noël Corbu, el primero en intentar sacar partido turístico de la aventura del cura Saunière y de quien algunos aseguran que ha inflado la historia de su descubrimiento con fines comerciales. Uno de ellos contendría encriptado este mensaje: «de Dagoberto y de Sión es este tesoro y él es la muerte...». El otro comenzaría diciendo *«bergere pas de tentation que poussin teniers...»*.

Parece evidente que el primer fragmento se referiría al último gran rey merovingio, Dagoberto II. El comienzo del segundo acertijo supuestamente aludiría al cuadro de Poussin *Los pastores de Arcadia* y al pintor Teniers, copias de cuyas obras —como veremos— adquirió Saunière poco después en el Louvre.

Las reproducciones de los pergaminos que ilustran muchos de los cientos de libros publicados sobre Rennes-le-Château no resultan completamente fiables, puesto que alguien se encargó, cuando el misterio no había aún trascendido, de facilitar pistas falsas para desorientar a los investigadores. El marqués Philippe de Chérisey aseguró haber sido el autor de los mismos, antes de fallecer en 1985, tras colaborar estrechamente y luego romper con Pierre Plantard, quien se presenta como el único gran maestre contemporáneo conocido del Priorato de Sión.

LA LOSA DE LOS CABALLEROS

Se dice que otros de los documentos contenían versículos en latín de los evangelios de Juan (12, 1-12), Lucas (6, 1-15), Mateo (12, 1-8) y Marcos (2, 23-28), cuya significación y cifrado se ignoran.

Ya sea orientado por los manuscritos, o bien mientras proseguía la restauración de la iglesia, Saunière realizó nuevos y enigmáticos hallazgos.

El mejor conocido de los mismos tuvo lugar también en la iglesia. Desplazó una losa situada al pie del altar mayor, ayudado por varios jóvenes y por su fiel ama de llaves, Marie Denarnaud, con quien se dice que compartía cama. En el reverso de la misma apareció un bajorrelieve compuesto por dos escenas. Fue bautizada como la Baldosa de los Caballeros y data del siglo VIII, es decir, de la época merovingia o carolingia. Hoy puede contemplarse en el Museo de Carcasona, aunque también hay un par de reproducciones en el pueblo.

La imagen situada a la izquierda de la losa está muy deteriorada. Representa a un ser astado que parece sacrificar un animal. En la de la derecha se insinúan dos jinetes sobre un mismo caballo, la misma escena que muestra el sello de los templarios, si bien otros sostienen que se trata de un jinete con un niño en brazos y un cetro en su diestra.

En una fosa bajo el emplazamiento de lápida Saunière descubrió dos esqueletos y una marmita que contenía, a decir de quienes vieron el descubrimiento, piezas antiguas de elevado valor.

Entretanto, Saunière se interrogaba sobre el significado de los pergaminos y estaba convencido de que semejante descubrimiento merecía un esfuerzo. Se ha dicho que decidió comunicar su hallazgo al obispo de Carcasona, cuyo activismo antirrepublicano le proporcionó una fortuna, que le legó una viuda monárquica; el prelado decidió financiar el viaje del cura a París, supuestamente para que alguien le ayudara a descifrar los documentos, aunque tal vez ya hubiera descifrado parte de ellos y lo que pretendiera era sacar provecho de los mismos. La escapada tuvo lugar entre el verano de 1891 y 1892.

EN CONTACTO CON NOTABLES OCULTISTAS PARISINOS

Quizá el abate Bieil —cuyo apellido adjudica Brown a la monja de *El código*—, director del seminario de Saint-Sulpice, le puso en contacto con su sobrino, el editor Ané, y con el hijo del mismo, el sacerdote oblato Émile Hoffet. Éste era un jovencísimo y brillante paleógrafo que llegó a ser un notable lingüista y erudito, y que escribía sobre historia antigua, tenía estrechas relaciones con especialistas de la Sorbona, frecuentaba los archivos del Vaticano y había realizado importantes estudios sobre la masonería, las sociedades rosacrucianas y sus conexiones políticas. Sobre éstos y otros temas escribía en *Regnavit* y en la *Revista Internacional de las Sociedades Secretas*, dos notables publicaciones sobre esoterismo, de corte radicalmente católico e integrista, que intentaban combatir el auge de la masonería en la época, en las cuales trabó relación con René Guénon, cabeza de la más notable corriente del esoterismo tradicional.

Pero, si tuvo en sus manos esos pergaminos, Hoffet no consiguió descifrarlos completamente, pues su código secreto se resistió incluso a los expertos del Servicio Secreto Británico, que los examinaron un siglo después, según aseguran algunos autores.

No sabemos exactamente de qué forma ni con qué propósito, que tal vez guardase relación con su hallazgo, pero lo cierto es que este párroco aldeano fue introducido en los ambientes ocultistas de la capital.

Es probable que entrara en ellos recomendado por un amigo que tuvo un papel clave en esta historia, el cura Boudet, párroco del pueblecito vecino y más que probable miembro de una sociedad rosacruz «católica». Aunque hay otra posibilidad: el cura Alfred, hermano de Bérenger Saunière, era preceptor de la familia Chefdebien de Zagarriga (Narbona), heredera del marqués Chefdebien, en cuyas tierras se había instalado una secta neocátara conocida como los Niños de Sión. En el siglo anterior este noble había fundado con su padre el Rito Antiguo y Primitivo de Francia. Se trataba de una de las obediencias *escocesas* de corte más esotérico y aseguraba estar bajo la autoridad de «superiores desconocidos» que perpetuaban la tradición templaria. Es probable que su familia no sólo permitiese a los hermanos Saunière acceder a sus golosos archivos, de los que se insinúa robaron algún documento importante, sino que les facilitasen interesantes contactos en París.

De Sède ha explicado el peso que en aquel preciso momento tenían en el ocultismo parisino numerosos personajes oriundos del Languedoc, continuadores de la antigua tradición esotérica de esa tierra donde Saunière nació y ejercía su ministerio. Desgrana con gran detalle la línea iniciática que conecta al masón Chefdebien, con Marconis de Nègre (fundador del Rito de Memphis y cuya familia era los antiguos señores de Rennes), Josephin Péladan (que en 1891 fundó en París la Orden del Templo de la Rosa Cruz Católica) y su secretario el intrigante Georges Monti, iniciado en las sociedades secretas más contrapuestas e inaccesibles que, como veremos, se convirtió en uno de los mentores de Pierre Plantard, el gran maestre del moderno Priorato de Sión. El círculo se cierra con una precisión asombrosa y nos permite entender cómo toda una serie de personajes estaban informados del misterio de Rennes mucho antes de que éste se hiciese público.

Sea en estos círculos o en casa del músico Debussy, a quien más tarde se le presentará como supuesto gran maestre del Priorato de Sión, Saunière conoció a la mundialmente famosa cantante de ópera Emma Calvé, con la que entabló una amistad muy íntima. Ésta era una mujer fascinada por la espiritualidad oriental, el espiritismo y por todo lo misterioso. Había sido iniciada en más de una sociedad secreta, al igual que su antiguo amante, el periodista Jules Bois, implicado en todas las tramas ocultistas de la época. Nuestro cura mantuvo con ella un insólito idilio y ésta le introdujo en los círculos más selectos de la sociedad parisina.

Antes de volver a su parroquia, Saunière visitó el Museo del Louvre. Allí compró una copia del retrato de Celestino V, monje calabrés (como los creadores de la Orden de Sión) que fundó la extraña Orden de los Celestinos y en cuya elección como papa vieron los herejes neocátaros el cumplimiento de la profecía que anunciaba la Era del Espíritu Santo. También adquirió reproducciones de otros dos cuadros, los nombres de cuyos autores —Poussin y Teniers— aparecieron en uno de los mensajes cifrados de los pergaminos y cuyos contenidos están estrechamente ligados al misterio de Rennes.

UN EXTRAÑO CAMBIO DE COMPORTAMIENTO

A partir de entonces su personalidad cambia y se comporta de forma extraña. Se diría que hace lo inverso que su homónimo el conservador del Louvre con la pareja protagonista de *El código*: en lugar de proponer acertijos que conducen a otros, hasta llegar a la clave definitiva del misterio, el cura busca pistas que le conduzcan hasta algún secreto o hacia una serie de ellos, y luego se encarga de borrarlas.

Sobre un pozo adjunto al cementerio, levanta una pequeña caseta e impide a todos la entrada a la misma, incluso cuando pretenden extraer agua del mismo para apagar un incendio. Más de una noche se encierra en el camposanto y allí procede a extrañas operaciones, acompañado por su ama de llaves. Desplaza al extremo opuesto del recinto una lápida y una estela cuyas inscripciones borra cuidadosamente. Corresponden a la tumba de Marie de Nègre, esposa de François d'Hautpoul, marqués de Blanchefort, señor de Rennes-le-Château y descendiente del gran maestre del Temple. Se asegura que antes de su muerte, acaecida en 1781, esta señora pudo entregar ciertos documentos al párroco de la aldea, Antoine Bigou, y que éste los habría escondido en la parroquia o en sus proximidades cuando estalló la Revolución francesa, que le obligó a huir a Cataluña, donde finalmente murió.

También realizó excavaciones en los alrededores y pasó largas horas en el campo recogiendo piedras que después utilizaba para la construcción de una «cueva» junto al jardín de su iglesia.

Gérard de Sède sostenía que Saunière buscaba cómo acceder a una cripta donde descansaban los restos mortales de los antiguos señores de aquella localidad, como asegura un obituario de los siglos XVII y XVIII. Allí, o en sus proximidades, probablemente se encontrase escondido algo de gran valor.

¿DESCUBRIÓ UN TESORO O SE LE PAGABA POR SU SILENCIO?

De pronto, comenzó a realizar misteriosos viajes por Alemania, Suiza, Italia y España, desde donde enviaba a su ama de llaves importantes sumas de dinero de procedencia desconocida. También hizo algo muy extraño: cambió el nombre francés de su iglesia por el castellano de María Magdalena; tomó esta incomprensible decisión tras su visita a Toledo que, no lo olvidemos, era la capital principal de los visigodos en la época en que éstos tenían su plaza fuerte más septentrional en lo que ahora es el pueblo de Rennes.

¿Había descubierto un antiguo tesoro, enterrado por los visigodos, parecido al encontrado en Guarrazar? Así lo creían los miles de buscadores que setenta años después comenzaron a excavar por los alrededores del pueblo. Pero el examen de sus cuentas y la ausencia de posteriores descubrimientos parecen descartar que se tratara de un antiguo tesoro material.

¿O acaso se beneficiaba de la generosidad de algún poderoso muy interesado en sus descubrimientos o en su silencio?

Cabe otra posibilidad, igualmente inquietante; que se hubiera convertido en instrumento inconsciente de una conspiración de gran envergadura.

Sea como fuere, Saunière se convirtió en uno de los derrochadores más extravagantes de la región. Además de repartir mucho dinero entre las familias más necesitadas, reformó completamente su iglesia y realizó una serie de construcciones y de obras artísticas que parecen encerrar insólitas claves.

Por ejemplo, convirtió la iglesia en algo parecido a una logia masónica o rosacruciana. Sustituyó las baldosas originales por otras blancas y negras. Reformó la fachada, recargándola de símbolos masónicos e hizo inscribir en el tímpano una frase en latín: «Este lugar es terrible», inscripción que ciertamente se encuentra en otras iglesias antiguas y que hace referencia a la visión de la escala celeste que tuvo Jaco: ¿acaso una forma de indicar que ese emplazamiento es una puerta hacia el ultramundo?

¿Guarda su Secreto relación con la Magdalena?

Decoró su interior con pasajes apócrifos de la pasión de Cristo y sitúa en la entrada del templo una peculiar pila bautismal, con un horrible demonio que bien pudiera ser el Asmodeo que guardaba el tesoro de Salomón.

Encontramos su diario repleto de frases lacónicas, muchas de las cuales parecen tener un carácter de recordatorio que sólo él debe ser capaz de interpretar. Entre ella, la palabra «Secreto», escrita con mayúsculas. La teoría de que guarda un «gran secreto» no sólo parecen corroborarlo las misteriosas amistades que hace en París, sino que hay otros indicios, como el hecho de que Saunière parece haber recibido dinero de Johann de Habsburgo, que se dice pudo actuar como intermediario del Vaticano. ¿Pagaba la Iglesia, entonces, el silencio de Saunière? ¿Cuál era la naturaleza de ese secreto? ¿Estaba relacionado, como sugiere *El código*, con la descendencia de Cristo y el misterioso Priorato de Sión, cuyas iniciales muchos creen ver inscritas reiteradamente en su iglesia?

Algo, en ese sentido, puede deducirse del comportamiento de Saunière. Tras la remodelación de su iglesia, adquirió grandes terrenos, sobre los que ordenó construir Villa Betania, una lujosa mansión que tomó su nombre del lugar en que residió Lázaro con sus hermanas Marta y María. En ella recibía a prominentes personajes de la sociedad francesa, incluida la cantante Emma Calvé y el archiduque austrohúngaro Johann de Habsburgo.

También levantó una pequeña fortaleza de estilo neogótico, donde creó una notable biblioteca. La llamó Torre Magdala, en honor a la antigua patrona de su iglesia, cuya significativa estatua ocupa un lugar prominente en la misma: santa María Magdalena, a quien el Priorato de Sión identifica con María de Betania y convierte en esposa de Jesús.

LAS SOSPECHAS DEL ARZOBISPADO

En 1910, el arzobispado de Carcasona abrió una investigación oficial sobre Saunière, a quien se acusaba de dispendios exagerados y no justificados, de vender sus servicios religiosos y de desobedecer al nuevo obispo, quien le había pedido que dejara de «vender misas» fuera de su diócesis. En la época era completamente normal y legal cobrar por oficiar misas por los difuntos. El problema es que Saunière anunciaba sus servicios a distancia en publicaciones de varios países, lo que suponía una competencia desleal que afectaba al negocio de otros curas.

No hay duda de que ésas eran las acusaciones formales y de que la mayoría de los ingresos del cura tenía esa procedencia. Pero hay otra posibilidad adicional: en los últimos años había comenzado a operar en el seno de la Iglesia una sociedad secreta ultraconservadora conocida como La Sapinière —de la que hablaremos en el capítulo dedicado al Opus— que realizaba auténticas labores de espionaje en todas las diócesis. Es muy probable que sus miembros descubriesen que Saunière utilizaba un secreto, relacionado con aquella aldea, que podía resultar incómodo para la Iglesia, o al menos que sospechasen su pertenencia a una sociedad rosacruciana. Eso justificaría la confesión que su obispo le hizo a su colega de Cabrières: «Había que encontrar algo para condenarle».

Se le ordenó retirarse a un monasterio para realizar ejercicios espirituales durante diez días, y aportar documentos que justificaran sus actividades. Pero él se negó a obedecer. El obispo de Carcasona le prohibió administrar los sacramentos y nombró a otro párroco. Pero los vecinos querían a Saunière y estaban agradecidos por su generosidad, por lo que dejaron solo al nuevo párroco y asistían a las misas que aquél oficiaba en Villa Betania, donde había colocado una estatua de la Magdalena.

Saunière se negó a revelar a su superior el origen de sus recursos y realizó algunos viajes, aunque su holgura económica llegaba a su fin. Eso no le impidió pagar dos años de estancia en Roma a un canónigo amigo para que defendiera su inocencia ante la Santa Sede. Durante la Primera Guerra Mundial volvió a recibir peticiones de misas de las diócesis cercanas, cuyos beneficios le permitieron subsistir. El estado de sus cuentas —en otros momentos boyante— permite descartar definitivamente que hubiera encontrado un tesoro material.

Cuando murió repentinamente, en 1917, se descubrió que todos sus bienes estaban a nombre de su ama de llaves, quien inexplicablemente había encargado un ataúd una semana antes; éste y otros extraños detalles han hecho sospechar a algunos que pudo ser asesinado, al igual que otros tres párrocos vecinos, o bien que fingió su propia muerte. Durante muchos años parece que había compartido con su heredera cama y secretos, que ésta se negó a revelar hasta su fallecimiento en 1953.

Su apartada aldea es visitada por cerca de 20.000 turistas anuales. Hay más de medio millar de libros dedicados al misterio de Saunière, y otras tantas páginas en internet. Rennes-le-Château es, desde 1956, la base de una verdadera industria.

RECIENTES DESCUBRIMIENTOS

A fines del año 2000, el alcalde del pueblo recibió una carta firmada por un ciudadano estadounidense, quien decía ser bisnieto del hermano de uno de los albañiles que en 1900 construyeron la Torre Magdala. En la misma aseguraba que, según su antepasado, bajo los cimientos de la misma se enterraron, «al menos, una caja y otros objetos» que podrían resolver el enigma de Rennes.

El edil no dio mucha importancia a esta misiva, porque desde que accedió a la alcaldía recibía una decena de cartas anuales que aseguraban conocer el paradero del tesoro de Saunière. Sus remitentes solían dirigirse a él para conseguir permisos de excavación en la zona, ignorando que las autorizaciones dependen de un organismo dirigido por el obispo de Carcasona, tras ser prohibidas en

1965, cuando muchos buscadores de tesoros invadieron las proximidades, causando diversos desperfectos.

Pero, poco después, su comunicante francoestadounidense telefoneó al alcalde en nombre de la prestigiosa Fundación Merrill. Le explicó entonces que no pretendían realizar excavación alguna, sino analizar el subsuelo mediante un sistema de prospección no invasiva, que propaga ondas electromagnéticas en el terreno y permite estudiar las fracturas de los materiales. El administrador accedió a su demanda.

El equipo de investigadores estaba dirigido por el profesor Robert Eisenmann, polémico experto internacional en exégesis bíblica y en los manuscritos del mar Muerto. Le acompañaban cuatro experimentados arqueólogos de la citada Fundación y tres especialistas canadienses que habían realizado investigaciones ecográficas en la Gran Pirámide egipcia. En abril de 2001 desembarcaron en la plaza del pueblo, llevando un enorme camión cargado con sofisticados instrumentos.

Cuando aplicaron el georradar a los cimientos de la Torre Magdala todos se llevaron una grata sorpresa: tal como aseguraba la carta, había «algo» enterrado a unos cuatro metros de profundidad. La pantalla del ordenador dibujó un paralelepípedo de 90 centímetros de alto por 103 de largo. ¿Acaso era un recipiente que contendría documentos reveladores, como algunos autores sospechaban?

Al aplicar esta misma técnica a la iglesia, el aparato detectó una cripta tapiada, a dos metros y medio bajo el nivel de la nave. Alguien aseguró que, junto a la misma, había dos tumbas anteriores al siglo v; probablemente se trataba de alguien interesado en crear una expectativa sensacionalista en torno a estas prospecciones, quien puso en marcha un nuevo rumor, según el cual podría tratarse de las tumbas de Herodes Antipas y María Magdalena. Aunque resulta completamente imposible sacar semejante conclusión de un sondeo realizado mediante radar, esto es exactamente lo que algunos sospechaban que buscaba Saunière, que intentó acceder a esta cripta desde diferentes puntos. Este hallazgo reforzaba la hipótesis según la cual el cura habría descubierto documentos que se referían a dicha cripta… y tal vez a su posible contenido.

¿Pretendía el Vaticano destruir documentos comprometedores?

Lo único cierto es que el alcalde se apresuró a comunicar este hallazgo a todas las autoridades de las que dependían las prospecciones arqueológicas. Éstas decidieron poner en marcha un protocolo de búsqueda científica y arqueológica en el pueblo. El 14 de junio se reunieron en Rennes; crearon un consorcio dirigido por el profesor Andrea Barattolo y financiado por la citada fundación norteamericana y decidieron que las excavaciones comenzarían en septiembre de 2001. En esta reunión participaron también representantes de una misteriosa sociedad llamada Robadoba. El diario *Le Figaro*, aseguró que ésta servía de enlace con el Vaticano y que una de sus integrantes, la teóloga Serena Tajé, pretendía destruir cualquier documento que pudieran hallar y resultase comprometedor para la Iglesia, lo que provocó el subsiguiente escándalo.

Una polémica que no logró ser frenada por las inmediatas declaraciones del alcalde, según las cuales la frase suya en la que se basaban las afirmaciones de diario había sido sacada de contexto. Según sus afirmaciones y las de la propia doctora Tajé, ésta no era una representante del Vaticano, sino de una agencia de comunicación que trabaja para intelectuales y organizaciones muy diversas, entre ellos el profesor Eisenmann y el propio Vaticano. Como consecuencia del escándalo, la sociedad Robadoba dejó de encargarse del asunto de Rennes en agosto de 2001.

Pero se trataba de una historia muy jugosa, que se prestaba a todo tipo de especulaciones, por lo que se habló de ella en muchos medios informativos. Para los interesados en aclarar el misterio, las consecuencias de este escándalo fueron catastróficas, pues los permisos para realizar las excavaciones se demoraron dos años, y el consorcio tuvo mucho cuidado en evitar que se relacionasen sus posibles hallazgos con la historia del cura Saunière o con tumbas de personajes bíblicos, asegurando que sus investigaciones estaban relacionadas con los orígenes de la civilización gala.

Finalmente, el 20 de agosto de 2003 se llevó a cabo la esperada excavación, en presencia de numerosos medios de comunicación. Parece inverosímil que entre los invitados al acto estuviese

Michael Baigent, el más activo coautor de *El enigma sagrado*. Es posible que hubiese sido invitado con la excusa de dar credibilidad a los resultados y el objetivo de incrementar su audiencia, por el canal estadounidense History Channel, que había pagado al ayuntamiento una jugosa suma por tener la exclusiva televisiva de los hallazgos.

Pero el descubrimiento resultó decepcionante: a dos metros de profundidad encontraron una simple piedra cúbica, el misterioso paralelepípedo detectado por el georradar, que la había situado incomprensiblemente a cuatro metros bajo tierra. Y ahí se acabó todo. Se decidió no seguir excavando ni intentar acceder a la misteriosa «cripta» situada bajo la iglesia, porque esto último exigiría trastocar el monumento completamente. Semejante decisión no tiene por qué extrañarnos; en Egipto, y es sólo un ejemplo, se han tomado otras similares, teóricamente en nombre de la conservación del patrimonio, aunque los conspiranoicos sospechamos que tras las mismas se esconde el temor —inconsciente o no— de que algún descubrimiento pueda trastocar nuestras concepciones históricas fundamentales.

En tanto no prosigan las investigaciones, quienes sostienen que en Rennes-le-Château se oculta un misterio relacionado con los orígenes del cristianismo tienen nuevas razones para seguir especulando.

19

El Priorato de Sión: ¿un peón en el ajedrez planetario?

Un eje central en la trama de *El código* es el misterioso Priorato de Sión, sociedad secreta cuyo último dirigente fue el abuelo de Sophie y que tendría como misión conservar el «legado del Grial». Aunque no sea uno de los temas que más inquietud ha despertado en el gran público, sí es uno de los objetivos hacia los cuales apuntan buena parte de los críticos que atacan a esta novela. Éstos aseguran que dicha organización y su visión de la historia es tan sólo un invento muy reciente, pretendiendo dar así este asunto por zanjado.

Como explicamos al comienzo de este libro, según sus portavoces, el Priorato sería la versión contemporánea de una orden secreta creada en Jerusalén hace 900 años. Su propósito habría sido defender los derechos dinásticos de ciertas familias, con las cuales estarían entroncados sus fundadores y algunos de sus dirigentes. Tras varios intentos fallidos de recuperar el poder, en la actualidad pretenderían promover a un miembro del linaje «griálico» como el gran monarca que anuncia las profecías.

EL *GRAN MONARCA* ELEGIDO POR 121 HOMBRES PODEROSOS

¿Quién será ese mítico rey al que se intenta presentar como un descendiente de David, de los merovingios… y del propio Jesucristo?

En enero de 1981 habría tenido lugar un acto trascendente. El lugar elegido para la misma fue la ciudad francesa de Blois, con la cual identifica Nostradamus al *gran monarca*, a quien dedica buena parte de su obra profética y que aparecerá, de la nada y del olvido, como el salvador de Occidente. Durante la misma se habría elegido como gran maestre del *Prieuré de Sion* a Pierre Plantard de Saint-Clair. De hecho, este personaje ha sido durante muchos años el único dirigente contemporáneo conocido de dicha organización, pese a que tan sólo tres años después renunció a este puesto, según se dijo debido a los problemas que surgieron con los dirigentes estadounidenses del Priorato.

Según explicó un artículo que se hizo eco de la elección de 1981, ésta representaba «una etapa decisiva en la evolución de las concepciones y formas de pensar en el mundo, pues los 121 miembros del Priorato de Sión son todos personas de gran renombre en el mundo de las finanzas y de las sociedades internacionales políticas o filosóficas» (este último término es una forma de designar sociedades «secretas» como la masonería).

La elección del señor Plantard sería coherente con una supuesta tendencia del Priorato a elegir sus dirigentes entre descendientes de ciertas familias.

Su primer apellido le acreditaría como heredero directo del último gran monarca merovingio. Aunque la mayoría de los historiadores sostienen que éste habría muerto sin dejar hijos varones, según el Priorato su descendiente secreto fue conocido como «el Retoño Ardiente» (Plant Ard), sobrenombre que pasaría a designar a toda su familia.

Su segundo apellido (que no es el materno), correspondería a los Saint-Clair, parientes franceses de los nobles Sinclair escoceses (que originalmente se llamaban Saint-Clair, *Santos-Claros* o *Luz Santa*). Además de ser los constructores de la capilla de Rosslyn y grandes maestres de la antigua masonería escocesa, este apellido corresponde a miles de ciudadanos que, supuestamente, estarían relacionados con la «estirpe del Santo Grial...».

Como ya hemos apuntado, en *El código* se dice que los apellidos Plantard y Saint-Clair corresponden a las dos últimas familias descendientes del último gran merovingio, una afirmación que ni siquiera el Priorato comparte; y al llegar a Rosslyn descubrimos que ésos son los verdaderos apellidos de Sophie. No hay duda de que tal afirmación está inspirada en la historia de Pierre Plantard.

El problema surge cuando la popularidad que adquiere este personaje hace que los investigadores se interesen en su pasado. Alguno de ellos no tarda en descubrir que trabajó durante años como dibujante asalariado, que anteriormente se anunció como astrólogo y adivino, y que en los años cincuenta habría sido condenado por fraude... Poca importancia tendrían estos detalles para un personaje dotado de tan rancio y secreto pedigrí como Plantard. El problema es que los investigadores no encontraron ni una sola prueba que corroborase el relato de este señor sobre sus presuntos antepasados o sobre la existencia de una unión matrimonial entre las familias Plantard y Saint-Clair, que justificase el añadido que éste hacía a su apellido legal.

LES DOSSIERS SECRETS

Cuando estudiamos todos los documentos apócrifos en la Biblioteca Nacional francesa, entre 1965 y 1977, y en los cuales se contienen las semillas del mito en torno a Rennes-le-Château y al Priorato, llegamos a una serie de interesantes conclusiones:

- La mayoría han sido publicados de manera muy rudimentaria. Por ejemplo, *Les dossiers secrets* que cita Brown en el prefacio de su novela, aunque ahora sólo pueden ser consultados como una ficha microfilmada, originalmente eran una serie de papeles y recortes reunidos en un archivador, cuyo contenido era modificado con cierta frecuencia por alguno de quienes los consultaban en la biblioteca. Otros suelen estar simplemente dactilografiados con una misma máquina de escribir, la misma con la que Plantard o sus ayudantes han redactado algunas cartas, o bien han sido ciclostilados en tiradas muy reducidas. Tanto esto como la coincidencia entre sus argumentos nos hacen sospechar que provienen de los mismos autores.

- Estos últimos ocultan su identidad bajo seudónimos tan simbólicos como los títulos de los documentos y muchos de sus contenidos, o bien firman sus escritos con los nombres de personajes reales que han muerto antes de que los documentos se introdujeran en la Biblioteca de París. Esto hace imposible saber quiénes son los autores de los documentos y en ocasiones convierte esta investigación en algo parecido a un *thriller*.

- A veces se atribuye la edición de estos opúsculos a organizaciones reales que, al ser consultadas por los investigaciones, aseguran no haber tenido nada que ver con el tema. Es el caso de la Gran Logia Alpina, entidad masónica que tiene su sede en Berna, y no en Ginebra como figura en uno de los documentos.

- Estos documentos son las semillas que han permitido tejer esa versión paralela de la historia de la que hemos hablado en este libro, y también de la genealogía de la familia Plantard. Esta versión legendaria ha ido enriqueciéndose paulatinamente a través de cada nueva publicación relacionada con el Priorato; y pretende hacernos ver en el pueblecito de Rennes-le-Château «la capital secreta de la historia de Francia», como lo titulan los autores de uno de los escasos «documentos Prieuré» que alcanzaron una gran difusión comercial. Así lo explica Gérard de Sède, que como explicamos al comienzo de este libro es autor de varias obras en las cuales dio a conocer al público francés el misterio de Rennes y otros relacionados con el Priorato, contando en las mismas con la colaboración y las mixtificaciones de Plantard y del marqués Philippe de Chérisey, quienes serían los supuestos autores del «documento de Priorato». Lo que Sède olvida añadir es que, al no recibir de él el dinero que les había prometido tras la publicación de su libro sobre Rennes, la pareja se enfureció con él y anunció públicamente que algunos pergaminos que aparecían en el mismo habían sido fabricados por el marqués. Por muy molesto que esté, sólo un estúpido haría algo así, si es que tiene la intención de seguir adelante con su montaje… Pero lo cierto es que este tipo de escenas absurdas abundan en esa singular representación teatral que se presenta como el Priorato de Sión.

- Algunos de los citados textos están firmados por Chérisey, universitario bien informado que mantuvo estrechas relaciones con Plantard y se asegura sucedió a éste como gran maestre del Priorato, antes de que se produjera una ruptura entre ambos.

- Descubrimos que en 1956 se registró oficialmente con el nombre de *Prieuré de Sion* una asociación que declaraba tener como objetivo los «estudios y ayuda mutua entre sus miembros» y en la que sólo constaban los nombres de cuatro miembros. Pierre Plantard, que figuraba como secretario general, trabajaba como diseñador industrial en una importante empresa de fumistería. El presidente de la asociación era Pierre Bonhomme, que ejercía la profesión de secretario contable y quien —harto de ser molestado por los investigadores y no deseando tener publicidad alguna que le relacione con este tema— envió una carta a la subprefactura correspondiente en 1973 dimitiendo oficialmente de su cargo. Según posteriores declaraciones suyas y de otro de los fundadores, este club de amigos —que habría tomado su nombre del Monte Sión, cercano a su residencia— cesó muy pronto en sus actividades, nunca estuvo implicado en actividades de tipo político y nada sabían entonces de todas las supuestas conexiones históricas del Priorato que años más tarde salieron a relucir y que atribuyen a la fértil imaginación de Plantard, que habría ido elaborándolas posteriormente.

¿SIMPLES DELIRIOS DE GRANDEZA?

¿Se trata, pues, de un mero montaje desarrollado a lo largo de dos décadas por Plantard, con la colaboración de Chérisey y otros? ¿Es un mero ejemplo de cómo acaban dando lugar a un mito poderoso los delirios de grandeza de un individuo que osa presentarse como descendiente de Jesucristo y pretendiente al trono de Francia?

De que todo es un montaje están convencidos la mayoría de los estudiosos críticos de este tema y de las sectas y sociedades secretas, quienes coinciden con los expertos medievalistas en que su historia carece de base documental y se asombran de que semejante montaje pueda seguir engatusando a cientos de miles de personas en todo el mundo, a través de best-sellers como *El código da Vinci* o *El enigma sagrado*.

En esa línea está un interesante libro, titulado *El Priorato de Sión,** que acaba de publicar mi amigo Luis Martínez Otero. Siguiendo su trayectoria de esoterista tradicional y católico, se dedica en esta obra a destripar con una seguridad encomiable el montaje del moderno Priorato. Pero, lamentablemente, deja sin contestar las preguntas que sugiere el subtítulo de su obra: *Los que están detrás*.

¿Quiénes son realmente? ¿Qué pretenden? ¿Se trata tan sólo de una fantasía ideológica? ¿O bien hay una intención oculta tras la misma?

Una forma de intentar responder a estas preguntas —tarea compleja que escapa a las limitaciones de este libro— es buscar conexiones en lo poco que sabemos sobre la juventud del elusivo protagonista visible de esta historia. Algo que lamentablemente no han hecho ninguno de los que pretenden darla por zanjada, como Paul Smith, en cuya página web podemos encontrar muchos documentos relacionados con el moderno Priorato, algunos de los cuales traduce en su libro Martínez Otero. Lo que éste parece desconocer es que Smith se limitó a fotocopiar la mayoría de los mismos del archivo de Michael Baigent, a quien conozco desde 1985. Éste coautor de *El enigma sagrado* y *El legado mesiánico* ha seguido investigando concienzudamente sobre el tema y sostiene aún hoy que esta escurridiza organización es heredera de otras mucho más antiguas, reafirmado las conclusiones apuntadas en sus citados libros.

UN JOVEN MUY ACTIVISTA

Pierre Plantard nació en 1920. En 1940, cuando el norte de Francia fue ocupado por los nazis, escribió una carta al mariscal Pétain, jefe del gobierno colaboracionista de Vichy, denunciando la existencia de un complot judeo-masónico. Una afirmación muy común entre los derechistas de la época, con la cual podría intentar con-

* Obelisco, Barcelona, 2004.

graciarse con los invasores de su patria, ¡pero que encaja muy mal con quien pretenderá presentarse como descendiente directo de la Casa Real judía!

Al año siguiente fundó el Frente de Renovación Francés, una asociación que las autoridades alemanas se negaron a autorizar. Y ello pese a que está en aparente sintonía con la ideología que intentan promover los nazis.

En septiembre de 1942, Plantard apareció como editor de *Vaincre* (Vencer), una publicación con tintes antisemitas y antimasónicos. Firmaba con el seudónimo de Pierre de Francia, su foto aparecía en la primera página de una revista en la cual colaboraban una serie de notables personajes. Entre ellos estaba algún conocido académico y el joven Robert Amadou, que posteriormente se convirtió en un prestigioso especialista en el ocultismo y en gran maestre de varias logias, además de publicar tres polémicos libros sobre los orígenes del cristianismo, que dan al gran público la idea de que Jesús fue tan sólo un líder mesiánico y revolucionario.

En el primer número de esta revista Plantard asegura que, con sólo diecisiete años, ya había intentado formar La Unión Francesa, un movimiento de ideología ultraderechista, cuya finalidad declarada era «purificar y renovar» Francia. Según un censo de 1939, esta organización contaba ya con más de 2.000 afiliados y organizaba campamentos para formar a los adolescentes. Algo que desde luego sobrepasaba las capacidades de un muchacho que, ya entonces, parecía ser el representante visible de otros individuos que buscaban darle un protagonismo evidente.

LA ORDEN DE CABALLERÍA QUE INTENTABA RENOVAR FRANCIA

Esa tentativa de Plantard tuvo lugar en 1937, un año en el que movimientos ultraderechistas y monárquicos, bajo la inspiración intelectual de Acción Francesa, se enfrentaron con republicanos, izquierdistas y masones. Y lo hacían convencidos de que podían llegar al poder, como los fascistas italianos, la Guardia de Hierro rumana, los rexistas belgas o la Falange española. Resulta curioso en ese sentido que la organización que encabezará Plantard aparezca estructurada en falanges y legiones.

Vaincre se presenta como órgano difusor de Alpha Galates, cuyo nombre vendría a significar «los Primeros Galos». Se presenta como una orden de caballería que entronca con la tradición esotérica francesa, derechista y contrarrevolucionaria, del Gran Occidente Francés, llamado así por oposición al Gran Oriente masónico y republicano.

En esa revista propugnan la creación de unos «Estados Unidos de Occidente», cuyos extremos serían la Bretaña francesa y la Baviera alemana. Este territorio coincide con el que ocupó el reino merovingio y extrañamente excluye la Italia de Mussolini y la España de Franco, alineados ideológicamente con la Francia ocupada. A diferencia de la posterior Unión Europea, que se fundamentará en una Europa de los mercaderes, el proyecto de los Galates tiene una base ideológica de raíces míticas celtas y arias, y propone crear una nueva potencia mundial merovingia coincidiendo con la entrada de la Tierra en la era de Acuario.

Alpha Galates había comenzado a ser investigada por el Servicio Secreto británico, dos meses antes de que apareciera *Vaincre*, debido a la distribución en Inglaterra de unos folletos relacionados con la asociación. Un mes después, Plantard fue también investigado por el gobierno de Vichy, a requerimiento de las autoridades alemanas, que es cuando se ordenó la disolución definitiva de su Frente. Y, según asegura el impresor de *Vaincre*, oficial de la Resistencia, condecorado con la Medalla Militar y la Legión de Honor al finalizar la guerra, en 1943 la Gestapo habría encarcelado a Plantard ¡por dirigir una «revista de la Resistencia»!

Vaincre aparece en un momento histórico en el que el imparable avance del ejército alemán ha empezado a sufrir sus primeros reveses y algunos patriotas alemanes, de familias nobles, comienzan a gestar sigilosamente una oposición interna a las pretensiones enloquecidas de Hitler. El frente civil de esta resistencia es conocido como Círculo de Kreisau y sus miembros hoy son considerados auténticos héroes. Uno de sus líderes fue primo de Hans Adolf von Molkte, quien murió en misteriosas circunstancias cuando era embajador en Madrid, donde Hitler le había enviado con la misión de que convenciera a Franco para entrar en la guerra, cuando él intentaba ofrecer a los aliados la paz y la creación de «una Europa basada en un estado federal». *Vaincre* le presentaba, dos meses antes de su muerte, como «uno de los maestres de nuestra orden».

¿Podemos atribuir todo este montaje a un jovencito que luego apareció como único rostro visible del enigmático Priorato de Sión? ¿Cómo se las arregló, en medio de una Francia convulsa y una familia dotada de escasos recursos económicos para organizar un movimiento y publicar una revista bien impresa?

Un notable masón que inspiró a Plantard

Para empezar, resulta extraño que el último número de *Vaincre* se publicara sólo un mes después de la muerte del conde de Moncharville, uno de los curiosos personajes que escribía en la revista. Ello nos hace sospechar que este noble podía ser la fuente financiera de la revista y el último promotor de Alpha Galates que aún seguía vivo.

Otro de los colaboradores era Camille Savoire, médico de la familia Plantard, que destacó con brillo propio en la historia de la masonería francesa.

Nacido en 1869, Savoire leía copiosamente desde su infancia, asistió a las conferencias de un librepensador y se negó a recibir la confirmación. Con sólo veintitrés años, exactamente en la época en que el cura Saunière comenzaba a frecuentar los medios oculistas, el joven doctor ingresó en una logia masónica del esotérico Rito Simbólico Escocés, que cambió después por otras pertenecientes al republicano Gran Oriente de Francia, al tiempo que ocupaba diversos cargos médicos; incluso fue condecorado con la Legión de Honor por su lucha contra la tuberculosis.

En 1910, el doctor Savoire fue promovido al muy esotérico grado de Caballero Benefactor de la Ciudad Santa, dentro del suizo Gran Priorato de Helvecia. Luego fundó en París una logia dependiente del mismo, que pertenecía al Rito Escocés Rectificado (RER), obediencia masónica que pretendía ser continuadora de la tradición templaria. Algo que, lejos de crearle lógicos problemas con el opuesto Gran Oriente, él sabrá arreglar hasta conseguir que los dirigentes de esta obediencia, predominante en Francia, le encomienden la reorganización de la misma, en cuyo seno intenta revitalizar las tradiciones espirituales masónicas que amenazan con perderse.

En 1935 rompe finalmente con ese Gran Oriente excesivamente politizado y funda el Gran Priorato de las Galias, cuya misión es regir en Francia los grados superiores del RER, actuando como gran prior del mismo hasta su muerte en 1951.

A simple vista parece que fue a través de su médico de cabecera donde Plantard encontró inspiración para fundar una asociación registrada como Priorato de Sión. Pero las cosas no son tan simples.

LOS PRIORATOS QUE PROMOVERÁN *LA ERA DE ACUARIO*

Hubo otra influencia muy visible: Paul Le Cour, hermetista cristiano nacido en Blois, localidad donde en 1981 Plantard sería elegido Gran Maestre del Priorato.

Tras dedicarse a la parapsicología y el espiritismo, Le Cour se obsesionó por el enigma de la Atlántida. Cuando se enteró de la existencia del Hiéron du Val d'Or, importante sociedad que pretendía propulsar un esoterismo netamente católico, tomó contacto con una anciana que había sido miembro muy activo de la misma. Ésta le regaló el anillo del barón Alexis de Sarachaga, fundador del Hiéron, a quien consideraba el continuador de su tarea.

Le Cour fundó la revista *Atlantis*, una interesantísima publicación esotérica que ha pervivido hasta nuestros días. Además de otras muchas obras, en 1937 publicó *La Era de Acuario*, lo que le convirtió en precursor de la creencia de que estaba a punto de iniciarse una nueva era. En este libro retomaba la idea, propuesta por el escritor y conspirador mundialista H. G. Wells, según la cual era necesaria la instauración de una teocracia (gobierno religioso) planetaria. Le Cour sostiene que ha llegado el momento de «un cristianismo que adoptará como símbolo al Cristo resucitado, que pisotea una cruz rota». Para preparar el advenimiento de esta era y formar «dirigentes y educadores sujetos a una disciplina heroica y santificante», Le Cour promueve la creación de prioratos que funcionen como verdaderas órdenes de caballería, para lo que fundó un Comité de Acción para una Caballería Moderna.

El joven Plantard se convirtió en un pupilo suyo, y reflejó en algunas de sus publicaciones la simbología heredada de él y del Hiéron. En 1955 se publicó la obra póstuma de Le Cour. En ella sostiene que, desde el comienzo de la tradición cristiana, hay en la misma dos enseñanzas bien diferenciadas: «una para la masa, la de la Iglesia de Pedro, y otra para una élite, la de la Iglesia de Juan; la primera judeocristiana, la segunda helenocristiana». Es en el seno de esta última donde pretende situarse ese Priorato de Sión que Plantard iba a legalizar sólo un año más tarde; cada uno de cuyos grandes maestros históricos —asegura— había adoptado el nombre simbólico de Juan…

Un agente de los Superiores Desconocidos

Pero, por encima de los personajes mencionados, que sólo son algunos de los protagonistas visibles de esta extraña intriga, hay uno realmente extraordinario y enigmático, un manipulador nato que aparece como un auténtico agente de los Superiores Desconocidos que muchos colocan en la cúspide de las sociedades secretas.

Se asegura que fue Savoire quien presentó a Pierre Plantard, cuando sólo era un niño, al más misterioso de los protagonistas de esta historia: George Monti, el verdadero fundador de Alpha Galates, organización en cuyos estatutos se han inspirado directamente los del moderno Priorato de Sión.

En los bien documentados archivos del canónigo Hoffet, de quien ya hablamos al referirnos a las andanzas parisinas del cura Saunière, se recorre a grandes rasgos la agitada biografía de Monti. A partir de los mismos, De Sède enumera las múltiples e intrigantes andanzas de este hombre invisible que, a lo largo de su vida, tuvo los más opuestos papeles en los terrenos del esoterismo, las ideologías y el espionaje. Él parece ser la conexión del Priorato, este teatro de marionetas en el que se empeñan que centremos nuestra atención, con el misterioso hallazgo de Rennes-le-Château y con tradiciones mucho más antiguas.

Limitémonos a explicar aquí que Monti es un huérfano que no

tardó en manifestarse como un joven prodigio. Educado con los jesuitas, mientras estudiaba derecho canónico estableció estrechos contactos con los ocultistas parisinos y fue iniciado en las más diversas organizaciones ocultas. A sus veintiún años se convirtió en secretario de Josephin Péladan, fundador de una Orden del Templo de la Rosacruz Católica, con la que el cura Saunière parece que tuvo un estrecho contacto. Se supone que es en ella donde Monti tuvo conocimiento del misterio de Rennes.

Luego fue iniciado en las más importantes sociedades ocultistas de la época: la Orden Martinista francesa, la Rosacruz de Baviera, la Santa-Vehme germánica, la Orden de los Templarios Orientales anglo-alemana, la B'nai B'rith judeo-francesa... Viajaba continuamente y —al igual que en esos momentos lo hacían el mago Aleister Crowley y otros agentes de las tinieblas— espiaba a favor de diferentes servicios secretos.

En 1934 regresó a París, donde se presentó como el conde Marcus Vella Monti. Diez años antes había creado en esta ciudad el Grupo Occidental de Estudios Esotéricos; en 1934 fundó la orden Alpha Galates y propugnó la creación de unos Estados Unidos de Occidente, idea en germen de lo que llegó a ser la Unión Europea, en cuyos primeros pasos estuvieron implicados otros muchos iniciados.

Hoffet asegura que su «existencia tremendamente confusa acabó por atemorizar incluso a sus amigos» que descubrieron a Monti espiando a todos, sin saber por cuenta de quién lo hacía.

En el número correspondiente a octubre de 1936 de un boletín editado por la masónica Gran Logia de Francia, se aseguraba que no era conde sino un espía de los jesuitas. Ese mismo mes cayó gravemente enfermo y murió pocas horas después. Tras examinar su cuerpo, su amigo Camille Savoire no tuvo dudas de que había sido envenenado.

Lo fundamental para nuestro propósito es descubrir que tan misterioso personaje fue el fundador de la orden a partir de la que surgió el Priorato de Sión veinte años después. Recordemos además que, durante la Primera Guerra Mundial, en lugar de enviarle al frente, alguien decidió que —como mantenía estrechas relaciones con el servicio de inteligencia francés— Monti trabajase en la biblioteca municipal de Orleáns, una de las mejor dotadas de Francia en documentación sobre sociedades secretas. Es casi seguro que descubrió en ella diversos documentos que luego utilizaría para elaborar la historia del Priorato, entre ellos los relativos a la Orden de Sión medieval, la cual se había instalado precisamente en esa ciudad.

LAS ÚLTIMAS ANDANZAS DE PLANTARD

Años de oscuridad durante los cuales no sabemos en qué oscuras actividades estuvo involucrado Plantard. Sólo reapareció cuando se proclamó la independencia de Argelia y Francia estaba al borde de una guerra civil. Entonces, bajo el pseudónimo de *Capitán Way*, parece que dirigió uno de los misteriosos Comités de Salvación Pública que apoyaron a De Gaulle y después fueron disueltos por éste.

En 1956 tuvo lugar la absurda legalización del Priorato, que carecía de sentido, a no ser que fuera la cobertura legal de una organización secreta que no hubiera dejado de existir durante todos esos años o bien formase parte de un plan a largo plazo. Un plan cuyas dimensiones tal vez sólo eran conocidas por quien propuso a Plantard que diese ese paso, como quien mueve un peón en una pausada partida de ajedrez, un peón cuya posición puede ser muy útil en el futuro.

Después llegaron las aventuras de Plantard en Rennes y la filtración de documentos con historias absurdas, aunque basadas en leyendas y complejas circunstancias históricas que estaban bien documentadas en los archivos de algunas sociedades secretas a las que pertenecieron sus mentores.

La consagración mundial del mito «crístico-merovingio» vino con la publicación de *El enigma sagrado*. Este libro se convirtió en un éxito inesperado al forjar una historia muy sugerente, basada en las numerosas pistas que «el Priorato» proporcionó a sus autores y a sus bien hiladas investigaciones. Este mito fue apoyado por otra serie de publicaciones, paralelas y posteriores, y habría sido utilizado —o podía serlo en un futuro— con propósitos que sólo sus forjadores conocen.

Tal vez para dar credibilidad a su dudosa organización, Plantard dimitió en 1984, cediendo a su amigo Chérisey el puesto de gran maestre, que luego fue ocupado por un personaje desconocido, retomado por el propio Plantard y traspasado en 1989 a su hijo Thomas, heredero de tan fantástica dinastía.

Pierre Plantard falleció cuando estaba a punto de comenzar el nuevo milenio y desde entonces el Priorato no parece que haya proporcionado novedades dignas de interés.

LOS DOCUMENTOS ENCONTRADOS EN BARCELONA

Pero antes, en 1989, había hecho pública una declaración sobre los orígenes del Priorato que resulta incomprensible, puesto que parece echar por tierra un mítico edificio cuidadosamente construido, pero que a la vez es coherente con los juegos y equívocos a los que nos tiene acostumbrados esta organización fantasmal.

La declaración ha sido desdeñada por la inmensa mayoría de quienes escriben sobre este tema, pese a que aparece reproducida en la página web de Paul Smith. Martínez Otero lo ha traducido íntegramente al castellano en su citado libro.

En dicha declaración Plantard habla de unos documentos encontrados en Barcelona. Esta es la única ciudad (fuera de las francófonas) a la que los portavoces del Priorato conceden importancia y puedo dar fe de que Pierre Plantard la visitó varias veces en sus últimos años. A fines de los ochenta un conocido común incluso me hizo llegar el rumor de que el nuevo gran maestre del Priorato sería un abogado catalán. Aunque esto no está confirmado en la relación de sus dirigentes que luego han hecho pública los Plantard. ¿Acaso dicho letrado encabezaba una de las escisiones que se dice sufrió esta organización? Personalmente me inclino a pensar que más bien se trata de una fantasía más entre tantas otras puestas en escena por estos creadores de mitos.

Pierre Plantard asegura que el conde de Saint-Hillier se habría encargado de poner a salvo en la Ciudad Condal estos documentos apócrifos, que les habrían permitido «establecer oficialmente que el Priorato no tiene conexión con la Orden del Temple ni con la fantástica sucesión que les han atribuido» una serie de autores.

Se trata de una muestra más del cínico juego del «tirar la piedra y esconder a mano», al que nos tienen acostumbrados Plantard y sus compañeros de camino, que son los promotores más claros de esa versión paralela de la historia desarrollada en libros como *El enigma sagrado* a partir de las pistas facilitadas por ellos.

LOS «VERDADEROS» ORÍGENES DEL PRIORATO NO TENDRÍAN NADA QUE VER CON JESÚS NI CON LEONARDO

En el citado documento Plantard sostiene que los verdaderos orígenes de su organización fueron «bastante modestos» (¡!). Según éste, el Priorato fue fundado realmente en Rennes-le-Château, en 1681; curiosamente, si leemos al revés este año nos encontramos con el de 1891, que resulta crucial en el misterio que rodea a este pueblecito francés y que figura inscrito sobre el pilar visigótico de la iglesia de Rennes, que a su vez aparece invertido.

El creador del Priorato habría sido Jean T. Nègri d'Ables, con la colaboración de Blaise d'Hautpoul y del canónigo André-Hercule de Fleury; todos ellos pertenecientes a familias relacionadas con las investigaciones y manipulaciones realizadas dos siglos más tarde por el cura Saunière. Y sería «solamente, un sucesor más o menos directo de los Hijos de San Vicente [de Paul] y de la Compañía del Santísimo Sacramento». Se asegura también que Georges Monti copió los grados y el ritual secreto de esta organización, a la que ya hemos aludido al hablar de Saint-Sulpice.

Continúa afirmando que, durante la Revolución francesa, «un gran número de los documentos de la orden fueron confiados a Maximiliano de Lorena, arzobispo de Colonia», y en 1840 parcialmente devueltos a Victor Hugo. Algunos de ellos quedaron en manos de los Habsburgo (unidos por vínculos familiares a la «griálica» casa de Lorena), quienes luego entrarían en contacto secreto con los párrocos Saunière y Boudet (protagonistas del enigma de Rennes), «con el propósito de entablar negociaciones conducentes al intercambio de documentos».

Pero, según Plantard, otros legajos fueron conservados por la viuda de un Hautpoul. «Los legitimistas monárquicos no dudaron en creer» que estos pergaminos, conservados en Rennes, «relatan la supervivencia de Luis XVII, y los mismos Habsburgo creyeron esta versión». Ello atentaba contra la pretensión de esta dinastía austríaca de acceder al trono de Francia, pues si los descendientes del Borbón guillotinado seguían vivos, ellos serían los legítimos herederos de la corona.

Como veremos, esta última parte de la historia resulta la más verosímil de todas. El resto forma parte de un juego difícilmente comprensible, por el cual los Plantard renuncian a ser descendientes de los merovingios y de Jesús, al igual que a haber tenido como antecesores a Newton, Botticelli o Leonardo. Pero en cambio siguen manteniendo que notables personajes como Hugo, Nodier, Debussy o Cocteau sí fueron sus grandes maestres. De hecho son todos personajes que parecen relacionados con sociedades secretas y con algunos de los temas centrales que hemos tratado en este libro. Pero desarrollar esta madeja, hasta el punto en que ello es posible, requeriría un nuevo volumen...

Me limitaré ahora a exponer mi convicción de que la versión apócrifa de la historia promovida por el Priorato, de la cual se hace eco *El código* es una saga mítica en la que muchas pequeñas verdades se mezclan con grandes mentiras.

Todo parece indicar que, a lo largo de su vida, Plantard ha actuado repetidas veces como cabeza de turco de organizaciones subterráneas, cuya naturaleza y objetivos nos son desconocidas. Probablemente, el Priorato de Sión es una pantalla más en esta larga trayectoria. Hilando una historia donde lo más absurdo y provocador se mezcla con ideas sugerentes y verosímiles, ha acabado creando un estado de opinión internacional, en el que el éxito mundial de *El código* resulta decisivo.

¿CUÁL SERÍA LA FINALIDAD DE ESTE JUEGO?

Para responder a esta pregunta sólo nos cabe especular. Y hacerlo en medio del vacío, porque Plantard nos parece un simple peón en un complejo ajedrez planetario.

Con el fin de proporcionar una pista de los derroteros por los cuales podría discurrir este juego nos basta resumir la teoría que De Sède propone a propósito del enigma de Rennes:

Probablemente como recompensa a su activismo monárquico, el cura Saunière habría recibido una suma inicial, tal vez como herencia de una condesa perteneciente a la casa de Habsburgo-Lorena, cuyo difunto marido fue pretendiente a la corona francesa. Más tarde, recibió en su pueblo la visita de un miembro de esta familia real austríaca, que entonces aspiraba a restablecer un imperio europeo, basándose en sus derechos dinásticos sobre el trono de Francia.

La posible existencia de documentos genealógicos era una baza fundamental en el juego; por ejemplo, si éstos demostraban que el hijo de Luis XVI había sobrevivido a la guillotina, ello echaría por tierra las pretensiones de los Habsburgo-Lorena... si no eran destruidos.

Sabemos que Saunière había descubierto algunos legajos en la iglesia del pueblo, entre los cuales se ha dicho —sin fundamento serio— que había genealogías nobiliarias de la familia Hautpoul. Este intrigante párroco parecía ser miembro de la misma orden rosacruz «católica», en la que poco después se instaló Monti como secretario. Lo único claro es que tanto uno como otro comenzaron a disponer de recursos económicos de procedencia dudosa.

¿Es posible que Saunière y Monti se dedicaran a traficar con esos supuestos pergaminos genealógicos?

Eso resulta más que probable.

Pero también sobran razones, cronológicas y de otro tipo, para sostener que los supuestamente descubiertos en Rennes no carecían de importancia para las aspiraciones dinásticas de los Habsburgo.

Sin embargo, bien podrían haberse fabricado unos documentos hechos a medida y sostener que éstos eran los descubiertos en la aldea de Rennes. Personajes como Monti tenían la capacidad y el atrevimiento para llevar a cabo semejante empresa. Tal vez lo hicieron y tras ello, como precio de su silencio, Saunière se vio obligado a ceder a Monti parte de sus recursos económicos, lo cual explicaría por qué el cura nunca pudo justificar ante sus superiores los movimientos de sus cuentas bancarias.

Una hipótesis como ésta permitiría explicar muchas cosas, y sería coherente con el tratamiento que el Vaticano dio a Saunière cuando Pío X, quien había sido elegido con el apoyo muy expreso de los Habsburgo, era papa.

Cuando Saunière murió, de forma bastante sospechosa, Monti se dedicaba ya al espionaje como modo y estilo de vida. Pero debió conservar documentos comprometedores sobre el turbio asunto de Rennes, crímenes incluidos, que habrían ido a parar a los archivos de la Orden Alpha Galates.

Allí los descubriría Plantard, que años después decidió iniciar una novelesca aventura a partir del misterio de este pueblo. ¿Fueron económicas sus razones? Lo dudo. Tampoco sé si fue una decisión propia o alguno de sus mentores le había inculcado las delirantes ideas que luego haría circular. Pero lo cierto es que puso en marcha un juguete que con el tiempo acabó convirtiéndose en un acorazado de papel. Y, en ese punto, dicho invento pudo comenzar a ser aprovechable para los juegos estratégicos de una organización mayor.

En una reciente entrevista, Picknett y Prince sostienen que quizá el Priorato habría sido utilizado como pantalla por una red de sociedades secretas que persiguen objetivos políticos, vinculadas a la masonería escocesa y templarista. Es más que probable, y a lo largo de este libro se han proporcionado pistas suficientes para saber en qué direcciones buscar.

¿A quién sirve el falso grial del Priorato?

Por delirante que a algunos pueda parecernos, el rumor de que un futuro aspirante a un puesto de liderazgo mundial fuese descendiente de Jesús puede tener un impacto imprevisible sobre el inconsciente colectivo, tan necesitado de figuras míticas.

Pero para ello sería necesario reducir la figura de Jesucristo a un plano político e inculcar que fue tan sólo un hombre extraordinario, ignorando su dimensión espiritual y trascendente.

Desde el siglo XIX diversos autores vienen defendiendo que Jesucristo era un líder revolucionario que acabó convirtiéndose en una figura mítica. Pese a las numerosas investigaciones, estudios y descubrimientos realizados durante el último siglo, seguimos sin tener certezas históricas sobre quién fue realmente Jesucristo y cuál su propósito y enseñanzas originales. La puerta sigue abierta, por tanto, a todo tipo de especulaciones.

En los años setenta Robert Ambelain publicó tres libros en los que sostenía, dando detalles capaces de impresionar a cualquiera, que Jesús había sido un líder teocrático judío que encabezó una revuelta violenta contra el poder establecido. Según él, Pablo se encargó luego de forjar una doctrina, convirtiéndose así en el verdadero fundador del cristianismo. Y los templarios habrían conocido este secreto, menospreciando la imagen del Cristo crucificado.

En los ochenta esta hipótesis fue desarrollada por el historiador Hugh Schonfield, quien la dotó de un supuesto rigor académico del cual carecían libros anteriores.

Vinieron luego una serie de incidentes, en apariencia inconexos, cuyo resultado final era privar a Jesucristo de cualquier posible rasgo sobrehumano. El más conocido fue la datación de la Sábana Santa mediante el carbono 14, cuyos polémicos resultados pretendían que ésta había sido tejida a fines de la Edad Media. Tales resultados parecían anular la tesis defendida por docenas de especialistas en las más diversas disciplinas, quienes coinciden en que la Sindone es «el retrato» de un hombre que fue castigado y crucificado de la forma descrita en los evangelios, y en la misma época que murió Jesús. La enigmática radiación que parece haber afectado al cuerpo de ese hombre e impregnado el sudario, no sería pues una evidencia del «cuerpo crístico» y radiante con el que Jesús se habría manifestado tras su misteriosa resurrección, sino probablemente un producto de los incendios a los que ha estado expuesta la Sábana Santa.

¿Un intento de eliminar la dimensión trascendente?

Jesús quedaba así reducido a la condición de un mortal, carente de otro misterio que no fuese el de la manipulación a la que luego habría sido sometida su figura. Un hombre que había luchado contra los opresores de su pueblo, se había casado y tenido hijos. Muchos pretenden incluso que no murió en la cruz y, por tanto, no pudo resucitar, abriendo así una Puerta que nos permitiría vencer a la muerte y superar al más insoslayable de las limitaciones humanas. La creencia fundamental en que se basa el cristianismo carecería de base alguna, según ellos.

Quienes sostienen esta tesis, entre otras cosas, hacen caso omiso de los evangelios gnósticos, nada sospechosos de haber sido manipulados por la Iglesia de Roma, que amplían el mensaje trascendente y la dimensión sobrehumana del Cristo. Pretenden desmitificarle y desposeerle de su profunda esencia espiritual, presentándole como un personaje histórico más e induciéndonos a ignorar el Misterio insoslayable que supuso la encarnación del Espíritu divino en un ser humano, algo en lo que han creído multitud de iniciados diametralmente opuestos a las tesis de Roma.

Pese a su aparente verosimilitud, la mayoría de las teorías que presentan los autores ligados a la mitología del Priorato no están constatadas como un conjunto histórico coherente. Hilando algunos de los muchos enigmas y coincidencias que siembran nuestra historia, cualquiera puede diseñar un argumento «coherente», que le permita reconstruir el pasado en función de sus intereses.

Ya hemos explicado que Ambelain, antes de convertirse en gran maestre de varias obediencias masónicas, colaboró con el joven Plantard y probablemente perteneció a la orden Alpha Galates. La coincidencia entre las ideas sobre Jesús que ambos hicieron circular tres décadas después resulta cuanto menos sospechosa.

En esta heterodoxa visión histórica, que cuenta aún con menos fundamento fiable que aquella que nos habían presentado hasta ahora como verdadera aunque resulte mucho más sugestiva, es la que se fundamenta *El código*.

Inconsciente e involuntariamente, Dan Brown se ha convertido así en el gran divulgador de una nueva forma de ver las cosas que, aunque cuestiona dogmas difícilmente defendibles y devuelve al principio femenino una dignidad que le fue injustamente arrebatada, también se presta a todo tipo de manipulaciones.

Ello no le resta méritos a esta novela que ya hemos dicho dejará huella en la historia de las ideas heterodoxas. El tiempo dirá si estamos en lo cierto al afirmar que *El código* tiene la capacidad de ejercer una influencia, tan poderosa como invisible, sobre las creencias de millones de personas.

20

Los secretos del Opus Dei
y su pugna con la masonería

Que el Opus Dei haya contribuido a animar las ventas de *El código* no se debe a que algunos lectores ingenuos lleguen a creer que esta organización pueda estar intentando suprimir pruebas que comprometerían la supervivencia de la cristiandad. Ni que a otros pueda encantarles verles mezclados en una trama con la que aparentemente nada tienen que ver. Sino a la publicidad impagable que ha supuesto para la novela la reacción contundente de esta comunidad religiosa.

En sus páginas web de todo el mundo, incluida la *spanish. opusdei.org*, se critican las pretensiones de Brown de presentar como verídicos hechos inventados «que afectan al honor de la Iglesia». Pero, en lugar de hacer una defensa y una valoración propia de esta novela, utilizan opiniones ajenas para exponer los supuestos errores que comete el autor. Cualquiera que desee cotejar sus argumentos puede consultar éstas y tantas otras críticas de la novela que abundan en la Red.

Paradójicamente, algunas de las diatribas contra la obra de Brown orquestadas por el Opus son tan sugestivas que han aumentado la curiosidad por el libro. En más de un colegio de la Obra, muchos padres de alumnos no han podido resistirse a leerla tras escuchar los ataques realizados por los directivos del mismo.

Como muestra veamos la opinión que expone el profesor Thomas Roeser, quien se confiesa *admirador* del Opus: «El odio al catolicismo impregna todo el libro pero las peores invectivas las recibe el Opus Dei… Un "monje" del Opus (Brown no sabe que esa organización no tiene monjes) es un asesino, que mata para impedir que el "secreto" de Magdalena salga a la luz pública...».

O estos otros párrafos, entresacados de la web del Opus: Según Brown, «es necesario que la Iglesia católica reconozca su impostura y sus crímenes, volviendo a adorar a la divinidad femenina, lo que obligaría a cambiar su doctrina moral sobre la sexualidad y el sacerdocio de las mujeres... Demasiada invención, demasiada maldad, demasiada perversión como para ser ni siquiera verosímil, pero los lectores más inocentes pueden quedarse con la idea de que la Iglesia católica, y en particular el Vaticano y el Opus Dei, es una institución poco fiable».

CUANDO LA REALIDAD SUPERA LA FICCIÓN

¿Demasiado inverosímil?

Por supuesto que *El código* es cuestionable y polémico. Pero un repaso de varios recientes best-sellers, nos induce a pensar que la realidad puede incluso superar a la ficción imaginada por Brown. Y también que son numerosas las sociedades, secretas o no, entre ellas cierta masonería o el Opus Dei, que luchan desde hace tiempo para controlar el timón de la Barca de san Pedro.

En esta carrera silenciosa hacia el poder, el Opus Dei (Obra de Dios) parece haber desbancado, hasta ahora, a todos sus contrincantes. Su primer gran triunfo le llegó en 1982, al obtener para su organización de Juan Pablo II el régimen de prelatura personal, dotada de su *Codex Iuris Particularis*. Es decir que, además de regirse por las normas de la Iglesia, lo hace por sus propios estatutos. Un privilegio que ninguna otra comunidad eclesiástica ha obtenido hasta ahora. Y un objetivo que monseñor Escrivá, recientemente elevado a los altares con la consiguiente polémica, perseguía desde que fundó esta comunidad.

¿Cómo consiguió llegar a cotas tan altas?

La Sapinière lucha contra los modernistas de Saint-Sulpice

Jean Robin sugiere que el Opus se creó para paliar el fracaso de la Sodalitium Pianum (Liga de Pío), sociedad secreta católica más conocida como La Sapinière (el Abetal), nombre que refleja sus siglas: S. P.

Fundada a principios del siglo xx por el prelado italiano Umberto Begnini, autor prolífico, activo antisemitista, partidario entusiasta de Mussolini y entusiasta de la prensa como luego lo fue Escrivá, quien probablemente se inspiró en su ejemplo. Para hacernos una idea de hasta dónde llegó su influencia sobre san Pío X, baste decir que fue subsecretario de asuntos eclesiásticos extraordinarios, importante puesto en el cual le sucedió el futuro Pío XII.

La Sapinière nacía con el objetivo declarado de ser el brazo derecho de este papa conservador en su lucha contra el modernismo y «todas sus manifestaciones en todos los sectores de la vida católica». Los modernistas constituían una corriente eclesiástica que, teniendo como centro de irradiación el seminario de Saint-Sulpice, intentaba adaptar las creencias católicas a las exigencias intelectuales de aquel momento, suscitando la oposición frontal de los «católicos integrales» o tradicionalistas.

Un informe escrito por el cardenal de Albi —ciudad cuya tradición contestataria llevó a bautizar como albigenses a los cátaros— califica a La Sapinière como un «poder, irresponsable, anónimo y oculto, que se protegía bajo la égida de algunas personalidades y pretendía imponer sus ideas y voluntades» a todo el clero. Añade que «para reducir a aquellos que se negaban a inclinarse ante sus caprichosas exigencias, disponía de dos medios: la delación y la prensa». Este último residía fundamentalmente en la *Correspondence de Rome*, muy pronto publicado en francés para poder enfrentarse directamente a sus adversarios, de mayoría francófona, nutriéndose fundamentalmente de las informaciones facilitadas por una agencia alemana, denotando así su servilismo progermano y organizando verdaderas campañas de difamación antifrancesas.

¿Tuvo contacto Escrivá con esta sociedad secreta?

Uno de los miembros más insignes de La Sapinière, el integrista español cardenal Merry del Val, contó con el firme apoyo de los poderosos Habsburgo y fue secretario de Estado del Vaticano con Pío X, que llegó a convertirse en su santo prisionero. Pero, en agosto de 1914, las disensiones entre ambos en materia de política internacional, como consecuencia de la Primera Guerra Mundial, obligaron al Papa a sustituirle por el cardenal Ferrara, quien se convirtió en su más estrecho colaborador. En la caída de Merry del Val pesó mucho el desacuerdo pontificio sobre el secretismo y la actuación inquisitorial de La Sapinière.

Pero ¡que coincidencia!, la noche siguiente a la revocación del furibundo secretario de Estado, Pío X comenzó a agonizar, en medio de intensos ahogos, y falleció rápidamente. Dos meses después moría también Ferrara, en medio de vómitos, tras haber tomado una ligera comida y sin que padeciese enfermedad alguna. Ninguno de los seis médicos consultados quiso escribir ni firmar informe alguno. Pese al escándalo que la noticia provocó, la investigación oficial concluyó que la presencia de vidrio molido en el azúcar ingerido por el cardenal se debía a la ruptura accidental de un frasco.

El poder de la Sodalitium Pianum y el riguroso secreto en que se llevó la investigación de sus actividades impidieron que hasta 1921 se ordenase su disolución, acusándola de excesivo secretismo.

Según se dice, siete años después tuvo lugar la fundación de lo que sólo mucho más tarde recibiría el nombre oficial de Sociedad Sacerdotal de la Santa Cruz y del Opus Dei. Su objetivo, similar al de La Sapinière, sería ayudar a la Iglesia a difundir los principios de la perfección cristiana.

Robin cita el testimonio de Antonio Tovar, rector de la Universidad de Salamanca en aquella época, según el cual «en círculos cercanos a la Curia y a las dos embajadas de España en Roma, personas bien relacionadas nos han dicho que, por su función, monseñor Escrivá se había ocupado (durante su primera estancia en esta ciudad) de un grupo casi sacerdotal… que tenía por emblema un abeto, razón por la cual se llamaba el Abetal».

UN CURITA PROVINCIANO A LA CONQUISTA DEL PLANETA

La vida del fundador del Opus es un clarísimo ejemplo de alguien capaz de ascender desde las más humildes esferas hasta las más elevadas.

Josemaría Escrivá de Balaguer y Albás* nació en Barbastro (Huesca) el 9 de enero de 1902. Segundo de seis hermanos, su progenitor tenía un negocio de tejidos cuya quiebra, en 1915, obligó a su familia a mudarse a Logroño. Allí, el padre se colocó en una tienda de ultramarinos, mientras Josemaría ingresaba en el seminario a los dieciséis años, aunque, según su biógrafo Salvador Bernal, «no le atraía nada la carrera eclesiástica».

En 1920 se trasladó al seminario de Zaragoza; algunos biógrafos críticos, como el genial Carandell, dicen que se vio obligado a hacerlo tras ser pillado en un pecadillo. Luego acabó viajando a Madrid, donde se instalaría con su familia.

En la capital ejerció como capellán de un convento de monjas y fue preceptor del hijo de algún aristócrata. Para ayudar a la economía familiar su madre aceptaba huéspedes en su hogar, lo que le dio la experiencia para dirigir más tarde la primera residencia universitaria del Opus, en la calle Ferraz.

La leyenda dice que, en esos primeros años en Madrid, Escrivá realizó una gran labor de apostolado en suburbios y hospitales. Y también que comenzó a tener apariciones y mensajes divinos cuyo punto culminante, según el historiador Daniel Artigues [seudónimo de Jean Bécarud], habría sido el 2 de octubre de 1928. En esa fecha, y durante unos ejercicios espirituales, «el Señor le pide que ponga su vida entera al servicio del Opus Dei». Revelación divina de la que nunca habló públicamente el propio Escrivá, sino más bien su sucesor Álvaro del Portillo.

LA ROSA DE LAS NIEVES Y LA FUNDACIÓN DE LA OBRA

Los orígenes reales de la Obra son muy oscuros y algunos investigadores hablan de tres fundaciones de la misma, previas y pos-

---

* Su nombre real era José María Escriba (apellido de origen judío) Albás.

teriores a la Guerra Civil española. Fue precisamente durante este conflicto cuando se produjo la «anécdota de la rosa». Escrivá se hallaba refugiado con un grupo de clérigos y seglares en el Pirineo francés cuando salió a caminar y se perdió entre la nieve. Al regresar tenía entre sus manos una rosa de madera que según declaró había hallado enterrada entre la nieve y para él «era señal evidente de que se acercaba otra época en la vida del Opus Dei»… Una jugosa anécdota que se le escapó a Brown. De haberla utilizado en su novela, Langdon tal vez habría apuntado que, al ser de madera, símbolo universal de la materia y en la liturgia católica sinónimo de la cruz, el fundador de la Obra estaba convirtiendo en su icono la crucifixión de la Rosa que simboliza la sexualidad femenina, encerrándola en la materia inerte y privándola de vida. Aunque también podría haberla visto como símbolo de una nueva Rosa+Cruz católica.

El hecho es que hasta 1941 el Opus no obtuvo la aprobación oficial del obispado para transformarse en asociación diocesana. En 1947 se la eleva al rango de «instituto seglar», un hecho al que contribuye, en 1946, la instalación en Roma de la sede del Opus, y por tanto de Escrivá y de Álvaro del Portillo, entonces secretario general de la organización.

A partir de ese momento la carrera de Escrivá es meteórica. Se doctora en teología por la Universidad Lateranense. Es nombrado consultor de dos congregaciones vaticanas, miembro honorario de la Pontificia Academia de Teología y prelado de honor de Su Santidad. También empieza a viajar a distintos países europeos y sudamericanos, con el fin de impulsar la consolidación del Opus Dei, algo que Dios sabe conseguirá con creces.

Cuando falleció en Roma, el 26 de junio de 1975, varios miles de personas y un tercio del episcopado mundial solicitaron que se abriera su causa de canonización. Tras ser beatificado en 1992, finalmente es elevado a los altares por Juan Pablo II el 6 de octubre de 2002.

999 SENTENCIAS ESPIRITUALES FRENTE AL 666 SATÁNICO

El acontecimiento más singular de la biografía de Escrivá es la publicación en Valencia, en 1939, de su breve libro *Camino*, ópera magna de la cual se han editado ya cuatro millones y medio de ejemplares y ha sido traducido a 42 idiomas.

Constituye la biblia privada de la Obra y fue ensalzada por los miembros del Opus como superiores a los *Ejercicios espirituales* de san Ignacio de Loyola. Algo lógico, teniendo en cuenta que el Opus no simpatiza con los jesuitas.

Compendio de las ideas del fundador, estas notables sentencias hablan del amor a Dios, de la Virgen, de la Santa Misa, de la vida sobrenatural, de la lucha interior, de la oración, la pureza, la perseverancia y de la mortificación que deben observar los miembros de la orden.

Escritas de forma sencilla, aunque con numerosas citas en latín, las 999 sentencias de *Camino* utilizan la retórica de las admiraciones, espacios y puntos suspensivos. Su ideología es sencilla y contundente: el cristiano corriente puede buscar la santidad a través de las circunstancias de su vida y de las actividades que desarrolla. Y todas las virtudes son importantes, pues ejercitándolas el cristiano imita a Jesucristo.

Claro que, como apunta su crítico Enrique Ballestero, tras esa apariencia de santidad algunas sentencias no ocultan la vocación de la Obra por convertirse en una élite selecta, capaz de arrastrar a las masas en pos de la salvación. Por ejemplo, la 833, en el capítulo *Táctica*, que es una arenga a los «hermanos» para que cumplan su labor de apostolado, reza así: «Viriliza tu voluntad para que Dios te haga caudillo. ¿No ves cómo proceden las malditas sociedades secretas? Nunca han ganado a las masas. En sus antros forman unos cuantos hombres-demonios que se agitan y revuelven a las muchedumbres, alocándolas para hacerlas ir tras ellos, al precipicio de los desórdenes...». En opinión de Ballesteros estas palabras no hacen sino presentar ciertas tácticas típicas de las sociedades secretas como modelo a imitar por este grupo de apóstoles.

Una velada lucha por el poder frente a la masonería

La ascensión del Opus hacia la esfera de máxima influencia, en la que finalmente se instala, ha estado marcada precisamente por una lucha sin cuartel contra la curia masónica.

El Código de Derecho Canónico prohíbe la adhesión a la masonería. Desde que, en 1738, Clemente XII decretó la excomunión de todos los católicos que formasen parte de la misma, muchos de sus sucesores han reiterado dicha condena, incluido Juan Pablo II. Pero se asegura que, desde principios del siglo pasado, fue extendiéndose por el Vaticano una estructura de poder oculta formada por prelados y laicos, y agrupada en pequeños núcleos, al estilo de las logias masónicas, cuya intención era condicionar la autoridad papal.

Las raíces de esta estructura podrían estar en la escisión que sufrió en 1908 el Gran Oriente de Italia, organización masónica célebre por su laicismo anticlerical. Algunos de sus disidentes dieron vida a la Comunión de la Piazza de Ge, integrada en el Rito Escocés Antiguo y Aceptado, distinguiéndose de sus oponentes por la creencia en Dios y el respeto a todas las confesiones religiosas.

Caracterizados por un modernismo cauto, estos clanes comenzaron a estrechar lazos con sectores de la masonería internacional, sobre todo italiana y estadounidense. Claro que, en opinión de investigadores como Christian Roulette, el objetivo último de esta masonería templarista podría haber sido manipular la doctrina católica desde el seno mismo de la Iglesia para imponer lentamente sus ideas liberales ¡y vengar de paso la ejecución del último gran maestre del Temple en la que colaboró el Papa!

Lo cierto es que la penetración masónica en la Curia era tal en los años setenta, que, en 1975, un obispo brasileño llegó a celebrar una misa para conmemorar el aniversario de la fundación de una logia. Luego se ha demostrado que Pablo VI confió las finanzas vaticanas a católicos como Miguel Sindona o Roberto Calvi, afiliados a la logia masónica P-2, organización anticomunista ultrasecreta que llegó a dirigir el rumbo del Estado italiano durante muchos años.

Cuando Juan Pablo II fue elegido, la curia masónica supuestamente controlaba otros órganos vitales del Vaticano, desde la Gendarmería a la Secretaría de Estado. Y sus desafortunadas gestiones, hoy por todos conocidas, han hecho correr ríos de tinta… y posiblemente de sangre.

¿POR QUÉ MATARON A JUAN PABLO I?

Uno de los acontecimientos más trágicos relacionados con esta pugna de la masonería por el poder tuvo lugar el 28 de septiembre de 1978 cuando, tras un pontificado de sólo 33 días, fallece sorprendentemente Juan Pablo I. Se trataba de un hombre santo que tal vez nunca llegue a los altares y que podría haber transformado la cristiandad de forma tan radical como positiva.

Entre sus primeros proyectos pastorales, celosamente guardados por sus familiares que han sido ninguneados por la curia vaticana, recuerdo que uno planteaba la participación activa de todos los obispos en la dirección de la Iglesia, como un primer paso para devolverla a su forma original; otro pretendía devolver a las mujeres la dignidad y la posición en el seno de la misma que Roma les negó durante veinte siglos… «Dio é mamma, anche pappa» («Dios es madre y también padre»), era una de sus frases predilectas, junto a su cariño por Pinocho, lo que provocaba las burlas de una curia que ha olvidado que de los niños es el Reino de los Cielos.

Cada vez que paso por el Vaticano me acerco por su tumba, comprobando siempre que mientras las de otros pontífices suscitan la atención e incluso la devoción de los visitantes, todos la ignoran, porque desconocen el gran hombre que con su inexplicado fallecimiento perdió la Iglesia y la humanidad.

Su muerte inesperada será siempre un misterio, porque no se permitió practicar la autopsia del cadáver, pese a las protestas de sus familiares. Ello ha dado pie a ciertos investigadores para sospechar que probablemente fue envenenado con digitalina.

Algunos libros que se han escrito sobre los motivos aparentes de su supuesto homicidio, entre ellos el polémico *En nombre de Dios* de David Yallop, han atribuido su muerte a un motivo: en los días que precedieron a la misma, no hay duda de que el bendito papa Albino Luciani (su nombre seglar —*Luz Blanca*— lo dice todo) se proponía descubrir los secretos bancarios y financieros del Estado vaticano, así como desenmascarar a los miembros de la curia masónica.

Se dice que, dos semanas antes de fallecer, alguien había puesto en sus manos una lista de 121 prelados del Vaticano supuestamente pertenecientes a la masonería, cuyo número coincide sospechosamente con los 121 miembros del Priorato que se dijo eligieron a Plantard en 1981. Entre ellos figurarían cardenales que ocupaban altos cargos como Villot o Casaroli, así como el arzobispo Paul Marcinkus, encargado de las finanzas vaticanas y presidente del IOR (Instituto para las Obras de Religión), vulgarmente conocido como el banco vaticano.

La Gran Logia Vaticana

Probablemente se trataba de un ejemplar de la intrigante revista *Op*, que publicó tan dudosa relación en un artículo titulado «La Gran Logia Vaticana», 13 días después de que Luciani fuese elegido papa. Y decimos dudosa, tal vez manipuladora, porque el director de dicho semanario era el masón Mino Pecorelli, miembro de la P-2, que tiempo después murió asesinado por haber hablado más de la cuenta sobre las conexiones mafiosas y las actividades político-económicas de dicha logia.

Se asegura que, a raíz de tan escandalosa revelación, el «Papa de la Sonrisa» encargó al cardenal Benelli que se realizara una investigación sobre esa presunta penetración masónica. Pero la tentativa quedó frustrada debido a su temprana muerte. Y los prelados que aparecían en la lista, algunos de los cuales presenta Yallop como posibles implicados en la muerte de Luciani, permanecieron en sus relevantes puestos. Por ejemplo, Jean Villot —que promovió el nombramiento del papa Wojtyla— continuó como secretario de Estado hasta su repentino fallecimiento.

En diciembre de 1987, el prestigioso semanario *L'Espresso* volvía a la carga: aseguraba que más de cien cardenales, obispos y altos cargos de la curia pertenecían a la Logia Ecclesia. Según sus informaciones, ésta operaba en el Vaticano desde 1971 y dependía del duque de Kent, gran maestre de la Logia Unida de Inglaterra.

Su existencia se habría mantenido en el más riguroso secreto, pero no habría podido escapar a las investigaciones del Opus Dei, que mantendría una silenciosa lucha de poder con la misma. El autor del artículo era Pier Carpi, alguien bien informado, pero cuya afiliación masónica se prestaba a posibles intoxicaciones, intencionadas o no.

Cinco años después, la revista católica mexicana *Proceso* sostenía que la masonería había dividido el territorio vaticano en ocho secciones. En éstas operarían cuatro logias, pertenecientes al rito escocés, cuyos miembros no se conocían entre sí pero, en caso de necesidad, se pondrían en contacto con logias de otros países. Esta red secreta les permitiría, por ejemplo, mantener contactos con las iglesias locales en países islámicos donde la Iglesia católica subsiste en la clandestinidad, y dirigirlas de acuerdo con sus intereses diplomáticos.

JUAN PABLO II, LA GRAN ESPERANZA ANTICOMUNISTA Y OPUSDEÍSTA

Su muerte impidió al bueno de Juan Pablo I enterarse de lo que en los años siguientes se ha contado sobre las turbias maniobras que afectaban directamente al IOR y a su estrecho colaborador, el Banco Ambrosiano. Y de la posibilidad de que mafiosos italonorteamericanos hubiesen estado utilizando estas instituciones financieras para blanquear dinero sucio de las drogas. Todo ello con el telón de fondo de la masónica Logia P-2 que, como no tardó en descubrirse, había infiltrado eficazmente todos los servicios de inteligencia y la práctica totalidad de los partidos políticos italianos, contando entre sus miembros a algunos de los más conocidos dirigentes de aquel país, y sospechándose fundamentadamente que había manipulado para sus fines el terrorismo de uno y otro color.

Tampoco pudo enterarse de los inmensos números rojos del IOR, ocasionados por la mala gestión de Marcinkus, ni de sus dádivas a organizaciones mafiosas, que habían dejado al Estado vaticano en la mayor quiebra económica de su historia. Una bancarrota de más de mil millones de dólares, que Juan Pablo II tardó quince años en superar. Y eso con ayuda de una petición a los cristianos de todo el mundo y al Opus Dei, para que evitasen el naufragio de la Barca de san Pedro.

Parece que los obreros de Dios lucharon de forma decisiva contra la masonería vaticana para lograr algo improbable: inclinar la balanza a favor de Wojtyla a fin de convertirle en Juan Pablo II. Maniobra que dejó en la cuneta a cuatro cardenales relacionados con la masonería y que fue dirigida por declarados simpatizantes, e incluso miembros de la Obra: la rama estadounidense, con los cardenales Krol y Cody a la cabeza; la poderosa ala alemana representada por Joseph Ratzinger, arzobispo de Munich; o el arzobispo de Viena y oponente del anterior, Franz Köning, de quien se dice habría puesto en contacto a Wojtyla con el Opus, a principios de los años sesenta. Con razón se cuenta que antes de entrar en el cónclave que lo elegiría Sumo Pontífice, Wojtyla permaneció un buen rato rezando en la cripta del fundador de la Obra Josemaría Escrivá de Balaguer.

En un principio, la curia relacionó la elección de Wojtyla con un plan secreto del Opus para acabar con la Europa comunista. De hecho, su bastión más débil era esa Polonia que veía como uno de sus hijos predilectos era el primer pontífice del Este en toda la historia; un papa que no dudaría en expresar su disposición a acudir a las trincheras de la resistencia si su patria era invadida por los tanques rusos; un sucesor de san Pedro convencido de que la Virgen de Fátima —en el aniversario de cuya primera aparición Ella había salvado su vida de un atentado necesariamente mortal— le había encomendado contribuir activamente en la caída del comunismo.

Al desestabilizar el régimen de Varsovia se pretendería iniciar un efecto dominó —tal y como luego sucedió— que acabaría con los diversos regímenes prosoviéticos, consiguiendo así espacio para un supuesto proyecto teocrático. Con este objetivo, Marcinkus durante algún tiempo desvió ingentes cantidades de dinero al sindicato polaco Solidaridad, liderado por el ferviente católico Lech Walessa. Sólo así puede entenderse que tan polémico personaje, envuelto hasta el cuello en el escándalo ambrosiano, haya conseguido no sólo mantenerse al frente de las finanzas vaticanas sino ascender en la escala jerárquica… Una vez más, el fin justificaba los medios.

¿QUIÉN URDIÓ EL ATENTADO CONTRA EL PAPA WOJTYLA?

Estas maquinaciones contra el comunismo fueron sorprendidas bruscamente por la tentativa de asesinato sufrida por Juan Pablo II el 13 de mayo de 1981 en la plaza de San Pedro. Fue cometido por Alí Agca, conocido miembro de una organización neonazi. Tras escapar de una cárcel turca donde cumplía prisión por otro crimen, en sus andanzas previas al atentado se mezclaban confusamente los traficantes de drogas y de armas, un instructor de terroristas que había sido agente de la CIA con los servicios secretos búlgaros encargados de hacer el trabajo sucio para el KGB... Todo su pasado parecía conformar una maraña intencionada, sólo comparable a la que apareció tejida en torno a Lee H. Oswald antes de que se le declarase asesino solitario de Kennedy.

En los días previos al atentado, servicios secretos de varios países habían advertido la presencia de Agca en Italia e incluso sus intenciones de asesinar al Papa. Pero, como hemos dicho antes, los servicios secretos italianos se hallaban bajo el control del gran maestre de la P-2, Licio Gelli, un siniestro personaje a quien veneraban tanto Perón como los militares golpistas que luego sumieron a Argentina en las tinieblas. El hecho de que el KGB hubiese podido ordenar el asesinato de un papa indeseable se convertiría en un verdadero jaque mate para los enemigos del bloque soviético.

Las posteriores investigaciones de este atentado pusieron de manifiesto que eran muchos los interesados en hacer desaparecer a este papa o bien convertirlo en un mártir. Desde los servicios secretos de las dos grandes potencias mundiales, hasta la mafia y la logia masónica P-2, que había infiltrado a sus miembros en puestos directivos de algunas entidades bancarias.

Según David Yallop, entre las pistas que llevan a estas conclusiones puede citarse el hecho de que un año antes del atentado ya se había iniciado el proceso de acoso y derribo contra la mafia relacionada con la quiebra del banco vaticano IOR, patente en la detención de personajes como Sindona o Gelli. Y que, siete días después, el 20 de mayo de 1981, la magistratura milanesa dispuso el arresto cautelar de Roberto Calvi, presidente del Banco Ambrosiano y tesorero de la logia masónica P-2; fue condenado por fraude y evasión de divisas pero, un año después, tras ser puesto en libertad bajo fianza, su cadáver apareció en un puente londinense con los bolsillos repletos de piedras, víctima de las feroces luchas vaticanas, según su viuda.

La Banca paga... y Ruiz-Mateos también

El Opus —para ser correctos, algunos de sus asociados, matización que debería extremarse aún más cuando se habla de la masonería, pues ya hemos dicho que hay muchas y algunas se contraponen radicalmente— también mostró una vocación bancaria, introduciéndose en los más selectos círculos financieros de España y otros países. Pero entre los opusdeístas que ocupan posiciones muy prominentes en la banca española, no ha habido casos parecidos, si exceptuamos el de Ruiz-Mateos y Rumasa. Claro que estamos hablando de uno de los dos grandes escándalos bancarios de este país. El otro, curiosamente, tuvo como protagonista a Mario Conde, un masón *durmiente*, es decir retirado, al menos de la masonería española, aunque hay quien dice que no de la italiana.

Según Álvaro Baeza, tan ruidosamente polémico como documentado, a Ruiz-Mateos le habría ocurrido algo similar que a Calvi, aunque aquí la sangre no llegó al río, afortunadamente. Si a través del Banco Ambrosiano financió algunos proyectos vaticanos, entre ellos el apoyo al sindicato Solidaridad, sin pedir nunca a cambio un recibo, todo indica que Ruiz-Mateos hizo lo propio. Según diversos investigadores, fue uno de los principales remeros que permitieron sacar de la terrible tormenta ambrosiana a la Barca de san Pedro. Pero se dice que cuando quiso plantarse y decir «¡no pago más!», alguien le cortó las alas desde Roma.

Como persona fiel a sus creencias y personaje tan inteligente como estrambótico, Ruiz-Mateos siempre ha querido culpar a sus enemigos socialistas, aunque haya criticado la falta de apoyo y de solidaridad cristiana a sus antiguos consocios banqueros del Opus. Pero Baeza y otros autores aseguran que, tras la trama que llevó a la expropiación de Rumasa por parte del gobierno, se hallaban algunos socios del Opus, los mismos que le habrían ayudado a construir un verdadero imperio financiero, partiendo casi de la nada: 250.000 pesetas, un rosario y unas estampitas de la Virgen, según sus declaraciones, siempre populistas y polémicas.

Resulta interesante observar que, cuando Ruiz-Mateos estuvo encarcelado en Alemania y organizó una rueda de prensa para explicar que la Rumasa española nada tenía que ver con la Rumasa italiana, ante el peligro de que hablase más de la cuenta, rápidamente se propagó el rumor de que se había vuelto loco y era mejor no hacerle caso.

Volviendo a Roma, mientras caían la mayoría de los dignatarios eclesiásticos relacionados con la curia masónica, las miras hegemónicas de la Obra se veían colmadas al ser constituida en 1982 prelatura personal.

Tan sólo dos años después el IOR superaba su quiebra y restauraba su imagen, mediante un pago de 241 millones de dólares al Banco Ambrosiano, de cuya bancarrota era máximo responsable. Según los rumores que circularon por la Secretaría de Estado, la suma fue abonada en buena parte por el Opus Dei, que habría obtenido diversas contrapartidas.

Un triple asesinato en la Guardia Suiza

El 4 de mayo de 1998 fueron hallados, entre los muros del Vaticano, los cadáveres del coronel Alois Estermann, su esposa Gladys Meza y el cabo segundo Cédric Tornay.

La explicación que dio el portavoz de la Santa Sede, un día antes de que se realizaran las autopsias, fue que Tornay había matado al matrimonio Estermann en un arrebato de locura, suicidándose después. Se dijo luego que padecía una supuesta enfermedad cerebral y que consumía cannabis.

El caso es que detalladas investigaciones, como la narrada en *Mentiras y crímenes en el Vaticano*, han revelado evidencias que apuntan hacia un posible montaje para ocultar un triple crimen.

Según dichas evidencias, las verdaderas causas de estas muertes habría que buscarlas entre los grupos con mayor poder en el seno del Vaticano: el Opus y la masonería, que buscaban hacerse con el poder de la seguridad vaticana.

Al parecer, el matrimonio Estermann —estrechamente conectado con el Opus— tenía como misión secreta convertir a la Guardia Suiza en un cuerpo de élite, y eliminar así el poder acumulado en materia de seguridad pontificia por el Corpo della Vigilanza, controlado por los clanes masónicos, y dirigido por el inspector Cibin, cuyas relaciones con Estermann eran muy frías. Pero alguien se encargó de impedirlo.

En la actualidad, parece que la lucha subterránea entre ambas facciones sigue viva y se concreta en controlar quién será el candidato a suceder a Juan Pablo II.

Después de todo esto, y de tantas otras historias que el espacio nos impide contar, ¿quién puede seguir sosteniendo que, incluso en su trama criminal, *El código* no se basa en hechos reales? Otra cosa muy distinta sería mantener que, además de novelarlos, Brown convierte en víctimas a dirigentes de sociedades secretas y carga al Opus con unos muertos que nadie ha sido capaz de atribuirle, al contrario que a alguna de aquéllas.

Pero abordemos ahora otra de las tesis candentes de esta novela.

¿Es el Opus una secta?

El capítulo 5 de *El código* nos recuerda que se ha acusado reiteradamente al Opus Dei de sociedad secreta católica ultraconservadora y secta destructiva, categoría esta última dentro de la cual incluyen a dicha organización en algunos países de mayoría protestante.

Estas denuncias han sido rechazadas una y otra vez por sus representantes. Entre otras cosas, éstos alegan que sus estatutos no son secretos y pueden adquirirse en cualquier librería jurídica. Pero lo cierto es que existe una Red de Vigilancia del Opus Dei, cuyas siglas en inglés, ODAN, son el santo y seña de una popular página web (odan.org), en torno a la cual se agrupan testimonios de antiguos miembros del Opus, como el del famoso arquitecto Miguel Fisac, que se salió del Opus en los años cincuenta. Sus relatos no dejan lugar a dudas sobre las prácticas de esta organización.

Para empezar su estructura es piramidal. En la cumbre están los numerarios, miembros que poseen títulos universitarios y han hecho votos de castidad, pobreza y obediencia. Luego siguen los oblatos o agregados, también con votos, pero no tienen carreras y algunos de ellos se encargan de realizar los servicios domésticos en las residencias de la Obra. Por último, están los supernumerarios: hombres y mujeres casados que, a cambio de una aportación económica, utilizan los servicios religiosos y las influencias políticas de la Obra.

Según los antiguos miembros, el peligro de esa estructura rígida y piramidal es la obediencia obligada a mandatos como el control psicológico ejecutado a través de la «confidencia semanal». Una vez por semana, los miembros confiesan a su director espiritual todas sus preocupaciones, debilidades y pensamientos con «sinceridad salvaje», tal como Escrivá prescribió. Confidencias que luego podrán ser utilizadas para planificar cómo ha de tratarse a este socio. Según Carmen Tapia, que vivió dieciocho años en el Opus, cuando era directora espiritual tenía que escribir un informe sobre estas confidencias y luego recibía órdenes «de arriba» sobre cómo actuar en cada caso.

¿QUÉ DICEN SUS ANTIGUOS MIEMBROS?

Otro signo característico de las sectas destructivas es la mortificación corporal reservada a los numerarios de la Obra. Una práctica observada por Silas, el inverosímil «monje» del Opus en *El código* (cap. 2), y que, aunque esta organización niega que sea muy utilizada, es ensalzada por la sentencia 899 de *Camino*: «Otros cinco minutos de cilicio por tus hermanos de apostolado». Asimismo es contemplada en los estatutos (259) donde se exhorta a sus miembros que, «para castigar el cuerpo y reducirlo a servidumbre», han de llevar al menos dos horas cada día «un pequeño cilicio, recibir las disciplinas una vez por semana y dormir en el suelo, con tal que tengan en cuenta la salud».

La mortificación también se puede llevar a cabo por otros medios: duchas frías; negación voluntaria de pequeños placeres, como eliminar el azúcar en el café; saltar de la cama nada más despertar y besar el suelo antes de que se produzca la llamada oficial de la mañana; o mediante los prolongados silencios que observan a diario.

Por otro lado, están las tácticas utilizadas en el reclutamiento o apostolado que, siempre según antiguos miembros como Franz Schaefer, utilizan a menudo la «trampa de la vocación»: hablar a la gente sobre la generosa vida de los santos y hacerles creer que si abrazan el Opus también pueden ser santos sin dejar su vida corriente.

Este antiguo socio achaca la atracción que la gente siente por el Opus al hecho de que en él pueden volver a sentirse niños delante de Dios y de la Obra, seguir sus normas y sus consejos a ciegas, y dejar las propias responsabilidades en manos de otro. En resumen, según Schaefer «sólo debes rezar mucho, hablarlo todo con tu director espiritual, llevar dos o tres horas al día el cinturón de flagelación y darles tu dinero; si lo haces estás en el camino de la santidad».

El rosario de otras prácticas opusdeístas, que también son típicas de ciertas sectas, es interminable. Pero baste como conclusión recordar que, según diversos testimonios, como ocurre generalmente en las sectas, aunque puedes abandonar la organización cuando quieras, adoctrinan a los miembros para que no lo hagan, con la peor amenaza para un católico convencido: el riesgo de no volver a sentir la llamada divina nunca más en su vida.

Pero el Opus se ha mostrado siempre muy hábil a la hora de sortear estas críticas o mostrarse ajeno a cualquier escándalo que le salpique, como el tumultuoso juicio mediático contra Robert Hanssen, destacado miembro del Opus y del FBI (capítulo 5 de *El código*).

En la actualidad, con más de 84.000 socios repartidos por todo el mundo —de ellos 48.000 en Europa y 29.000 en América—, agrupados en torno a 1.800 sacerdotes, prosigue su labor de apostolado y salvación de la humanidad, ayudado eficazmente por muchos de sus cruzados, instalados en las más altas esferas políticas y eclesiásticas.

Bien es cierto que en el Opus no hay monjes nominales —en contra de lo que sugiere Brown— pero también lo es que estos monjes soldados del mundo moderno seguirán influyendo poderosamente en la pequeña historia y dando mucho que hablar.

«Ladran, ¡luego cabalgamos!»: la frase, desde luego, no procede de *Camino*, pero al santo Escrivá le hubiera encantado firmarla.

Bibliografía fundamental

Existen miles de obras sobre los diversos temas tratados en este libro, pero las limitaciones de espacio impiden reseñarlas todas. La siguiente selección tan sólo pretende orientar a los lectores que deseen profundizar en algunos de ellos. Por eso hemos dado prioridad a los publicados en castellano, proporcionando apellido e iniciales de los autores, título y editorial de cada uno; información suficiente para solicitarlos a cualquier librería o buscar a través de internet aquellos que están descatalogados o en otros idiomas. Añadimos, señalados con una F, aquellos que no han sido traducidos a nuestro idioma pero consideramos fundamentales. Algunos (marcados con una B) contienen extensas bibliografías que permitirán orientar a los más exigentes. Reseñamos con una C los que Dan Brown relaciona en su página web como fuentes bibliográficas utilizadas en la redacción de *El código da Vinci*. También añadimos varios diccionarios en los que podrán encontrarse los múltiples significados de los símbolos y términos a los que Brown alude en su novela. La abreviatura MR corresponde a Ediciones Martínez Roca, que ha publicado una parte importante de los títulos.

Alarcón, R., *A la sombra de los templarios*, MR, Barcelona, 1988.

Ambelain, R., *Jesús o el secreto mortal de los templarios*, MR, Barcelona, 1982.

—, *El hombre que creó a Jesucristo: la vida secreta de san Pablo*, MR, Barcelona, 1985.

—, *Los secretos del Gólgota*, MR, Barcelona, 1986.

—, *El secreto masónico,* MR, Barcelona, 1987.

Ancochea, G., y M. Toscano, *Iniciación a la iniciación*, Obelisco, Barcelona, 1997 (F, B).

Andrews, R., y P. Schellenberger, *La tumba de Dios*, MR, Barcelona, 1996.

Anónimo, *Los libros de Hermes Trismegisto*, Edicomunicación, Barcelona, 1987.

—, *Corpus Hermeticum y Asclepios*, Siruela, Madrid, 2000.

—, *Evangelio según Tomás*, Obelisco, Barcelona, 2003.

—, *Evangelio de María Magdalena*, Obelisco, Barcelona, 2004.

Arias, Juan, *Jesús, ese gran desconocido*, Maeva, Madrid, 2001.

Atienza, J. G., *La meta secreta de los templarios*, MR, Barcelona, 1979.

—, *La mística solar de los templarios*, MR, Barcelona, 1983.

—, *El legado templario*, Robinbook, Barcelona, 1991.

—, *Nuestra Señora de Lucifer*, MR, Barcelona, 1991.

—, *El cáliz de la discordia: miserias y esplendores del Grial*, Grijalbo-Mondadori, Barcelona, 2001.

Baeza, A., *La increíble historia del Estado Vaticano*, ABL, Madrid, 1995.

Baigent, M.; R. Leigh, y H. Lincoln, *El enigma sagrado*, MR, Barcelona, 1985 (C, F, B).

—, R. Leigh, y H. Lincoln, *El legado mesiánico*, MR, Barcelona, 1987 (C, F, B).

—, y R. Leigh, *El escándalo de los rollos del mar Muerto*, MR, Barcelona, 1992 (C).

—, y R. Leigh, *The elixir and the stone*, Viking, Nueva York, 1997.

Bayard, J. P., *La meta secreta de los rosacruces*, Robinbook, Barcelona, 1991, y Biblioteca Año Cero, Madrid.

Becker, U., *Enciclopedia de los símbolos*, Robinbook, Barcelona, 1996.

Bedman, T., *Reinas de Egipto: el secreto del poder*, Oberón, Madrid, 2003.

Begg, E., *Las vírgenes negras*, MR, Barcelona, 1987.

Biedermann, H., *Diccionario de símbolos*, Paidós, Barcelona, 1993.

Blaschke, J., *Enciclopedia de los símbolos esotéricos*, Robinbook, Barcelona, 2001.

Blum, J., *Misterio y mensaje de los cátaros*, EDAF, Madrid, 1995.

Brasley, Edouard, y Debailleull, Jean Pascal, *Vivir la magia de los cuentos*, EDAF, Madrid, 1999.

Brosse, J., *Los maestros espirituales*, Alianza, Madrid, 1994.

Calimani, R., *Gesù ebreo*, Arnoldo Mondadori, Milán, 1998.

Carandell, L., *Vida y milagros de Monseñor Escrivá de Balaguer, fundador del Opus Dei*, Laia, Barcelona, 1975.

Chaumeil, J. L., y J. Riviere, *L'alphabet solaire*, Editions du Borrégo, París, 1985.

Chevalier, J., y A. GHEERBRANT, *Diccionario de los símbolos*, Herder, Barcelona, 1986 (F).

Churton, T., *Los gnósticos*, EDAF, Madrid, 1988.

Circare, J., *La France hermètique*, Artefact, París, 1987.

Cirlot, J. E., *Diccionario de símbolos*, Siruela, Madrid, 1997 (F).

Cooper, J. C., *Cuentos de hadas*, Sirio, Málaga, 1986.

Crèpon, P., *Los evangelios apócrifos*, EDAF, Madrid, 1991.

Desgris, A., *Guardianes de lo oculto*, Belacqva Carroggio, Barcelona, 2002.

Discípulos de la verdad, *Mentiras y crímenes en el Vaticano*, Ediciones B, Barcelona, 2000.

—, *A la sombra del Papa enfermo*, Ediciones B, Barcelona, 2001.

Eisler, R., *El cáliz y la espada*, Cuatro Vientos, Buenos Aires, 1990 (C).

Eliade, Mircea, *Mefistófeles y el andrógino*, Kairós, Barcelona, 2001.

—, Historia de las creencias y de las ideas religiosas, 4 vols., Cristiandad, 1978 (reeditado por Paidós, 1999).

Evola, J., *Metafísica del sexo*, José J. de Olañeta, Madrid, 1997 (F).

Faivre, A., y J. NEEDLEMAN, eds., *Espiritualidad de los movimientos esotéricos modernos*, Paidós, Barcelona, 2000.

Feuerstein, G., *Sagrada sexualidad*, Kairós, Barcelona, 1992

Fulcanelli, *El misterio de las catedrales*, Plaza & Janés, Barcelona, 1972, y Biblioteca Año Cero, Madrid.

Freke T., y P. Gandy, *Los misterios de Jesús*, Grijalbo Mondadori, Barcelona, 2000 (C, F).

García la Cruz, L., *El secreto de los trovadores*, Año Cero, Madrid (América Ibérica, 2003).

Gardner, L., *La herencia del Santo Grial*, Grijalbo Mondadori, Barcelona, 1999 (F, B).

—, *Genesis of the Grial Kings*, Bantam, Londres, 1999 (F, B).

—, *Realm of the Ring Lords*, Multi MediaQuest, 2000. (F, B).

Gebelein, H., *Alquimia*, Robinbook, Barcelona, 2001.

George, L., *Enciclopedia de los herejes y las herejías*, Robinbook, Barcelona, 1998 (F, B).

Ghyka, M., *El número de oro*, 2 vols., Poseidón, Buenos Aires, 1978.

Godwin, M., *El Santo Grial*, Emecé, Buenos Aires, 1994.

Gómez de Liaño, I., *El diagrama del primer evangelio*, Siruela, Madrid, 2003.

Goñi, A., y M. J. Álvarez, *Los rostros de Eva: Descubre a la diosa que hay en ti*, EDAF, Madrid, 2004 (B).

Guénon, R., *El simbolismo de la cruz*, Obelisco, Barcelona, 1987.

Guerra, M., *Diccionario enciclopédico de las sectas*, Biblioteca de Autores Cristianos, Madrid, 1999.

Guijarro, J., *El tesoro oculto de los templarios*, MR, Barcelona, 2001 (F, B).

Hancock, G., *El espejo del paraíso*, Grijalbo Mondadori, Barcelona, 2001.

Henry, W., *El retorno del mesías*, Robinbook, Barcelona, 1998.

Hopkins, M.; G. Simmans, y T. Wallace-Murphy, *Los hijos secretos del Grial*, MR, Barcelona, 2001 (F).

Jacq, C., *La masonería*, MR, Barcelona, 2004.

Javaloys, J., *El origen judío de las monarquías europeas*, EDAF, Madrid, 2000.

—, *El grial secreto de los cátaros*, EDAF, Madrid, 2001.

Jonas, H., *La religión gnóstica*, Siruela, Madrid, 2000.

Julien, N., *Enciclopedia de los mitos*, Robinbook, Barcelona, 1997.

Jung, E., y M. L. Von Franz, *La leyenda del Grial desde una perspectiva psicológica*, Kairós, Barcelona, 1999.

Kee, A., *Constantino contra Cristo*, MR, Barcelona, 1982.

Khaitzine, R., *Histoire, énigme et secrets de La Joconde*, Le Mercure Dauphinois, 2003.

Knight, C., y R. Lomas, *El segundo mesías (Rex Deus)*, Planeta, Barcelona, 1998.

—, y R. Lomas, *La clave de Hiram*, MR, Barcelona, 2000.

Lamy, M., *La otra historia de los templarios*, MR, Barcelona, 1999.

Lawlor, R., *Geometría sagrada*, Debate, Madrid, 1982.

Libis, J., *El mito del andrógino*, Siruela, Madrid, 2001.

Loisy, A., *Los misterios paganos y el misterio cristiano*, Paidós, Barcelona, 1990.

Mack, B. L., *El documento Q*, MR, Barcelona, 1994.

Marshall, P., *La piedra filosofal*, Grijalbo Mondadori, Barcelona, 2001.

Martínez Otero, L., *El Priorato de Sión*, Obelisco, Barcelona, 2004.

Matthews, C., *Las diosas*, EDAF, Madrid, 1992.

—, *El Santo Grial*, Debate, Madrid, 1988 (F).

—, *La tradición del Grial*, EDAF, Madrid, 1991.

—, *Los misterios de la tradición artúrica*, Temas de Hoy, Madrid, 1992.

Niel, F., *Cátaros y albigenses*, Obelisco, Madrid, 1998.

Pagels, E., *Los evangelios gnósticos*, Crítica, Barcelona, 1982.

Partner, P., *El asesinato de los magos*, MR, Barcelona, 1987 (C).

Peradejordi, J., *Los templarios y el tarot*, Obelisco, Barcelona, 2004.

Phillips, G., *En busca del Santo Grial*, Edhasa, Barcelona, 1996.

Picknett, L., y C. Prince, *La revelación de los templarios*, MR, Barcelona, 1998 (C).

Piñero, A., *El otro Jesús*, El Almendro, Madrid, 1993.

—, ed., *Fuentes del cristianismo*, El Almendro/Editora Complutense, Madrid, 1993.

—, y otros eds., *Textos gnósticos: Biblioteca de Nag Hammadi*, 2 vols., Trotta, Madrid, 1997-1999.

Qalls-Corbet, N., *La prostituta sagrada*, Obelisco, Barcelona, 1997.

Riffard, P., *Diccionario del esoterismo*, Alianza, Madrid, 1987 (F).

Riviére, J., *Historia de las doctrinas esotéricas*, Dédalo, Buenos Aires, 1976.

Robin, J., *Las sociedades secretas en la cita del Apocalipsis*, Heptada, Madrid, 1990.

—, *Le royaume du Graal: Introduction au mystère de la France*, Guy Trédaniel, París, 1992 (F).

Rodríguez, P., *Mentiras fundamentales de la Iglesia católica*, Eds. B, Barcelona, 1997.

Rosa, P. de., *Vicarios de Cristo*, MR, Barcelona, 1996.

Saintyves, P., *Las madres vírgenes y los embarazos milagrosos*, Akal, Madrid, 1985.

Schaup, S., *Sofía: Aspectos de lo divino femenino*, Kairós, Barcelona, 1999.

Schonfield, H., *El complot de Pascua*, MR, Barcelona, 1987.

—, *Jesús: ¿Mesías o Dios?*, MR, Barcelona, 1987.

—, *El partido de Jesús*, MR, Barcelona, 1988.

—, *El Nuevo Testamento original*, MR, Barcelona, 1990.

—, *El enigma de los esenios*, EDAF, Madrid, 1995.

Scott, E., *El pueblo del secreto*, Sirio, Málaga, 1990 (F).

Sède, G. de, *El misterio de Rennes-le-Château*, MR, Barcelona, 1991.

—, *Los templarios están aquí*, Sirio, Málaga, 1985.

Sierra, J. ed., «Grandes misterios del arte», *Más Allá*, monográfico, n.º 40, 2002.

Sinclair, A., *La espada y el Grial*, EDAF, Madrid, 1994.

Smith, M., *Jesús el mago*, MR, Barcelona, 1988.

Spong, J. Shelby., *Jesús, hijo de mujer*, MR, Barcelona, 1993.

Starbird, M., *María Magdalena, ¿esposa de Jesús?*, MR, Barcelona, 1994 (reeditado con el título *María Magdalena y el Santo Grial*, Planeta, Barcelona, 2004). (C).

—, *La Diosa en los evangelios*, Obelisco, Barcelona, 1999 (C).

Varios autores, «La fin des temps», revista *L'Age D'Or*, n.º 1, invierno de 1983.

Vázquez, S., *El tarot de los dioses egipcios*, EDAF, Madrid, 2000.

Vidal Manzanares, C., *Los evangelios gnósticos*, MR, Barcelona, 1991.

Vinci, Leonardo da, *Cuaderno de notas* (antología muy incompleta), Yerico/Busma, Madrid, 1990 (C).

Von Franz, M-L., *Símbolos de redención en los cuentos de hadas*, Luciérnaga, Barcelona, 1990.

Warner, M., *Alone of all her sex: the myth and the cult of the virgin Mary*, Pan Books, Nueva York, 1985.

Wautier, A., *Palabras gnósticas de Jesús el Cristo*, EDAF, Madrid, 1993.

Whitmont, E., *El retorno de la diosa*, Paidós, Barcelona, 1998.

Wilson, I., *Jesus, the evidence*, Pan Books, Nueva York, 1984.

Yates, F. A., *La iluminación rosacruz*, Fondo de Cultura Económica, México, 2003.

Índice analítico